KLIMA UND WETTER

Wind mit Hilfe von Wasser beobachten

Das Licht der Sonne optimal nutzen

Regentropfen erzeugen

Die Wärmeenergie der Sonne nutzen

Ein Barometer verwenden

BEOBACHTEN · EXPERIMENTIEREN · ENTDECKEN

KLIMA UND WETTER

Ein Buch für die ganze Familie

Michael Allaby

Mit dem Coriolis-Effekt experimentieren

Wolken beobachten

Den Drehimpuls testen

Christian Verlag

HINWEIS

Alle Experimente, die ins Buch aufgenommen wurden, sind ungefährlich und wurden von Fachleuten sorgfältig ausgewählt und überprüft. Wenn erhöhte Vorsicht oder die Aufsicht von Erwachsenen vonnöten ist, wird jeweils darauf hingewiesen. Es ist selbstverständlich, daß nicht alle Versuche für Kinder aller Altersklassen gleichermaßen geeignet sind. Der Verlag kann keine Haftung übernehmen, falls bei der Durchführung der im Buch beschriebenen Experimente Schäden entstehen.

Aus dem Englischen übersetzt
von Michael Schmidt

Redaktion: Hans-Jürgen Voss
Korrektur: Petra Tröger
Register: Jens-Uwe Voss
Einbandgestaltung: Ludwig Kaiser
Herstellung: Dieter Lidl
Satz: Josef Fink GmbH, München

Ein Dorling Kindersley Buch

Druck und Bindung: Tien Wah Press, Singapore
Printed in Singapore

ISBN 3-88472-289-1

Inhalt

Die Wissenschaft vom Wetter

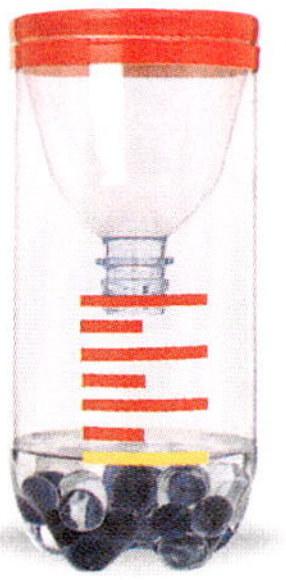

Wetterelemente

Die Wettermaschine

Wolkenatlas

Klima

Wettervorhersage

EINFÜHRUNG

Eine große dunkle Wolke taucht am Horizont auf und bewegt sich langsam auf euch zu. In der Ferne seht ihr es blitzen und hört nach einer Weile das Donnergrollen. Ein Gewitter zieht auf. Wie entstehen eigentlich Gewitter? Wie bilden sich Wolken, und warum bringen nur bestimmte Arten von Wolken Regen? Was sind Blitz und Donner? Warum weht der Wind? Dieses Buch beantwortet diese und viele andere Fragen. Hier erfahrt ihr, wie die Sonne mit ihrer Strahlung Luft und Wasser beeinflußt und so das Wetter erzeugt, warum das Wetter von Ort zu Ort verschieden ist, wie ihr eure eigene Wetterstation bauen und eure eigenen Vorhersagen machen könnt.

Seit jeher interessieren sich die Menschen für das Wetter. Die Bauern müssen wissen, wann sie säen und ernten sollen, die Seeleute wollen erfahren, ob sie sicher in See stechen können. Jahrtausendelang wußten die Menschen nicht, woher Wolken und Regen, Wind und Stürme kommen, weil sie nur das sehen konnten, was sich vor ihren Augen abspielte. Sie hatten keine Möglichkeit, Informationen über großräumige Wetterbedingungen einzuholen und allgemeine Wetterabläufe wahrzunehmen. Was heutige Wissenschaftler vom Wetter wissen, beruht auf Beobachtungen dieser Vorgänge wie auf Erklärungsversuchen und ihrer experimentellen Überprüfung. Und genau das will dieses Buch vermitteln.

Es lädt euch ein, eure eigenen Beobachtungen vom Wetter an eurem Wohnort anzustellen. Es erklärt, wie das Wetter zustande kommt, und zeigt euch in einfachen Schritten, wie ihr diese Vorgänge selbst demonstrieren könnt. Die »Wettermaschine«, die unsere Erde darstellt, ist zwar riesengroß, aber verschiedene Teile davon sind in kleinem Maßstab leicht zu untersuchen. Die Experimente in diesem Buch sind für die ganze Familie gedacht und lassen sich zu Hause oder in der Nähe mit Hilfe normaler Haushaltsgegenstände oder einfachen Instrumenten durchführen, die ihr selbst herstellen oder für wenig Geld kaufen könnt.

Heute übertragen Satelliten Daten, die den Wissenschaftlern die Beobachtung der Entwicklung und Bewegung von Wettersystemen ermöglichen. Wettervorhersagen beruhen auch auf detaillierten Messungen von Wetterstationen auf der ganzen Welt. Solche Vorhersagen können Menschenleben retten, indem sie im voraus vor gefährlichen Stürmen, Hochwasser, Hurrikanen und Tornados warnen. Auch eure Wetterstation zu Hause könnte zu diesem weltweiten Netz gehören und für Meteorologen ebenso eine Hilfe sein wie für die vielen Menschen, die darauf angewiesen sind zu wissen, wie das Wetter funktioniert.

Das Heimlabor

Durch bloße Beobachtung könnt ihr eine Menge über das Wetter erfahren – noch mehr aber mit Hilfe der Experimente in diesem Buch. Haltet dazu eine Reihe von Haushaltsgegenständen bereit, aber bittet stets zuvor um Erlaubnis, ob ihr sie auch benutzen dürft. Die meisten Experimente können auf einem Tisch, am Fensterbrett oder sogar im Freien ausgeführt werden, und wenn ihr die gewünschten Dinge gerade nicht zur Hand habt, könnt ihr meist mit etwas Ähnlichem improvisieren. Hier seht ihr einige von den in diesem Buch häufig verwendeten Gegenständen. Und vergeßt nicht, daß das Wichtigste für den jungen Forscher Geduld und Ausdauer sind.

Messen und Mischen

In Wissenschaft und Forschung müssen alle Messungen exakt sein. Deshalb verwenden wir auch in diesem Buch das Internationale System und messen die Länge in Metern, das Gewicht in Kilogramm und die Zeit in Sekunden.

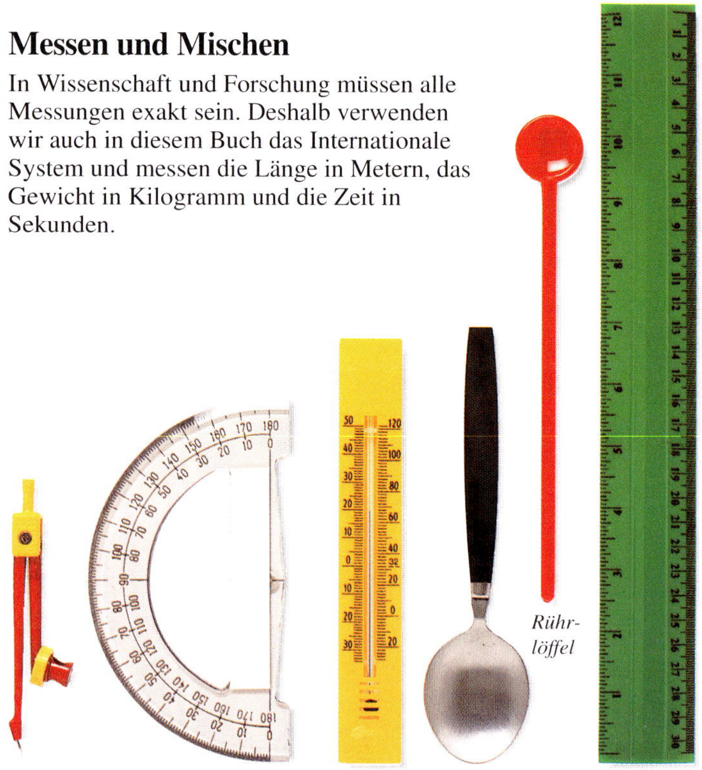

Rührlöffel

Zirkel *Winkelmesser* *Thermometer* *Löffel* *Lineal*

Elektrogeräte

Seid stets vorsichtig, wenn ihr irgendein Elektrogerät bei einem Experiment verwendet, und bittet einen Erwachsenen dabeizusein. Wenn für ein Experiment zwei Geräte erforderlich sind – etwa zwei Tischlampen –, sollten sie genau gleich sein (auch die Stärke der beiden Glühbirnen).

Ventilator

Stifte und Scheren

Fast für jedes Experiment benötigt ihr einen Schreiber, einen Bleistift oder eine Schere. Seid mit der Schere besonders vorsichtig, und bittet einen Erwachsenen, irgendwelche kniffligen Sachen für euch auszuschneiden. In diesem Buch werden daneben noch andere Geräte verwendet, wie Locher, Filzschreiber, Kugelschreiber, weißer Stift oder Kreide.

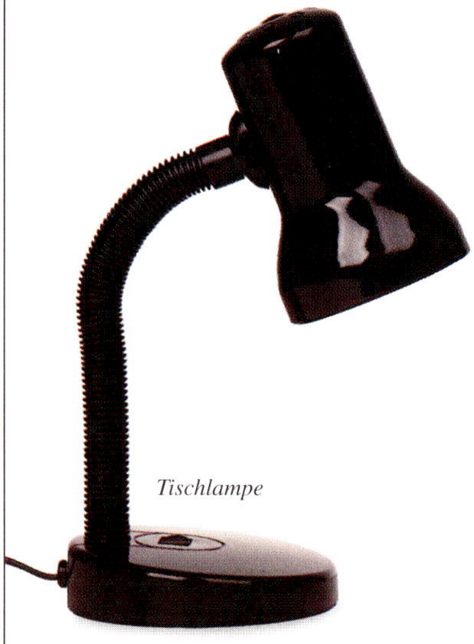

Tischlampe

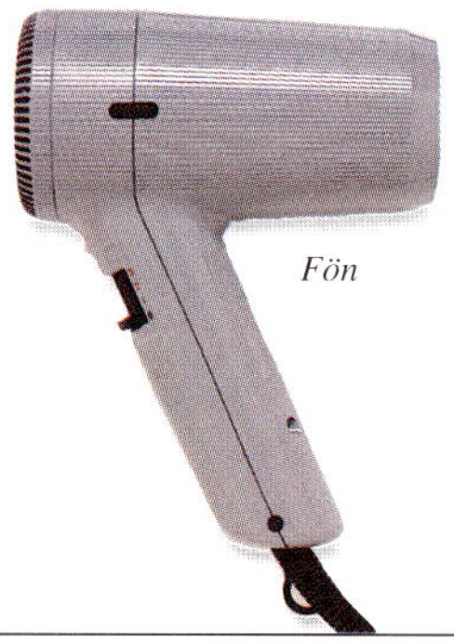

Fön

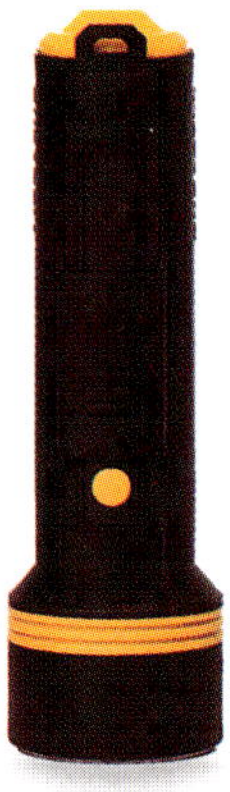

Taschenlampe

Kinderschere

Große Schere

Kreide

Fettstift, Signierstift

Schreiber

Bleistift

Materialien

Für viele Experimente benötigt ihr bestimmte Grundmaterialien: etwa Papier, Pappe, Klebeband oder Modelliermasse. Habt ihr etwas nicht zu Hause, könnt ihr es euch billig besorgen. Seid vorsichtig mit Reißnägeln und Zahnstochern – sie können unangenehm piksen.

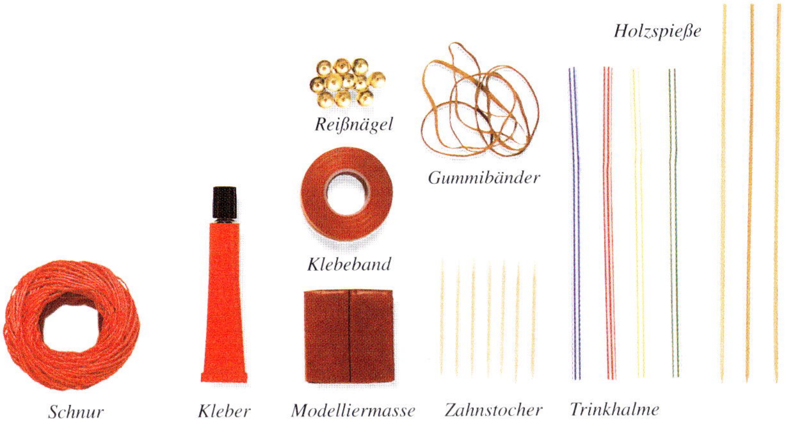

Holzspieße, *Reißnägel*, *Gummibänder*, *Klebeband*, *Schnur*, *Kleber*, *Modelliermasse*, *Zahnstocher*, *Trinkhalme*

Alufolie, *Frischhaltefolie*, *Briefpapier*, *Farbiges Papier*, *Einfache und farbige Pappe*

Nützliche Gegenstände

Alle möglichen Haushaltsgegenstände könnt ihr für euer Labor verwenden – Spiegel, Vergrößerungsgläser, Bälle oder Kerzen. Eisbehälter braucht ihr zum Herstellen von Eis. Fragt stets zuerst um Erlaubnis, ob ihr bestimmte Lebensmittelbehälter benutzen dürft.

Tennisball, *Lebensmittelfarbe*, *Große und kleine Luftballons*, *Tischtennisball*, *Pinsel*

Gummihandschuhe, *Untertasse*, *Kerzen*, *Zündhölzer*, *Pipette*, *Vergrößerungsglas*, *Kleiner Notizblock*, *Spiegel*, *Plastikflasche*, *Backform*, *Plastikbehälter*, *Großes Marmeladenglas*, *Becherglas*, *Krug*, *Glas mit Deckel*, *Sprühflasche*, *Glasschüssel*

Die Wetterbeobachtung

Wenn ihr meint, daß es an einem bestimmten Tag schön sein wird oder regnen, oder wenn ihr fröstelt und das Gefühl habt, es könnte schneien, dann beobachtet ihr aktuelle Wetterzustände und sagt vorher, wie sie sich entwickeln werden. Aus Erfahrung wissen wir, wie der Himmel aussieht, wenn es schön sein oder regnen wird, und wie kalt es ist, kurz bevor es schneit. Alles, was wir über das Wetter wissen, beruht auf den Beobachtungen, die die Menschen seit Jahrtausenden machen. Wissenschaftler und Meteorologen müssen nach Erklärungen suchen – aber zuerst kommt die Beobachtung. Je detaillierter eure Beobachtungen sind, desto nützlicher werden sie sein – also führt ein Wettertagebuch. Ist der Tag warm, ist es hilfreich zu wissen, wie warm genau, so daß ihr einen warmen Tag mit einem anderen vergleichen könnt. Ist es windig, ist es hilfreich zu wissen, wie stark und aus welcher Richtung der Wind weht.

Wie heiß ist es?

Wie warm das Wetter ist, erfahrt ihr, indem ihr beobachtet, wie es sich auf bestimmte Lebensmittel auswirkt. Legt an einem heißen, sonnigen Tag drei Dinge als Hitzeanzeiger auf ein Tablett: etwas Hartes (Schokolade), etwas Festes (Käse) und etwas Gefrorenes (Speiseeis). Was schmilzt zuerst? Ist es heiß genug, daß alle drei schmelzen?

Wie schnell werden die Blätter weggeweht – und wohin fliegen sie?

Woher weht der Wind?
Die Richtung und die ungefähre Stärke des Windes könnt ihr ganz leicht ermitteln. Nehmt ein paar Blättchen oder Grasabschnitte, und stellt euch auf einen freien Platz fern von Bäumen, Büschen und Gebäuden. Werft die Blätter oder Gräser in die Luft, so hoch ihr könnt. Wohin fliegen sie? In diese Richtung weht der Wind. Wie weit sind die Blätter oder Gräser geflogen, bevor sie auf den Boden fielen? Wurden sie weggeweht und sind nun verschwunden? Je stärker der Wind, desto weiter trägt er sie fort.

Der Windkühlfaktor

Wenn die Luft ruhig ist, sind die bloßen Teile eures Körpers – etwa euer Gesicht – von einer ganz dünnen und durch die Körperwärme erwärmten Luftschicht bedeckt. Ist es windig, wird diese Schicht weggeblasen, und euer Körper muß mehr Wärme erzeugen, um sie zu ersetzen. Bläst der Wind die warme Luft schneller weg, als sie ersetzt werden kann, ist euch kühl. Diesen Effekt nennt man »Windkühle«. Die aktuelle Lufttemperatur ändert sich nicht, wirkt aber wegen der Windkühle kälter – aus der Tabelle unten erseht ihr, um wieviel kühler sie an einem kalten Tag wirkt. Ermittelt zuerst die Lufttemperatur und die Windgeschwindigkeit (S. 58). Dann sucht ihr die Temperatur in der oberen Reihe, fahrt mit dem Finger in der Spalte nach unten bis zu der Stelle, die der Windgeschwindigkeit am linken oder rechten Rand der Tabelle entspricht, und lest die Temperatur ab, die ihr infolge der Windkühle empfindet.

Windgeschwindigkeit	°C	°C	°C	°C	°C
Windstille	2	– 1	– 4	– 6	– 9
8 km/h	0	– 3	– 6	– 9	– 12
16 km/h	– 5	– 9	– 12	– 16	– 19
24 km/h	– 9	– 13	– 17	– 21	– 24
32 km/h	– 11	– 16	– 19	– 23	– 27
40 km/h	– 13	– 17	– 22	– 26	– 30
48 km/h	– 14	– 19	– 23	– 28	– 32
56 km/h	– 15	– 20	– 24	– 29	– 33
64 km/h	– 16	– 21	– 25	– 30	– 34
72 km/h	– 17	– 21	– 26	– 30	– 35

Sicherheit bei der Wetterbeobachtung

Die meiste Zeit könnt ihr das Wetter sicher beobachten – solange ihr entsprechend angezogen seid. Zuweilen jedoch können die Wetterverhältnisse gefährlich sein, so daß ihr angemessene Vorkehrungen treffen müßt. Vor dem Hinausgehen seht ihr auf dieser Tabelle nach, was ihr bei welchem Wetter tun müßt.

Wetter	Notwendige Maßnahme
Sonnenschein	Nie in die Sonne schauen! An sonnigen Tagen Sonnencreme verwenden.
Regen	Einen Schirm mitnehmen oder Regenhaut tragen – wenn ihr naß werdet, verliert ihr Wärme.
Kälte	Warm anziehen und eine Mütze aufsetzen – eure Körperwärme entweicht größtenteils über den Kopf.
Hagel	Eine Mütze aufsetzen – große Hagelkörner können zu Verletzungen führen.
Gewitter	Im Haus bleiben. Wenn ihr draußen seid, haltet euch von Bäumen und großen Objekten fern.
Schneesturm	Bei wirbelndem Schnee und schlechter Sicht könnt ihr die Orientierung verlieren. Bleibt im Haus.
Tornado	Bleibt im Haus in der untersten Etage des Gebäudes, und haltet euch von Fenstern fern. Bleibt bei Erwachsenen.
Hurrikan	Wie bei Tornado.

Schutz vor Wind …
Zuweilen müßt ihr euch gegen Wind schützen. Seht an kalten Tagen in der Windkühle-Tabelle nach, und zieht euch entsprechend an. An wärmeren Tagen schützen euch Jacke und Schal, und Sonnencreme und Lippenpomade verhindern, daß Haut und Lippen aufplatzen.

Ein Schal hält den Wind ab.

… und vor Schnee
Achtet auf warme und trockene Kleidung, wenn ihr draußen im Schnee spielt. Fällt sehr dichter Schnee bei starkem Wind – einem Schneesturm –, geht möglichst bald ins Haus.

Handschuhe halten die Hände warm.

Das Wetter beobachten

Es ist hilfreich, das Wetterverhalten in der Ferne zu beobachten, so daß ihr herausfinden könnt, wie es sich auf euer lokales Wetter auswirkt. Verwendet dazu ein Fernglas. Wenn ihr wißt, wie weit das fernste Ding entfernt ist, das ihr klar sehen könnt, dann kennt ihr die Sicht. Rauch aus Schornsteinen zeigt die Windrichtung an. Mit einem Fernglas könnt ihr auch Wolken und ihre Bildung beobachten.
Achtung: Nie mit dem Fernglas in die Sonne schauen!

Euer Fernglas muß nicht sehr stark sein, damit ihr Wolkenformationen und -bildung seht.

°C	°C	°C	°C	°C	°C	*Windgeschwindigkeit*
– 12	– 15	– 18	– 21	– 23	– 26	Windstille
– 14	– 18	– 21	– 23	– 26	– 29	8 km/h
– 23	– 26	– 30	– 33	– 37	– 40	16 km/h
– 28	– 32	– 35	– 39	– 43	– 46	24 km/h
– 31	– 35	– 39	– 43	– 47	– 51	32 km/h
– 34	– 38	– 42	– 46	– 51	– 54	40 km/h
– 36	– 41	– 45	– 49	– 53	– 57	48 km/h
– 37	– 42	– 47	– 50	– 55	– 59	56 km/h
– 38	– 43	– 47	– 51	– 56	– 60	64 km/h
– 39	– 43	– 48	– 52	– 57	– 61	72 km/h

Die Wissenschaft vom Wetter

Feuer und Wasser
Die Sonne (links) verursacht alle Wettervorgänge auf der Erde – sie liefert die Energie, die erforderlich ist, daß sich Wolken bilden und Winde wehen. Ein weiteres wichtiges Element für das Wetter ist Wasser (oben). Das Wasser auf diesem Blatt wird irgendwann verdunsten und in die Luft zurückkehren.

Um zu verstehen, wie das Wetter überhaupt entsteht, muß man vor allem ein paar grundlegende Fragen beantworten: Wie gelangt Sonnenlicht durch die Erdatmosphäre? Wie werden Eis und Schnee flüssig und dann gasförmig? Worauf beruht der Luftdruck? Und wie wirkt sich auf all dies die Stellung der Erde und ihre Bahn im Weltraum aus?

DIE GRUNDPRINZIPIEN

Das Wetter scheint ganz einfach zu sein – doch bevor wir überhaupt anfangen können zu lernen, wie es funktioniert, gilt es viele Fragen zu beantworten. Was ist Luft? Wo kommt das Wasser her, wenn es weit vom Meer entfernt regnet? Warum scheint es zuweilen wärmer zu sein, wenn es schneit, und kälter, wenn es taut? Fragen über Fragen, und wenn wir das Wetter verstehen wollen, müssen wir sie alle beantworten.

Wissenschaftler suchen seit langem nach Erklärungen, und noch immer sind Fragen offen. Ja, sehr oft stellt uns die Antwort auf eine Frage sogleich vor neue Fragen. Vor langer Zeit glaubten die Menschen, daß sich Luft in Wasser, Wasser in Erde und Erde in Stein verwandeln kann. Luft, Erde, Wasser und Feuer waren die vier »Elemente«, aus denen alles bestand – dies meinte jedenfalls der griechische Philosoph Aristoteles. Er lebte um 384 bis 322 v.Chr., und diese Idee war bereits mehrere Jahrhunderte alt, als er darüber schrieb.

Frühe Entdeckungen

Erst um das Jahr 1600 herum fand man heraus, daß Luft Gase enthält. Zuerst wurde das Kohlendioxid entdeckt, von dem belgischen Wissenschaftler Johann Baptist van Helmont (1579–1644). Er nannte es »gas sylvestre«, und 1757 zeigte der schottische Chemiker Joseph Black (1728–1799), daß dieses Gas ein Bestandteil der normalen Luft ist. Erst 1894, also fast 300 Jahre nach Helmonts Entdeckung, wurde das Argon von Lord Rayleigh (1842–1919) und Sir William Ramsay (1852–1916) nachgewiesen. Ein Jahr später entdeckte Ramsay das Helium, ein weiteres Gas in der Luft, und 1898 dann Neon, Krypton und Xenon.
Wenn Luft aus Substanzen besteht, dann muß sie selbst eine Substanz sein. In diesem Fall muß sie auch etwas wiegen.

Preisträger
Lord Rayleigh (1842–1919) entdeckte, wie Luftmoleküle Lichtstrahlen streuen, so daß der Himmel blau aussieht. Er erhielt den Nobelpreis.

Hagelschauer
Hagelkörner entstehen, wenn Wassertröpfchen in einer Wolke zu Eis gefrieren. Solche Hagelschauer können schwere Schäden verursachen.

Galilei (1564–1642) hat als erster Mensch Luft gewogen. Er bewies auch, daß Luft Körpern, die sich durch sie bewegen, Widerstand entgegensetzt – weniger stark als Wasser gegenüber Schiffen und Schwimmern, aber auf die gleiche Weise.

Luft und Wasser

Luft also ist eine Substanz, ein Gemisch aus Gasen, und man kann sie wiegen. Sobald die Forscher dies erkannt hatten, veränderte sich ihr Denken über die Luft. Angenommen, die Luft ist wie ein sehr tiefer Ozean, und wir leben auf dessen Boden. Dann muß das Gewicht der gesamten Luft auf die Oberfläche und somit auf uns herabdrücken, aber wenn man nach oben klettert, müßte der Druck geringer werden, weil sich weniger Luft über einem befindet. Diese Idee kam einem französischen Forscher, Blaise Pascal (1623–1662), und 1648 überprüfte sie ein Freund für ihn, indem er einen Berg bestieg und den Luftdruck auf dem Gipfel maß (S. 24). Das Geheimnis der Luft war gelöst, aber noch immer konnte man sich nicht erklären, warum es das Wetter gibt. Dazu mußten die Wissenschaftler erst mehr über das Wasser erfahren, ein weiteres von den antiken »Elementen«. Jeder wußte natürlich, daß Wasser gefriert, wenn es kalt ist, und kocht, wenn es heiß ist, aber Joseph Black entdeckte nach seiner Arbeit über das Kohlendioxid etwas Interessanteres. Um 1760 fand er heraus, daß Eis zwar schmilzt, wenn es erwärmt wird, aber seine Temperatur bleibt gleich. Dies liegt daran, daß Eis eine bestimmte Menge Wärme aufnimmt, die die Energie zum Schmelzen liefert, und wieder abgibt, wenn es neuerlich von Wasser zu Eis gefriert. Soviel wußte man also über die Eigenschaften von Wasser, doch erst 1800 leitete der englische Chemiker William Nicholson (1753–1815) einen elektrischen Strom durch Wasser, fing die bei diesem Experiment entstandenen Gase auf und bewies, daß Wasser schlicht aus einer Verbindung

Luftbestandteile
Der schottische Chemiker Sir William Ramsay (1852–1916) entdeckte vier seltene Edelgase in der Luft.

von Wasserstoff und Sauerstoff besteht.

Wärme und die Sonne

Dank der Entdeckung der »latenten Wärme« – der möglichen Wärme, die eine Substanz aufnehmen kann – erkannte man den Unterschied zwischen Temperatur und Wärmemenge. Dieser Unterschied ist wichtig, weil man unterschiedliche Wärmemengen benötigt, um verschiedene Substanzen auf die gleiche Temperatur zu erwärmen. Insbesondere ist mehr Wärme erforderlich, um die Temperatur von Wasser anzuheben als die des Bodens – daher hat die Luft über dem Meer oft eine andere Temperatur als die Luft über dem Land.
Für die Erklärung des Wetters mußte man also mehr über die Wärme wissen, die wir von der Sonne empfangen. Ein erster Schritt dahin war es, daß man erkannte, daß die Erde die Sonne umkreist, statt von ihr umkreist zu werden. Dieser Gedanke war zwar nicht neu, sondern griechischen Astronomen schon vor über 2 000 Jahren bekannt, aber er wurde erstmals von dem Astronomen Nikolaus Kopernikus (1473–1543) aufgegriffen und klar formuliert, nämlich in einem Buch, das kurz vor seinem Tod erschien.
In zwei 1609 und 1619 veröffentlichten Büchern beschrieb der Astronom Johannes Kepler (1571–1630) dann die Bahnen der Planeten um die Sonne. Die Achse der Erde ist zur Erdbahnebene um die Sonne geneigt, und beschreibt langsam eine kreisförmige Bahn, wobei der Abschluß eines Kreises jeweils 25 800 Jahre dauert. Diese Bewegung war zwar schon dem im 2. Jahrhundert v. Chr. lebenden griechischen Astronomen Hipparchos bekannt, wurde aber erst von Isaac Newton (1642–1727) erklärt.

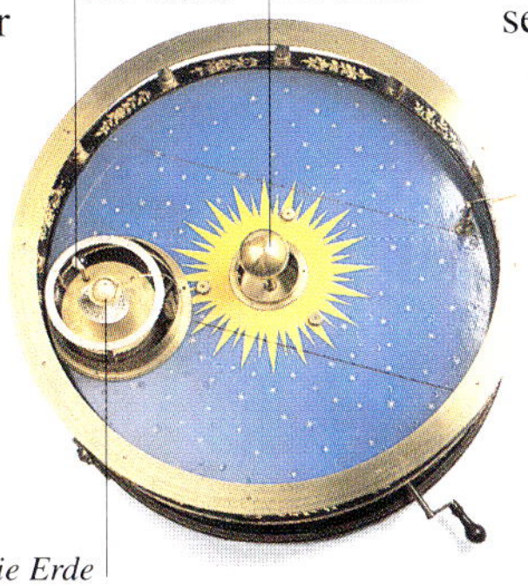

Die Erde im Weltall
Dieses sogenannte Planetarium demonstriert, wie der Mond die Erde und die Erde die Sonne umrundet.

Die Grundlage der Wissenschaft

Nach und nach bekamen die Wissenschaftler ein klares Bild von der Position der Erde im Weltraum, von der Energie, die sie von der Sonne empfängt, und von der Art und Weise, wie sich die Erdbahn um die Sonne und die Drehung der Erde um die eigene Achse auf die jeweilige Energiemenge auswirkt, die an verschiedene Stellen der Erdoberfläche zu unterschiedlichen Zeiten gelangt.
Damit war die Grundlage für die Wissenschaft vom Wetter geschaffen: Man wußte, was geschieht, wenn Gase erwärmt oder abgekühlt werden, man kannte die Eigenschaften des Wassers, der Erde als Planet und der Sonne selbst.
Heute sind uns unzählige wissenschaftliche Fakten über das Wetter bekannt. Die Sonne erwärmt die Oberfläche der Erde. Die Luft berührt die Oberfläche von Land und Wasser und wird durch diesen Kontakt erwärmt. Warme Luft steigt auf und kühlt sich dabei ab, wobei ihr Platz an der Oberfläche von neuer kühler Luft eingenommen wird. Dieses Fließen der Luft nehmen wir als Wind wahr.
Wasser verdunstet in der wärmeren Luft, kondensiert in der kühleren und bildet dabei Wolken, die aus winzigen Wassertröpfchen bestehen. Wenn diese Tröpfchen größer und schwerer werden, gibt es Niederschlag, entweder als Regen, Hagel oder Schnee – und die Sonne liefert die Energie, damit dieser Vorgang stattfinden kann.

Aggregatzustände
Wasser kann bei normalen Temperaturen sowohl als Gas, als Flüssigkeit wie als Feststoff existieren. Gasmoleküle bewegen sich frei, Flüssigkeitsmoleküle gleiten aneinander vorbei, und Eismoleküle bilden offene Kristalle.

Wetter in unserer Atmosphäre
Das gesamte Wetter auf der Erde findet in der Atmosphäre statt, einem dünnen Luftschleier um die Erde, der sie vor dem Weltraum schützt. Dieses Foto eines Satelliten zeigt Wolken über dem Amazonas, wo feuchtwarme Luft für ein feuchtes Klima sorgt. Beachtet, wie dünn die Atmosphäre am Rand des Fotos aussieht.

Einfaches Thermometer
Ein Thermometer ist ein enges, geeichtes Röhrchen, das eine Flüssigkeit enthält, die sich ausdehnt und zusammenzieht, wenn ihre Temperatur steigt oder fällt.

Die Erde im Weltall

Die Erde dreht sich alle 24 Stunden einmal um ihre Achse, und dabei wandern wir mit ihr durch die Tag- und Nachtseite. Unser Planet umkreist auch die Sonne und benötigt ein Jahr für einen Umlauf. Da die Erdachse geneigt ist, haben wir Jahreszeiten: Während der Planet die Sonne umrundet, empfängt zunächst die eine und dann die andere Halbkugel mehr Licht, und die Sonne scheint im Laufe des Jahres nach Norden und dann nach Süden zu wandern. Auf der Halbkugel, die von der Sonne mehr Licht und Wärme empfängt, ist es Sommer, auf der anderen Halbkugel Winter. An manchen Tagen steht die Sonne mittags senkrecht über einem Breitengrad. Am Äquator ist dies etwa am 21. März und am 23. September der Fall – den Äquinoktien. Am 21. Juni steht die Sonne senkrecht über dem Wendekreis des Krebses und am 21. Dezember über dem Wendekreis des Steinbocks. Da die Sonne anschließend scheinbar wieder in Richtung auf den Äquator zuwandert, spricht man von der Sommer- und Wintersonnenwende.

GROSSE ENTDECKER

Johannes Kepler

Der deutsche Astronom Johannes Kepler (1571 – 1630) arbeitete zunächst als Rechenlehrer in Graz und dann als Assistent des dänischen Astronomen Tycho Brahe. Als Brahe ihn bat, die Umlaufbahn des Mars zu berechnen, entdeckte Kepler, daß diese Umlaufbahn nicht kreisförmig ist, wie Brahe und er angenommen hatten. Daraus schloß er, daß alle Planeten elliptische (ovale) Bahnen um die Sonne beschreiben. Dies ist eines seiner drei Gesetze der Planetenbewegung.

EXPERIMENT

Das Sonnenlicht verteilen

Die Erde empfängt zwar insgesamt an jedem Tag im Jahr die gleiche Menge Wärme und Licht, aber diese ist nicht gleichmäßig verteilt. Steht die Sonne hoch am Himmel, scheint sie intensiver auf die Erdoberfläche – das Wetter ist wärmer. Steht die Sonne niedriger, verteilt sich die gleiche Menge Sonneneinstrahlung oder »Insolation« über ein größeres Gebiet, so daß es kühler ist. Wie dies funktioniert, könnt ihr studieren, indem ihr den Lichtstrahl einer Taschenlampe (die Sonne) auf eine gewölbte Papierfläche (die Erde) richtet und so herausfindet, wo es am hellsten und damit am wärmsten ist.

IHR BRAUCHT

- Taschenlampe
- steife schwarze und gelbe Pappe
- blaues Papier
- weißen Stift
- Klebeband
- Schere
- Lineal

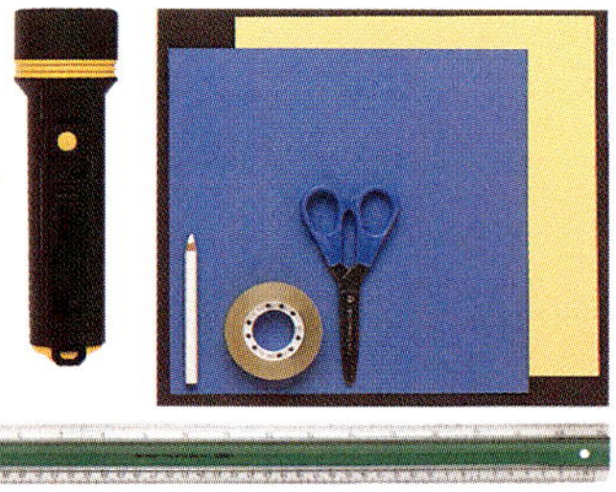

1 Schneidet ein 20 x 20 cm großes Stück gelbe Pappe und dann ein ebenso großes Stück blaues Papier zurecht.

2 Zieht drei Linien im Abstand von 5 cm aufs Papier. Schreibt daneben 45 °, Äquator und 45 ° und neben die Ränder 90 °.

3 Befestigt das Papier an der Pappe, indem ihr einen 90 °-Rand 2 cm vom Rand der Pappe anklebt.

4 Schneidet ein 24 x 24 cm großes Stück schwarze Pappe zurecht, und schneidet in der Mitte ein 5 x 5 cm großes Quadrat aus.

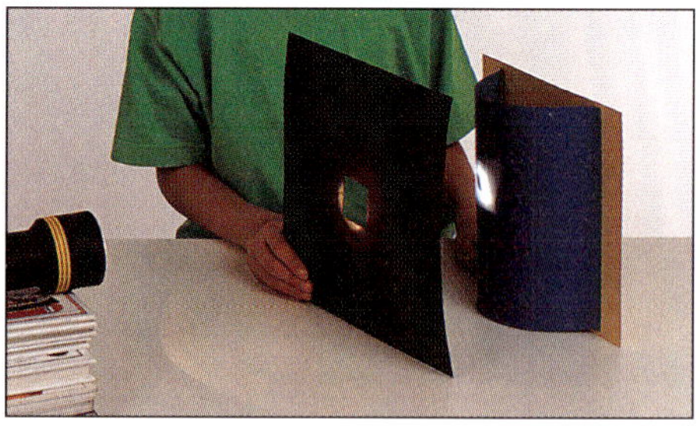

5 Stellt »Erde« und schwarze Pappe parallel auf. Beleuchtet mit der »Sonne« jede Linie, indem ihr die Erde verschiebt.

EXPERIMENT

Tag und Nacht

Am Äquator ist die Tageslänge das ganze Jahr gleich. An anderen Orten ändert sich die Tageslänge wegen der Neigung der Erdachse. Der Unterschied wächst mit der Entfernung vom Äquator. Während der Äquinoktien sind Tag und Nacht überall auf der Welt gleich lang. Die Tageslichtstunden erreichen ein Maximum zur Sommersonnenwende und ein Minimum zur Wintersonnenwende. An bestimmten Tagen im Jahr sinkt die Sonne in der Arktis und in der Antarktis nicht unter den Horizont oder geht nicht auf. Führt einmal vor, wie dies geschieht.

IHR BRAUCHT

- Tischtennisball
- Modelliermasse • Filzschreiber • Holzspieß
- Tischlampe

Die Neigung der Erdachse und die elliptische Umlaufbahn

Weil die Erdachse geneigt ist, zeigt erst die eine, dann die andere Halbkugel zur Sonne, wodurch unsere Jahreszeiten entstehen. An den Polen ist der Mittsommertag 24 Stunden lang, aber im Mittwinter geht die Sonne gar nicht auf. Die ovale Umlaufbahn der Erde heißt Ellipse. Die Sonne ist am 3. Januar 146,2 Millionen km entfernt, am 3. Juli 151 Millionen km.

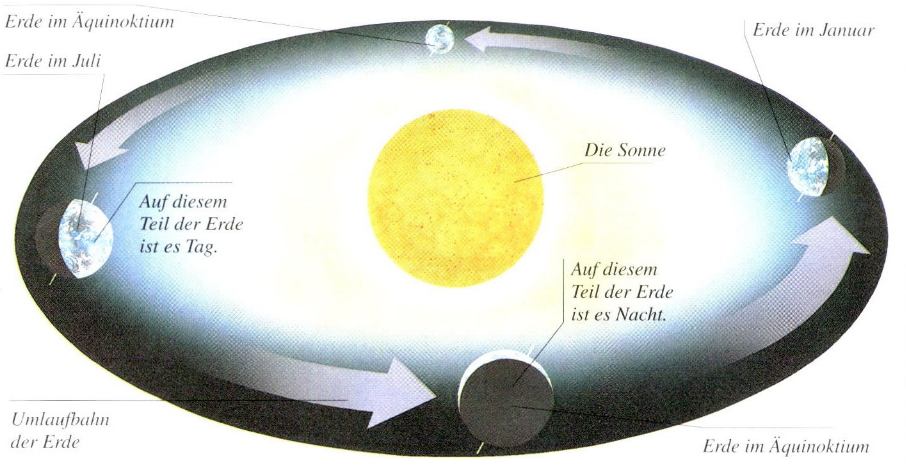

1 Bittet einen Erwachsenen, den Spieß durch den Ball zu stechen. Markiert auf dem Ball eine Linie von Punkten (»Orten«).

2 Nun stellt ihr Spieß und Ball (die »Erde«) mit Modelliermasse so auf, daß der Spieß schräg zur Unterlage steht.

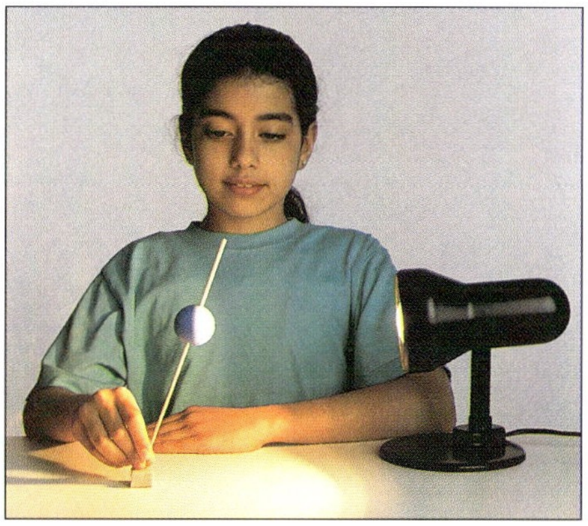

3 Macht die Lampe (die »Sonne«) an, und verdunkelt den Raum. Der Spieß sollte zur Sonne hinzeigen. Dreht die Achse gleichmäßig, so daß die Punkte nacheinander beleuchtet werden.

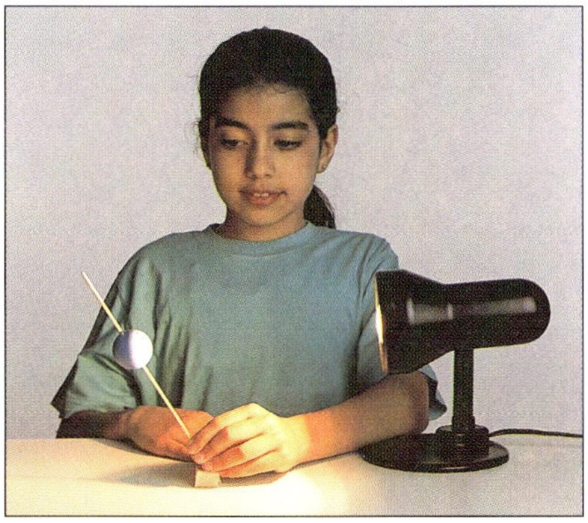

4 Wendet nun die Erdachse von der Sonne ab. Betrachtet die Pole. Was hat sich verändert?

5 Nun befestigt den Spieß so, daß er im schiefen Winkel zur Lampe steht. So steht die Erde zur Zeit der Äquinoktien.

Die Atmosphäre

Das Wetter spielt sich im untersten Teil der Atmosphäre ab, der Troposphäre. In dieser Region enthält die Luft Wasserdampf und Wolken, und die Temperatur nimmt mit zunehmender Höhe ab. In einer Höhe von 6 km über den Polen, in 17 km Höhe über dem Äquator, befindet sich die Tropopause, die Grenze zwischen der Troposphäre und der Stratosphäre, die bis zur Stratopause in etwa 50 km reicht. Die Luft in der Stratosphäre ist sehr trocken. Im unteren Bereich der Stratosphäre beginnt die Lufttemperatur wieder zu steigen.

Der Aufbau der Atmosphäre

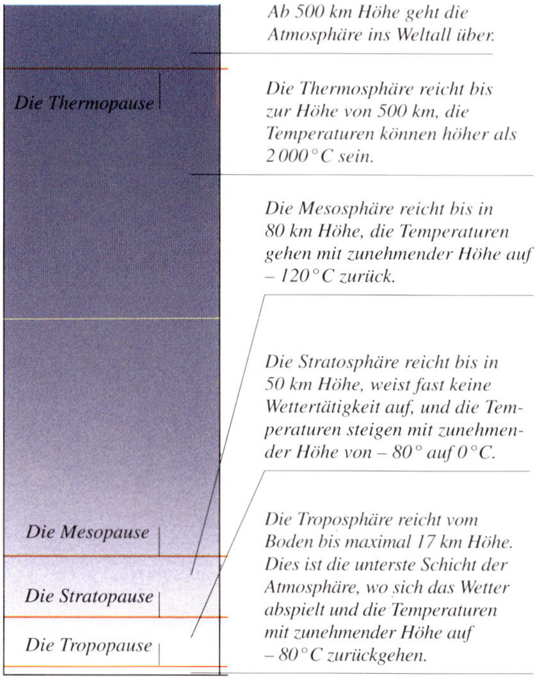

Phänomene in der Stratosphäre beeinflussen das Wetter nur insofern, als sie sich auf die Troposphäre auswirken. Der Anteil der verschiedenen Gase an der Troposphäre und der unteren Stratosphäre ist gleich. Dies ändert sich in den oberen Schichten.

EXPERIMENT

Bestandteile der Atmosphäre

Unterhalb 25 km besteht trockene Luft aus Stickstoff (78,08 %), Sauerstoff (20,94 %) und Spuren anderer Gase. Keines davon kann man sehen oder riechen, und Stickstoff reagiert nicht ohne weiteres mit anderen Substanzen, während Sauerstoff sehr reaktionsfreudig ist – seine Anwesenheit kann man durch chemische Reaktionen nachweisen. Wenn etwas brennt, das Kohlenstoff enthält, reagiert der Kohlenstoff mit Sauerstoff: Es bildet sich Kohlendioxid, das den Sauerstoff zum Teil ersetzt. In einem verschlossenen Behälter hört eine Flamme auf zu brennen, wenn die Luft keinen Sauerstoff mehr enthält. Kohlendioxid ist in Wasser löslich, und wenn sich im Behälter Wasser befindet, steigt es, da sich das Kohlendioxid in ihm auflöst.

IHR BRAUCHT
• Glasschüssel • hohes Glas • Modelliermasse • Zündhölzer • kleine Kerze • Wasser

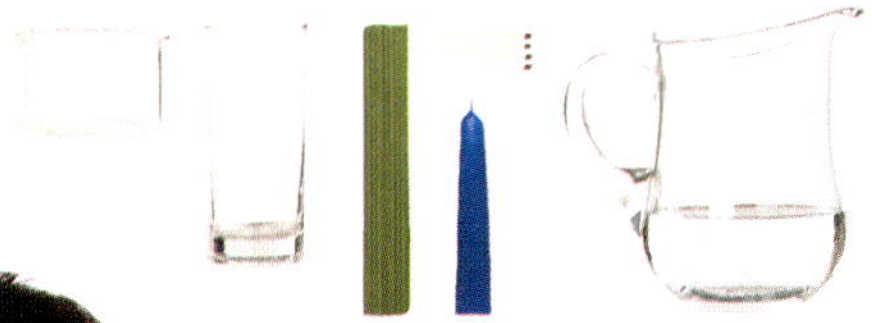

Bei diesem Experiment sollte ein Erwachsener mithelfen.

1 Legt ein Stück Modelliermasse in die Glasschüssel, und steckt die Kerze aufrecht hinein.

2 Füllt die Schüssel zur Hälfte mit Wasser. In ihm wird sich das Kohlendioxid lösen. Haltet den Kerzendocht trocken.

3 Bittet einen Erwachsenen, die Kerze anzuzünden. Die Flamme liefert den Kohlenstoff. Laßt die Kerze ein paar Sekunden brennen, damit sie nicht zu leicht ausgeht.

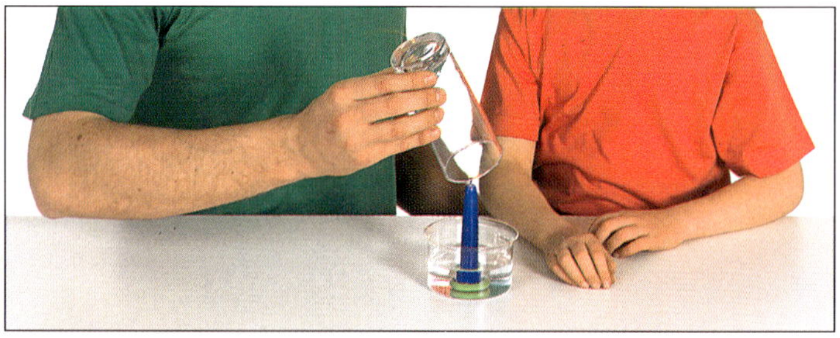

4 Bittet den Erwachsenen, das hohe Glas über die Kerze zu stülpen, bis es auf dem Boden der Schüssel steht. Die Kerze wird rasch ausgehen. Was geschieht mit dem Wasserspiegel?

EXPERIMENT

Luft kühlen und erwärmen

Luft kann komprimiert (zusammengedrückt) werden, und diese Kompression läßt die Temperatur steigen. Fällt der Druck wieder ab, dehnt sich die Luft aus und kühlt dabei ab. Diese sogenannten adiabatischen Vorgänge beeinflussen das Wetter sehr stark. Sie finden immer dann in der Atmosphäre statt, wenn Luft gezwungen wird, aufzusteigen oder zu fallen – so zum Beispiel, wenn Wind auf ein Gebirge trifft.

IHR BRAUCHT
- Thermometer
- Luftpumpe
- Rad mit Bereifung

1 Meßt die Lufttemperatur in der Umgebung des Rades. Merkt euch diese Zahl für Schritt 2.

2 Haltet das Thermometer ans Ventil und öffnet dieses. Vergleicht die Temperatur mit der ersten Messung.

3 Pumpt den Reifen mit Hilfe der Luftpumpe wieder auf, bis er wieder so prall ist wie vor dem Experiment.

4 Nun faßt das Ventil an. Es sollte sich warm anfühlen, weil die komprimierte Luft es passiert hat.

EXPERIMENT

Luft dehnt sich aus

Wenn eine Luftblase aufsteigt, nimmt die Entfernung von der Blase bis zum oberen Ende der Atmosphäre ab, das Gewicht der darauf drückenden Luft wird geringer, und die Luft dehnt sich aus. Dieses Ausdehnen aufsteigender Luft könnt ihr sehen, wenn die Blase von einer Flüssigkeit umgeben ist, in der sie ziemlich langsam aufsteigt. Dabei nimmt der Druck ab, und die Blase dehnt sich aus. Genauso dehnt sich Luft aus, die in der Atmosphäre aufsteigt.

IHR BRAUCHT
- Klebeband
- Plastikschlauch (1 m) • hohes Glas
- Speiseöl

1 Füllt das Glas fast bis oben mit Öl. Steckt den Schlauch ins Glas bis etwa 5 mm über dem Boden. Befestigt ihn mit Klebeband am Rand des Glases.

2 Blast sacht ins andere Ende des Schlauchs. Was passiert mit der Größe der Luftblasen im Glas?

Licht und Wetter

Licht und Strahlungswärme sind Formen der elektromagnetischen Strahlung. Sie pflanzen sich wellenförmig fort und unterscheiden sich nur nach ihrer Wellenlänge; also der Entfernung zwischen zwei Wellenbergen. Die Sonne hat an der Oberfläche eine Temperatur von etwa 5 700 °C und strahlt Energie in vielen Wellenlängen in alle Richtungen ab. Die Energie, die wir von der Sonne empfangen, ist zu 9 Prozent unsichtbares ultraviolettes Licht, zu 45 Prozent sichtbares Licht und zu 46 Prozent langwellige infrarote Strahlung, die wir als Wärme empfinden. Am oberen Rand der Atmosphäre empfängt die Erde Sonnenenergie von etwa 1 370 Watt pro Quadratmeter. Dies nennt man die Solarkonstante.

Lichtstreuung

Licht pflanzt sich stets geradlinig fort, aber man kann es nur sehen, wenn es auf etwas trifft, das es reflektiert. Auch kleinere Wasserpartikel und größere Teilchen reflektieren Licht, das dabei gestreut wird. Zuweilen reflektieren Staubteilchen das Licht so gleichmäßig, daß man geradezu parallele Sonnenstrahlen sieht. Im Freien streut Luft Licht aller Wellenlängen, so daß der Himmel weiß aussieht.

EXPERIMENT

Blauer Himmel und Sonnenuntergänge

Sonnenlicht besteht aus Licht in allen Regenbogenfarben, die miteinander kombiniert weiß aussehen. Gasmoleküle in der Luft streuen das blaue Licht – aber nicht die anderen Farben, so daß der Himmel blau aussieht. Geht die Sonne unter, passiert ihr Licht mehrere, häufig staubige Schichten der Atmosphäre. Dabei wird Orange gestreut, nicht Blau. Seht euch an, wie das funktioniert.

IHR BRAUCHT
- Lampe mit 60-Watt-Birne
- Vollmilch
- Glas
- Krug mit Wasser
- Rührlöffel

1 Gebt einen Schuß Milch in den Krug mit Wasser. Rührt die Flüssigkeit gründlich um. Dies ist die Atmosphäre – die Milchteilchen stellen Staub und Gasmoleküle dar.

2 Verdunkelt den Raum, und strahlt mit der Lampe den Krug an. Die Lampe ist die Sonne. Betrachtet die Atmosphäre von der Seite, als ob ihr zum Himmel am frühen Morgen oder kurz vor Sonnenuntergang aufschauen würdet. Welche Farbe hat sie?

3 Nun schaut ihr die Atmosphäre von der Seite gegenüber der Lichtquelle an – als ob ihr den klaren Himmel an einem sonnigen Tag betrachten würdet. Könnt ihr irgendeinen Unterschied in der Farbe der Atmosphäre feststellen?

4 Füllt das Glas mit Milchwasser aus dem Krug. Wiederholt die Schritte 1 und 2. Hat eure Atmosphäre jetzt eine andere Farbe? Wirkt sich die Größe der Atmosphäre in irgendeiner Weise aus?

EXPERIMENT

Licht reflektieren

Wenn Licht von oben auf Wasser trifft, wirkt dieses sehr dunkel, da es 98 Prozent des Lichtes (und der Wärme) absorbiert und nur 2 Prozent reflektiert. Bei Winkeln unter 90° werden 6 Prozent reflektiert, und wenn Licht und Wärme fast horizontal auf die Wasseroberfläche treffen, wird das meiste Licht reflektiert. Dieser Effekt wirkt sich auf die Erwärmung der Ozeane in unterschiedlichen Breiten aus, was dieses Experiment verdeutlicht.

IHR BRAUCHT

- großen, flachen Behälter
- Taschenlampe • Wasser

1 Stellt den Behälter auf einen Tisch, und füllt ihn fast randvoll mit Wasser.

2 Verdunkelt den Raum. Leuchtet mit der Taschenlampe in einem schrägen Winkel über das Wasser. Wie weit wird der Raum durch das vom Wasser reflektierte Licht beleuchtet?

3 Haltet nun die Lampe so steil über das Wasser, daß ihr Licht fast senkrecht nach unten fällt. Wie weit beleuchtet die Lampe den Raum diesmal? Ist der Unterschied groß?

EXPERIMENT

Licht ablenken

Wenn Lichtwellen in flachem Winkel von einem Medium in ein anderes mit einer anderen Dichte übertreten, ändert sich ihre Geschwindigkeit, und sie werden gebrochen (Lichtbrechung). Daher sehen wir den Sonnenuntergang erst rund drei Minuten, nachdem die Sonne unter den Horizont gesunken ist. Das folgende Experiment verdeutlicht dieses Phänomen.

IHR BRAUCHT

- Wasser • Behälter
- Spielmarke oder Münze

1 Legt Marke oder Münze auf den Boden am hinteren Ende des Behälters. Senkt den Kopf, bis ihr sie nicht mehr seht. Bleibt in dieser Position.

2 Bittet nun einen Freund, den Behälter mit Wasser zu füllen. Jetzt seht ihr die Münze wieder, weil das von ihr ausgehende Licht vom Wasser gebrochen wird. Daher sieht man die Sonne noch, wenn sie schon untergegangen ist.

Wasser und Wetter

Ohne Wasser gibt es fast kein Wetter: keinen Regen, Schnee oder Hagel, keine Wolken oder Nebel, keinen Frost oder Tau, keine Gewitter – es gäbe nichts weiter als Wärme, Kälte und Wind. Wasser ist insofern eine komplizierte Substanz, weil es innerhalb einer relativ geringen Temperaturspanne in allen drei Aggregatzuständen vorkommt, also ein Feststoff, eine Flüssigkeit und ein Gas sein kann. Der Feststoff heißt Eis, die Flüssigkeit Wasser und das Gas Wasserdampf. Die Umwandlung eines Feststoffs in eine Flüssigkeit (schmelzen) oder einer Flüssigkeit in Gas (verdunsten) benötigt Energie. Diese Energie kann in Form von Sonnenwärme zugeführt werden oder durch steigende Temperaturen, die der aus einer wärmeren Region wehende Wind mitführt. Weht der Wind aus einer kälteren Region, fällt die Temperatur, und der Wasserdampf kondensiert wieder zu Wassertröpfchen. Fällt die Temperatur unter 0 °C, gefrieren die Tröpfchen. Kondensation ist das Gegenteil von Verdunstung, Gefrieren das Gegenteil von Schmelzen. Die während dieser Veränderungen ausgetauschte Energie heißt latente Wärme. Sie wird während des Schmelz- und Verdunstungsvorgangs absorbiert und beim Kondensieren und Gefrieren wieder freigesetzt.

Fest, flüssig, gasförmig

Zuweilen kann man Wasser gleichzeitig in allen drei Aggregatzuständen – fest, flüssig, gasförmig – am selben Ort antreffen. Dieser Fluß tritt über die Ufer, weil er viel Schmelzwasser von Eis und Schnee führt. Das Eis schmilzt zu Wasser, das Wasser verdunstet, kondensiert in der kühlen Luft und bildet winzige Wassertröpfchen oder Nebel.

EXPERIMENT

Schmelzendes Eis messen

Wenn Wasser gefriert, geben seine Moleküle latente Wärme frei, die in die Luft entweicht und mit einem Thermometer gemessen werden kann. Das Umgekehrte passiert, wenn Eis schmilzt. Genau die gleiche Menge latenter Wärme, die beim Gefrieren von Wasser freigesetzt wurde, wird als Energie zum Schmelzen benötigt – aber diesmal ist sie schwieriger zu messen. Die gesamte latente Wärme wird vom Eis absorbiert, bis es ganz geschmolzen ist. Erst dann steigt die Temperatur. Ihr könnt dies selbst testen.

IHR BRAUCHT
- Glas
- Thermometer
- Tuch
- Eis

1 Wischt das Glas innen gründlich mit dem Tuch aus, bis es völlig trocken ist. Gebt nun so viele Eiswürfel hinein, bis es etwa ¾ voll ist.

2 Beobachtet das Glas: Es ist schnell von innen beschlagen, weil das gefrorene Wasser seinen Aggregatzustand ändert, nämlich schmilzt und dazu latente Wärme absorbiert.

3 Nun stellt ihr das Thermometer ins Eis. Lest die Temperatur alle 5 Minuten ab. Ändert sie sich? Lest noch mal ab, wenn alles Eis geschmolzen ist.

EXPERIMENT

Eisigwarm

Die latente Wärme, die beim Gefrieren von Wasser freigesetzt wird, entweicht in die Luft. Ihr könnt dies leicht demonstrieren, indem ihr einen Behälter mit Wasser gefriert und die Temperatur daneben mit einem Kontrollthermometer vergleicht, an dem keine latente Wärme auftritt.

IHR BRAUCHT

- Schere • Klebeband • 2 Thermometer
- Wasser • steife Pappe • Plastikbehälter

Die drei Zustände von Wasser

Ein Wassermolekül besteht aus drei Atomen: zwei Wasserstoffatomen und einem Sauerstoffatom, die V-förmig angeordnet sind. In Eis sind die Moleküle wie eine Kugel zusammengepackt, mit einem Hohlraum in der Mitte. Wegen dieses zusätzlichen Raums dehnt sich Wasser aus, wenn es gefriert, und Eis hat eine geringere Dichte als flüssiges Wasser. Wenn es schmilzt, gleiten die Moleküle aneinander vorbei, und der Hohlraum verschwindet. In einer Flüssigkeit berühren sich die Moleküle, bewegen sich aber frei. Verdunstet Wasser, berühren sich die Moleküle nicht und bewegen sich sehr schnell.

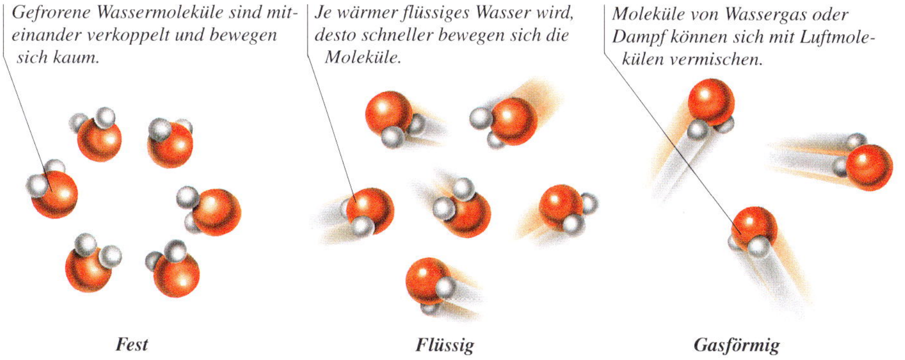

1 Schneidet zwei 3 cm breite Streifen Pappe so zurecht, daß sie etwa 5 cm länger als die Thermometer sind. Klebt die Thermometer auf die Streifen.

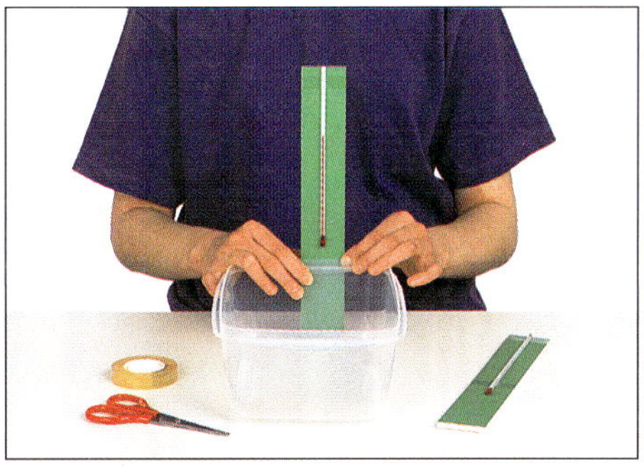

2 Klebt einen Streifen an die Innenseite des Behälters. Dieses Thermometer wird die latente Wärme anzeigen. Das andere dient zur Kontrolle.

3 Füllt den Behälter mit Wasser fast bis zum Thermometer. Stellt den Behälter und das Kontrollthermometer für sich in den Gefrierschrank. Vergleicht die Messungen alle 5 Minuten.

EXPERIMENT

Wieviel latente Wärme?

Verdunsten und Schmelzen benötigen große Mengen latenter Wärme. Verdunstet daher Wasser direkt am Kolben eines Thermometers, wird die benötigte Menge latenter Wärme vom Kolben abgenommen, so daß ihr die exakte Menge entnommener Wärme messen könnt.

IHR BRAUCHT

- Glas mit Wasser • Tuch
- Gummiband
- Thermometer

1 Laßt das Thermometer etwa eine Minute ruhen, und notiert seine Temperatur. Wickelt das Tuch um den Kolben, und befestigt es mit dem Gummiband.

2 Taucht das Tuch in das Glas mit kaltem Wasser. Haltet das Thermometer fest, und wedelt damit in der Luft herum. Lest die Temperatur ab: Ist sie höher oder niedriger?

Luftdruck und Wetter

Auch Luft besitzt ein Eigengewicht. Die Atmosphäre (S. 18) ist über 600 km dick, und diese ganze Luft drückt mit ihrem Gewicht auf die Erdoberfläche. Die vom Gewicht der Luft nach unten ausgeübte Kraft nennt man Luftdruck. Die Moleküle der Luftbestandteile werden durch das Gewicht der Luft darüber zusammengepreßt, so daß die Luft am unteren Ende der Atmosphäre dichter ist als in größeren Höhen. Luftdichte und Luftdruck sind am höchsten auf Meereshöhe und nehmen ab, je höher man kommt. Auch bei Wärme ist Luft weniger dicht – also weniger schwer –, weil sich die Luftmoleküle um so schneller bewegen, je wärmer es ist. Entsprechend fällt auch der Luftdruck bei Erwärmung der Luft.

Nicht genug Luft

Je höher in die Atmosphäre man hinaufsteigt, desto dünner wird die Luft und desto weniger Sauerstoff hat man zum Atmen. Auf hohen Bergen müssen Bergsteiger wie dieser ein spezielles Atemgerät tragen, das ihnen zusätzlich Sauerstoff zuführt.

EXPERIMENT

Ist Luft schwer?

Bei diesem Experiment sollte ein Erwachsener mithelfen.

Ihr könnt leicht nachweisen, daß Luft ein Gewicht hat. Nehmt einfach zwei Behälter mit Luft, die beide gleich viel wiegen, entfernt aus einem die Luft, und seht nach, welcher Behälter schwerer ist: der mit oder der ohne Luft. Am besten eignen sich dazu gewöhnliche Luftballons.

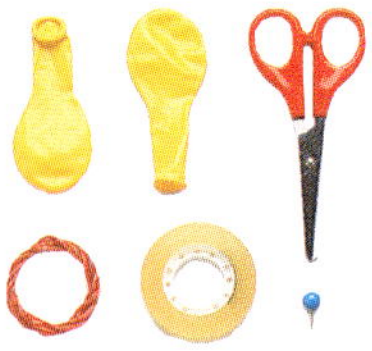

IHR BRAUCHT
- dünnen Stab
- 2 Ballons
- Schere
- Schnur
- Klebeband
- Nadel

1 Bindet ein Stück Schnur in der Mitte des Stabs fest. Haltet den Stab an der Schnur, und richtet ihn so aus, daß er waagerecht an der Schnur hängt.

2 Blast die Ballons auf. Klebt je einen Ballon an jedes Ende des Stabs, ohne das Gleichgewicht zu verändern. Verschiebt die Schnur, wenn nötig.

3 Klebt etwas Klebeband auf einen der Ballons, und bittet einen Erwachsenen, mit der Nadel durch das Band ein Loch in den Ballon zu stechen. Das Band verhindert, daß der Ballon zerplatzt. Beobachtet den Stab und die Ballons, während die Luft langsam entweicht. Bleibt der Stab im Gleichgewicht? Welche Seite ist schwerer?

EXPERIMENT

Luftdruck messen

Luftdruck mißt man mit einem Barometer. Am verbreitetsten ist das sogenannte Aneroidbarometer. Dieses Instrument mißt, wie sich ein luftleeres Metallkästchen ausdehnt oder zusammenzieht, wenn sich der Luftdruck ändert. Ihr könnt ein einfaches Aneroidbarometer für zu Hause basteln.

IHR BRAUCHT

- Lineal • großen Luftballon • großes Glas
- 2 Trinkhalme • Schere • Schreiber
- Klebeband • Pappe • Notizblock

1 Nehmt ein Glas mit einer sehr weiten Öffnung und einen sehr großen Ballon. Schneidet den Hals des Ballons ab, so daß ihr den Ballon über die Öffnung des Glases streifen könnt. Befestigt den Ballon am Glas mit Klebeband – es darf kein Leck geben!

2 Klebt die Halme zusammen. Schneidet ein kleines Pappdreieck aus, und klebt es an ein Ende der Halme. Klebt das andere Ende in die Mitte des Ballons – fertig ist das Barometer.

3 Um die Veränderungen des Luftdrucks zu messen, haltet ihr das Lineal senkrecht neben den Zeiger. Überprüft seine Position alle paar Stunden, und schreibt eure Messung auf. Wie verändert sich sie im Laufe einer Woche? Gibt es einen Unterschied zwischen Sonnen- und Regentagen?

Wandert der Zeiger nach oben, steigt der Luftdruck. Wandert er nach unten, fällt der Luftdruck.

GROSSE ENTDECKER

Evangelista Torricelli

Der Italiener Evangelista Torricelli (1608 – 1647) erfand 1643 das Quecksilberbarometer. Er verschloß ein Glasrohr an einem Ende, füllte es mit Quecksilber und stellte es aufrecht in Quecksilber. Der Luftdruck verhinderte, daß das Quecksilber aus dem Rohr floß.

Wärme und Temperatur

Die Wärme der Sonne könnt ihr auf der Haut spüren. Die Sonne erwärmt auch Felsen und Mauern, die ihr direkt ausgesetzt sind und sich warm anfühlen, wenn man sie berührt. In heißen Klimazonen kann fester Boden, Sand oder Beton mittags so heiß sein, daß man darauf nicht barfuß gehen kann. Doch auch am heißesten Tag könnt ihr barfuß auf Gras laufen. Wärme ist das, was wir empfinden, wenn die von der Sonne ausgestrahlte Energie uns trifft. Diese Energie ist wie Licht, aber unsichtbar. Wenn Wärme auf ein Objekt trifft, wird ein Teil dieser Energie auf Moleküle im Objekt übertragen. Berührt ihr das Objekt, übertragen diese Moleküle einen Teil ihrer Energie auf die Moleküle eurer Haut, so daß deren Temperatur steigt – daher fühlt sich das Objekt wärmer an. Erwärmte Objekte verlieren Energie. Sie können sie abstrahlen, wie ein Feuer, durch Wärmeleitung an ein anderes Objekt weitergeben oder ein Gas oder eine Flüssigkeit erwärmen, in welcher die Wärme durch Konvektion abgeleitet wird. All diese verschiedenen Arten von Wärmeaustausch wirken beim Entstehen des Wetters mit.

Wärmeleitung

Die Moleküle, aus denen ein festes Objekt besteht, berühren einander. Schwingt ein Molekül schneller, weil es Energie aufgenommen hat, werden auch die Nachbarmoleküle zum Schwingen gebracht – so breitet sich die Energie aus. Man nennt das Wärmeleitung. Die einzelnen Materialien haben unterschiedliche Strukturen, und das wirkt sich darauf aus, wie ihre Moleküle Energie weitergeben. Die Materialien unterscheiden sich auch nach der Menge von Wärme, die sie aufnehmen können, wenn ihre Temperatur steigt. Man nennt dies spezifische Wärmekapazität. Gras fühlt sich kühler an als Stein, weil Gras viel Wasser enthält, das eine hohe spezifische Wärmekapazität hat.

Spezifische Wärmekapazitäten
Legt ein Metalltablett, ein Brett und ein Stück Styropor auf den Tisch. Laßt sie eine Stunde liegen, so daß ihre Temperatur gleich ist. Nun fühlt sie an. Welches Objekt fühlt sich am wärmsten an?

EXPERIMENT

Konvektion – warme Fluide

Wird ein Fluid – ein Gas oder eine Flüssigkeit – erwärmt, entfernen sich seine Moleküle voneinander. Das Fluid nimmt mehr Raum ein, aber die Zahl der Moleküle bleibt gleich, so daß es weniger dicht wird als seine kühlere Umgebung. Es wiegt somit weniger, so daß es durch das umgebende Fluid aufsteigt, bis es eine Ebene erreicht, wo die Substanz darüber – etwa die Luft über einer Flüssigkeit – weniger dicht als das Fluid ist. Dann kühlt es sich ab und sinkt. Ihr könnt diese Konvektion mit heißem und kaltem Wasser demonstrieren.

IHR BRAUCHT
• großes Glas • kleine Tasse • Lebensmittelfarbe • Gummiband • Frischhaltefolie • Holzspieß

1 Füllt eine Tasse mit gefärbtem heißem Wasser. Bedeckt sie mit Folie, die ihr mit Gummiband befestigt, und stellt sie ins Glas.

2 Nun füllt ihr das Glas mit kaltem Wasser bis fast zum Rand, so daß die Tasse unter Wasser steht.

3 Stecht mit dem Spieß ein Loch in die Folie, und beobachtet, wie das warme, farbige Wasser aufsteigt. Was geschieht dann?

EXPERIMENT

Luft ausdehnen

Wenn Luft erwärmt wird, bewegen sich ihre Moleküle schneller und drücken stärker gegen ihre Umgebung. Ist der erhöhte Druck so stark, daß das umgebende Material weggedrückt wird, dehnt sich die Luft aus und nimmt ein größeres Volumen ein. Dies könnt ihr mit diesem Versuch demonstrieren.

IHR BRAUCHT
- Plastikbecher • Schüssel
- Frischhaltefolie

1 Stellt den Plastikbecher für etwa eine Stunde in den Kühlschrank, und laßt ihn dort gründlich abkühlen. Spannt etwas Folie über den Becher, und stellt ihn dann in die Schüssel.

2 Gießt etwas heißes Wasser auf den Boden der Schüssel. Was passiert mit der Folie auf dem Becher? Was geschieht, wenn ihr den Becher in den Kühlschrank zurückstellt?

EXPERIMENT

Strahlung

Die Sonne erwärmt die Erdoberfläche, und diese erwärmt die Luft darüber. Wärme erreicht uns von der Sonne durch Strahlung quer durchs Weltall. Strahlungswärme pflanzt sich wie sichtbares Licht wellenförmig fort. Fast die Hälfte der Strahlung, die wir von der Sonne empfangen, befindet sich im Bereich der infraroten Wellenlänge – sie liegt der Wellenlänge des sichtbaren roten Lichts am nächsten. Auch eine normale Lampe strahlt Wärme aus. Hier seht ihr, wie die Oberfläche eines »Planeten« erwärmt werden kann.

IHR BRAUCHT
- Lampe • schwarze Pappe • 2 Holzspieße • Schere • Klebeband • Modelliermasse

1 Schneidet zwei 8 x 8 cm große Pappquadrate aus. Klebt jedes Quadrat ans Ende eines kleinen Holzspießes.

2 Steckt die Spieße in Modelliermasse, und stellt sie 2 bzw. 10 cm von der Lampe entfernt auf. Welche Pappe fühlt sich wärmer an?

Die Lampe strahlt sichtbares Licht sowie unsichtbare Wärme als Infrarotwellen aus, so daß sich die Pappen warm anfühlen.

Der Albedo-Effekt

Wenn frischer Schnee den Boden bedeckt und die Sonne strahlt, ist man häufig vom grellen Licht geblendet und froh, die Augen auf die frisch geräumte und daher dunkle Straße richten zu können. Frisch gefallener Schnee leuchtet so hell, weil er etwa 75 Prozent des auf ihn fallenden Lichtes reflektiert. Eine Straße dagegen reflektiert nur rund 10 Prozent und erscheint daher dunkler – sie absorbiert 90 Prozent Licht und Wärme. Der Anteil der Sonnenenergie, den eine bestimmte Oberfläche reflektiert, heißt Albedo. Die meisten Wolken haben eine Albedo von etwa 80 Prozent, eine Wiese hat dagegen eine Albedo von lediglich 15 Prozent.

GROSSE ENTDECKER

Celsius und Fahrenheit

Die Celsius-Temperaturskala (°C) wurde um 1742 eingeführt und wird gewöhnlich dem schwedischen Astronomen Anders Celsius (1701 – 1744) zugeschrieben. Er definierte den Siedepunkt von Wasser als 0 °C und den Schmelzpunkt als 100 °C. Diese Definition wurde 1747 umgekehrt: Wasser schmilzt bei 0 °C.

Daniel Gabriel Fahrenheit (1686 – 1736) aus Danzig baute 1714 das erste Quecksilberthermometer. Auf seiner für sein Thermometer geschaffenen Skala (°F) gefriert Salzwasser bei 0 °F, reines Wasser gefriert bei 32 °F und siedet bei 212 °F.

EXPERIMENT

Isolierung

Bei kaltem Wetter zieht ihr zusätzlich dickere Kleidung an, um es warm zu haben. Unter der Kleidung hält sich eine Luftschicht um euren Körper. Dieser erwärmt die Luft, die damit weniger dicht ist. Diese Luft kann nicht durch das Gewebe in die kühlere Umgebungsluft entweichen, und kalte Luft kann nicht eindringen, um sie zu ersetzen. Dieser Effekt heißt Isolierung. Dunkle Kleidung mit einer niedrigen Albedo absorbiert die gesamte Wärmestrahlung. Doch nicht nur unser Körper kann durch eine Schicht Isoliermaterial warm gehalten werden. Wir sparen auch Energie, indem wir unsere Häuser und Heißwassertanks isolieren, und wir isolieren Wasserrohre, damit sie nicht einfrieren. Beobachtet einmal, wie effektiv eine Isolierung Wärmeverlust verhindert.

IHR BRAUCHT
- Wasser
- 2 Deckelgläser
- Handtuch

Temperaturvergleich
Füllt jedes Glas mit heißem Leitungswasser von gleicher Temperatur. Umwickelt ein Glas mit dem Handtuch. Stellt beide Gläser eine halbe Stunde in den Kühlschrank. Holt sie heraus, und nehmt das Handtuch ab. Welches Glas fühlt sich wärmer an?

Das Thermometer

Ein Thermometer ist ein dünnes, luftleeres Röhrchen, das am unteren Ende in einem Kolben Alkohol oder Quecksilber enthält. Ändert sich die Temperatur der Luft, dehnt sich die Flüssigkeit im Röhrchen aus oder zieht sich zusammen, und die Temperatur läßt sich von einer Skala ablesen. Meßt die Temperatur an verschiedenen Stellen im Haus und im Freien.

Warum Iglus nicht schmelzen

Das Iglu wurde von den Eskimos erfunden und dort als Winterbehausung verwendet, wo es keine anderen Baumaterialien gab. Es dient auch heute noch zuweilen in Kanada, Alaska und Grönland als Schutz für die Nacht. Dabei wird Schnee mit einem langen Messer in Blöcke geschnitten, die zu einer Kuppel zusammengesetzt werden. Eine Eisscheibe dient als Oberlicht. Im Innern sorgen Lampen mit Tierfett als Brennstoff für Wärme. Weil das Iglu aus Schnee besteht, reflektiert die hohe Albedo Wärme und Licht. Dies und die tiefen Außentemperaturen verhindern ein Schmelzen.

EXPERIMENT

Albedos vergleichen

Wenn eine Oberfläche Wärme reflektiert, kann nichts darunter erwärmt werden. Absorbiert jedoch die Oberfläche Wärme, wird alles wärmer, was die Unterseite dieser Oberfläche berührt. Daher tragen wir helle Kleidung im Sommer und dunkle im Winter. Meßt einmal den Albedo-Effekt von zwei Oberflächen.

IHR BRAUCHT

- Notizblock • weißen Stift • Thermometer • Schreiber • dickes schwarzes und weißes Papier • Schere • Klebeband • trockenen Sand • 2 Gläser

1 Stellt ein Glas mit der Öffnung nach unten auf das weiße Papier und das andere auf das schwarze. Zeichnet die Umrisse der Gläseröffnungen aufs Papier.

2 Schneidet mit der Schere diese Umrisse so aus, daß jede Papierscheibe die Gläseröffnungen genau schließt. Legt die Scheiben beiseite.

3 Füllt beide Gläser randvoll mit Sand. Bedeckt das eine Glas mit der weißen, das andere mit der schwarzen Scheibe, und verschließt beide mit Klebeband.

4 Stellt beide Gläser nebeneinander eine halbe Stunde lang in die Sonne. Dann meßt ihr die Lufttemperatur dicht über jeder Papierscheibe.

5 Nun meßt ihr die Temperatur dicht unter der Sandoberfläche. Wo war die Lufttemperatur am höchsten? In welchem Glas ist der Sand wärmer?

WETTERELEMENTE

Niederschlag
Eine einzelne Schneeflocke (oben) besteht aus Eiskristallen. Eiskristalle sind winzig klein, können sich aber zu kunstvollen und wunderschönen Mustern verbinden. Schnee und Regen (links) sind zwei der Erscheinungsformen, die Wasser in der Atmosphäre annehmen kann.

Die Grundlagen unseres Wetters sind Licht, Luft und Wasser. Sind diese Bestandteile in unterschiedlicher Menge vorhanden, entstehen die grundlegenden einzelnen Wettererscheinungen: Sonnenschein, Wolken, Regen, Wind, Nebel, Schnee und Frost. Wenn ihr Regen und Schnee, Luftfeuchtigkeit und Windgeschwindigkeit meßt, beginnt ihr zu verstehen, warum diese Formen von Wetter auftreten. Dann habt ihr auch eine Vorstellung, welches Wetter in Zukunft zu erwarten ist.

DAS TÄGLICHE WETTER

Seht aus dem Fenster. Ist es sonnig oder bewölkt, trocken oder regnerisch, warm oder kalt, windig oder windstill? Mit anderen Worten: Wie ist das Wetter heute? »Wetter« ist das, was gerade in der Atmosphäre über euch geschieht – aber warum geschieht es? Wie bilden sich Wolken, und warum fällt aus manchen Wolken Regen, Hagel oder Schnee, aus anderen aber nicht? Warum ist es zuweilen windig und dann wieder windstill?

Seit jeher sind dies ganz wichtige Fragen. Hagelschlag oder zu heftiger Regen kann die Ernte vernichten, und dann müssen Menschen vielleicht hungern. Bei einem plötzlichen Sturm auf See können Fischerboote untergehen, und das kostet Menschenleben und Nahrung. Doch zuwenig Regen ist genauso schlimm wie zuviel, denn auch eine Dürre vernichtet die Ernte, und die Menschen haben dann zuwenig Trinkwasser – sie leiden unter Durst wie unter Hunger.

Die Wissenschaft vom Wetter heißt Meteorologie, und das kommt aus dem Griechischen und bedeutet »Beschreibung dessen, was in der Luft geschieht«. Als erster hat darüber Aristoteles geschrieben, vor über zweitausend Jahren. Seiner Meinung nach sollte man am besten durch genaue Beobachtung herausfinden, warum bestimmte Dinge geschehen. Folgt einem Ereignis stets ein anderes, dann wird das zweite vielleicht durch das erste verursacht. Damals war dies indes nicht die einzige oder die beliebteste Vorstellung. Die meisten alten Griechen oder Römer glaubten nämlich, das Wetter würde durch die Götter verursacht werden, und die könnte man dazu bringen, es zu ändern.

Donnerschlag
Donner ist das Geräusch von explodierender Luft. Einen lauten Knall erzeugt auch eine Knalltüte.

Aberglauben

Überall auf der Welt glaubten die Menschen früher, das Wetter könnte beeinflußt werden, und zwar oft, indem man die Kräfte, die es erzeugten, dazu bewegte, sich freundlicher zu verhalten. In Nordamerika versuchte der Stamm der Omaha, Regen für das verdorrende Getreide durch ein Ritual zu erzeugen, das von Angehörigen der Büffelgesellschaft vollzogen wurde, die zunächst viermal um einen großen Topf voll Wasser tanzten. Dann nahm einer von ihnen einen Mundvoll Wasser, spie ihn in die Luft und kippte den Topf um, so daß sich das Wasser auf den Boden ergoß. Auch die anderen tranken Wasser und spieen etwas davon in die Luft, um fallenden Regen nachzuahmen.

Heute wissen wir, daß man das Wetter nicht durch Zauberei oder Anrufung der Götter oder gar dadurch beeinflussen kann, daß man sie bestraft. Allerdings kann man zuweilen Regen aus einer Wolke fallen lassen, indem man sie mit festem Kohlendioxid, sogenanntem Trockeneis, kühlt, und Wolken lassen sich erzeugen, indem man sie »sät« – mit Partikeln von Trockeneis, Salz oder Silberjodid, an denen Wasserdampf kondensiert, bis sich eine Wolke bildet.

Viele Menschen, die jene Zeremonien vollführten, beobachteten den Himmel sorgfältig und lernten, wie man Anzeichen einer Wetteränderung erkennt, so daß sie mit ihren Ritualen oft Erfolg zu haben schienen. Es sprach alles dafür, daß Regen fallen oder aufhören würde, weil dies ohnehin bevorstand. Solche Menschen wußten eine Menge über das Wetter, aber diese frühen Vorstellungen über das Wetter wurden schließlich durch andere abgelöst, die die Dinge klarer und logisch erklärten.

Dürre Wüste
Elenantilopen leben in semiariden Klimazonen. Diese Tiere starben an Wassermangel in der Kalahari-Wüste, wo der jährliche Niederschlag nur 127 mm betragen kann.

Wissenschaftliche Methoden

Zunächst befaßten sich die Wissenschaftler vor allem mit dem Verhalten von Gasen wie Luft, denn das konnten sie in ihren Labors untersuchen. 1660 veröffentlichte der britische Chemiker Robert Boyle (1627–1691) seine Entdeckung, nach der sich das Volumen von Luft halbierte, wenn

Die Atmosphäre bewässern
Viel Wasser gelangt in die Luft durch Transpiration: Pflanzen geben Wasser über ihre Blätter ab.

man den Druck auf Luft verdoppelte. Vorausgesetzt, die Temperatur blieb konstant, dann hieß das, daß Luftdruck und -volumen in einem umgekehrt proportionalen Verhältnis zueinander standen. Dies nannte man später das Boyle-Mariotte-Gesetz (nach dem französischen Forscher Edme Mariotte, 1620–1684). 1787 entdeckte der französische Physiker Jacques Charles (1746–1823), daß bei konstantem Druck das Volumen einer bestimmten Gasmenge zunimmt, wenn ihre Temperatur steigt. Aufgrund der Gesetze von Boyle, Mariotte und Charles konnte man nun verstehen, was passiert, wenn Luft erhitzt oder abgekühlt wird und wenn der Luftdruck zu- oder abnimmt – ein ganz entscheidender Schritt bei der Erforschung der Kräfte, die das Wetter beeinflussen.

Wissenschaftler beobachten nicht nur. Sie messen Dinge, und dafür benötigen sie Instrumente. Das erste Hygrometer – zur Messung der Luftfeuchtigkeit, also der Menge Wasserdampf in der Luft – wurde wohl um 1500 von Leonardo da Vinci (1452–1519) entwickelt. 1644 baute Evangelista Torricelli (1608–1647), ein Assistent von Galilei, das erste Barometer zur Messung des Luftdrucks, aber erst 1714 hatten die Wissenschaftler ein zuverlässiges Thermometer zur Messung der Lufttemperatur. Es wurde von dem deutschen Instrumentenbauer Gabriel Daniel Fahrenheit (1686–1736) erfunden, der auch eine Gradskala einführte, von der man die Temperatur ablesen konnte.

Vorhersage

Noch konnte man das Wetter nicht vorhersagen, da es keine Möglichkeit gab, Berichte über lokale Bedingungen von weitverstreuten Orten zusammenzutragen. Wettersysteme sind sehr weiträumig, und erst im letzten Jahrhundert konnte man sich ein umfassendes Bild von ihnen machen, als Telegrafennetze installiert wurden, die eine fast unmittelbare Kommunikation quer durch einen Kontinent und schließlich zwischen mehreren Kontinenten ermöglichten.

Nach und nach hat sich herausgestellt, daß man Wetter vorhersagen kann. Die neuen Ideen stammten von Forschern, die Erklärungen für das erarbeiteten, was sie in ihrer Umwelt sich abspielen sahen, und dann ihre Erklärungen mit Hilfe von Experimenten überprüften. Im Laufe vieler Jahre, in denen jede Entdeckung neue Fragen aufwarf, die man wieder beantworten mußte, wurde das Bild des Wettergeschehens immer vollständiger. Doch ein Großteil unseres gegenwärtigen detaillierteren Wissens vom Wetter stammt überraschenderweise aus neuerer Zeit. Ein Team norwegischer Meteorologen um Vilhelm Bjerknes (1862–1951) entdeckte in den zwanziger Jahren, wie sich Fronten zwischen Luftmassen bei unterschiedlichen Temperaturen bilden und wie sich Regentropfen in Wolken entwickeln. Seit einigen Jahrzehnten liefern uns Satelliten Wetterdaten und Fotos im globalen Rahmen, und mit dieser Hilfe verfolgen die Meteorologen heute die Entwicklung und Bewegung von Wolken und Wettersystemen.

Wie feucht?
Wenn Substanzen Wasser absorbieren, werden sie schwerer. Nach diesem Prinzip arbeiten Feuchtigkeitsmesser, die ihr Wasser aus der Atmosphäre nehmen. An trockenen Tagen wird ein niedriger Stand angezeigt, an feuchten Tagen ein hoher.

Wie Transpiration funktioniert
Durch Spaltöffnungen (Stomata) an der Unterseite nehmen Blätter Wasser und Gase auf und geben sie als Wasserdampf auch wieder ab.

Tägliche Veränderungen

In diesem Abschnitt erfahrt ihr, wie Wasser vom Meer in die Luft und wieder ins Meer zurück gelangt und was für eine wichtige Rolle Pflanzen dabei spielen, wie Wolken und Nebel entstehen, wenn sich feuchte Luft abkühlt, und was im Innern von Wolken geschieht, so daß Wassertröpfchen zu Regen oder Schnee werden. An klaren Abenden kann Wasser aus der Luft Pflanzen und den Boden als Tau oder – wenn es ausreichend kalt ist – als Reif überziehen. Es ist gar nicht so schwer herauszufinden, ob sich Tau oder Reif bilden wird. Reif kommt an manchen Stellen häufiger vor als an anderen, und ihr werdet sehen, was ein Frostloch ist. Solche Frostlöcher sind nur eines von vielen Beispielen dafür, daß an unmittelbar benachbarten Orten ganz unterschiedliches Wetter herrschen kann. Ihr werdet sehen, daß das tägliche Wetter vielfältiger und faszinierender ist, als ihr es erwartet hättet, und daß schnell eine Wetteränderung an einem Ort auftreten kann, ohne daß die Nachbarschaft davon betroffen ist.

Ein windiger Tag
Mit der Beaufort-Skala (S. 58) mißt man die Windstärke – hier herrscht Stärke 7.

Sonnenschein

Wetterstationen verwenden Meßgeräte, um die Zahl der Sonnenscheinstunden zu messen. Das meistens dafür verwendete Gerät ist der Sonnenscheinautograph. Dieser besteht aus einer Glaskugel, die im Zentrum einer Metallschale montiert ist, auf der sich ein Pappstreifen mit einer Skala befindet. Das Gerät wird gegenüber der Sonne aufgestellt, und die Kugel bündelt ihre Strahlen auf die Pappe und hinterläßt einen Brandfleck. Am Ende des Tages zeigen die Flecken auf dem Streifen die Stunden mit starkem Sonnenschein an. An einem sonnigen Tag ist es häufig warm. Direkter Sonnenschein erwärmt jede Oberfläche, auf die er trifft. Wenn ihr ein Thermometer in den Schatten legt, mißt es die Lufttemperatur, aber wenn ihr es ins direkte Sonnenlicht legt, wird das Thermometerglas selbst erwärmt, und diese Temperatur zeigt es an. Meßt daher die Temperatur stets im Schatten.

Aztekischer Sonnengott

Viele Menschen haben die Sonne als lebenspendende Gottheit angebetet. Diese Türkismosaikmaske aus dem 16. Jahrhundert stellt Quetzalcoatl, den aztekischen Gott der Morgenröte, dar.

EXPERIMENT

Wärme bündeln

Bei diesem Experiment sollte ein Erwachsener mithelfen.

Spiegel und Linsen reflektieren und bündeln Wärme genauso wie Licht, so daß ihr ein Vergrößerungsglas als Brennglas verwenden könnt, um die Stärke der Wärme zu demonstrieren, die wir von der Sonne empfangen. Am besten macht ihr dieses Experiment am Fenster oder im Freien. Achtet darauf, daß ihr niemals in die Sonne schaut – da das euren Augen schadet.

IHR BRAUCHT

• Glas • Schere • Baumwollgarn • Modelliermasse • Lupe • Holzspieß

ACHTUNG: NIEMALS direkt in die Sonne schauen!

1 Schneidet ein Stück Garn ab, und verknotet ein Ende fest um die Mitte des Spießes. Hängt ein Stück Modelliermasse als Gewicht ans andere Ende.

2 Legt den Spieß über das Glas, so daß das Gewicht drinnen baumelt. Bündelt die Wärme und das Licht der Sonne mit der Lupe auf den Faden. Was stellt diese Energie damit an?

EXPERIMENT

Verdunstung

Feldfrüchte gedeihen gut in sonnigem Klima, aber die Bauern müssen sie häufig bewässern, weil Wasser im Sonnenschein rasch verdunstet. Selbst bei kühlem Klima ist die Temperatur in direktem Sonnenschein viel höher, als wenn Wolken den Boden beschatten. Das bedeutet, daß Wasser rascher verdunstet und der Boden trockener ist. In warmem Klima kann Wasser sogar verdunsten, ehe es die Pflanzenwurzeln erreicht, so daß man es auch über unterirdische Röhren zuführt. Meßt einmal die Verdunstungsgeschwindigkeit in Sonnenschein und im Schatten.

IHR BRAUCHT

• Wasser • 3 gleich große Untertassen
• Lebensmittelfarbe
• Fettstift

1 Gebt ein paar Tropfen Farbe in einen Krug mit Wasser, und gießt gleich viel Wasser in die drei Untertassen.

2 Markiert den Wasserspiegel in jeder Untertasse. Stellt eine ins Sonnenlicht, eine in den Schatten und eine ins Haus.

3 Überprüft die Untertassen zweimal am Tag. Während das Wasser verdunstet, markiert ihr jeweils den neuen Stand und notiert euch, wie lange es dauert, bis jede Untertasse leer ist.

Das Sonnenkraftwerk bei Odeillo-Font-Romeu

Dieser Solarofen in den französischen Pyrenäen bündelt die Strahlen der Sonne. Seine 63 großen Spiegel folgen ihrem Lauf und reflektieren ihr Licht und ihre Wärme auf 9 500 kleinere Spiegel. Diese wiederum werfen die Strahlen auf den zentralen Turm. Darin befindet sich ein Ofen, in dem die Temperaturen bis zu 3 800 °C erreichen können. Mit dieser Energie wird Wasser in Dampf umgewandelt, der Turbinen antreibt und so Elektrizität erzeugt.

EXPERIMENT

Metall wachsen lassen

Die Sonnenwärme bewirkt, daß sich bestimmte Materialien – wie Straßen und Brücken – ausdehnen. Dies könnt ihr an einem Stück Kupfer feststellen, das ein paar Stunden in der Sonne liegt.

IHR BRAUCHT

• Schere • Klebeband • Lineal
• Pappe • Kupferrohr

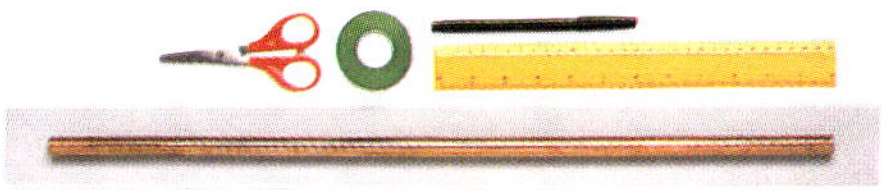

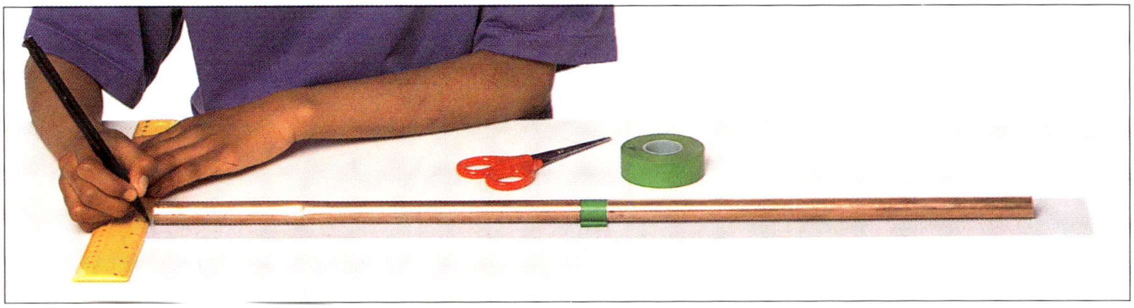

Metall messen
Legt ein Stück Kupferrohr auf Pappe. Klebt sie in der Mitte zusammen, und markiert die Enden des Rohrs. Legt es in die Sonne. Seht nach ein paar Stunden nach, ob das Rohr gewachsen ist. Meßt die Differenz mit dem Lineal.

Optische Effekte

Licht und Wärme von der Sonne erreichen die Erdoberfläche erst, nachdem sie die Atmosphäre passiert haben, und verändern sich dabei. Wenn Licht die Luft durchdringt, treffen seine Strahlen auf Luftmoleküle, Wassertröpfchen, Eiskristalle, Staub und andere Teilchen. Die kleinsten streuen die Strahlen und schicken sie in verschiedene Richtungen, je nach ihrer Wellenlänge. Größere Teilchen können Strahlen reflektieren oder brechen (S. 20) und auch so verändern, daß sie sich gegenseitig verstärken oder aufheben (Interferenz). Wenn das Sonnenlicht die Erdoberfläche erreicht, ist es gewöhnlich nicht mehr das von der Sonne ausgestrahlte rein weiße Licht. Wir können einen Regenbogen sehen. Objekte können schimmern. Dringt Licht durch zwei unterschiedlich dichte Schichten ruhiger Luft, können wir eine Luftspiegelung sehen.

EXPERIMENT

Licht brechen und reflektieren

Tritt Licht in ein Wassertröpfchen ein, wird es gebrochen. An der gegenüberliegenden Wand des Tröpfchens kann etwas Licht reflektiert werden, und wenn es das Tröpfchen verläßt, wird es erneut gebrochen. Die einzelnen Wellenlängen von Licht werden unterschiedlich stark gebrochen, so daß weißes Licht in seine Regenbogenfarben zerlegt wird (S. 20). Wird das Licht im Tröpfchen einmal reflektiert, kann es einen Regenbogen geben. Wird es zweimal reflektiert, kann ein sekundärer Regenbogen entstehen (siehe gegenüber). Probiert diese Effekte mit einem »Riesenregentropfen« aus.

IHR BRAUCHT

- Schere
- Paprikapulver
- Pappe
- Rührlöffel
- Wasser
- Taschenlampe
- Schüssel

1 Schneidet in die Pappe einen schmalen Schlitz. Er sollte höchstens 3 mm breit und so lang wie der Durchmesser der Lampe sein.

2 Füllt die Schüssel mit Wasser, und gebt etwas Paprikapulver hinein. Rührt das Wasser gründlich um. Es sollte wolkig aussehen.

3 Verdunkelt den Raum. Leuchtet mit der Lampe durch den Schlitz. Schaut von oben ins Wasser. Verändert den Winkel des Lichtstrahls, so daß es mehr Reflexionen gibt.

EXPERIMENT

Regenbogenprisma

1665 ließ Isaac Newton (1642–1727) einen feinen Lichtstrahl durch ein Prisma fallen. Es zerlegte das Licht in seine Regenbogenfarben – sein Spektrum. Ihr könnt dieses berühmte Experiment nachmachen. Mit zwei Prismen könnt ihr zuerst die Farben zerlegen und dann wieder zusammenführen.

IHR BRAUCHT

- Taschenlampe
- Schere
- Prisma
- Papier

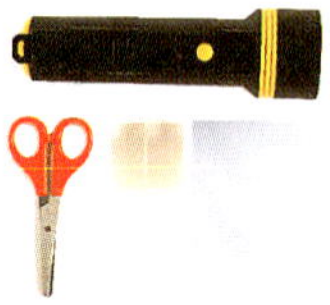

1 Schneidet einen kleinen Schlitz ins Papier – höchstens 3 mm breit und etwas länger, als das Prisma hoch ist. Dies ist eine Blende.

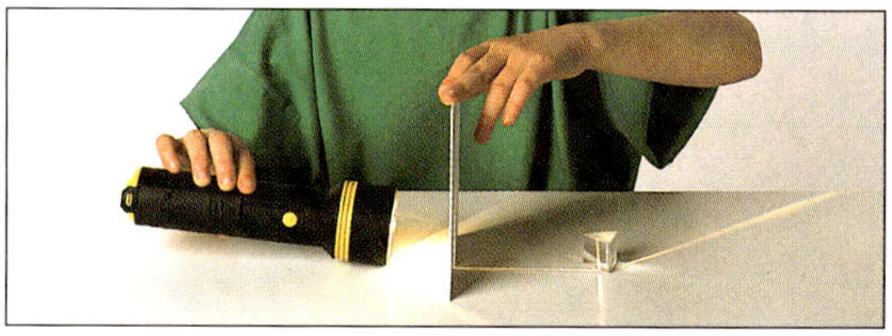

2 Stellt die Lampe, die Blende und das Prisma in einer Linie auf. Verdunkelt den Raum, und leuchtet durch den Schlitz – ein Spektrum entsteht.

EXPERIMENT

Flimmernde Wärme

Wärmeflimmern tritt auf, wenn eine Schicht aufsteigender heißer Luft das hindurchdringende Licht bricht. Dabei entsteht ein Flimmern. Ihr könnt es selbst erzeugen: Bittet einen Erwachsenen, die Kerze anzuzünden und das Tuch etwa 2 m von der Kerze entfernt zu halten. Betrachtet das Tuch von der anderen Seite der Kerze her. Ihr seht den Effekt im Muster des Tuchs.

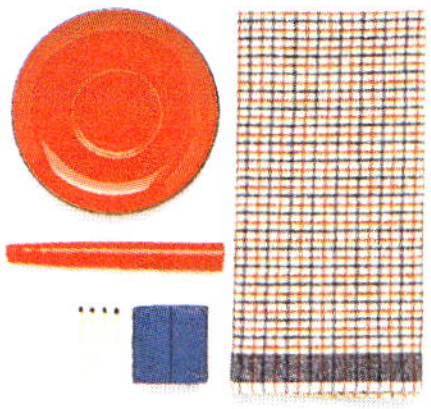

IHR BRAUCHT
- Untertasse
- kariertes Tuch • Kerze
- Modelliermasse

Bei diesem Experiment sollte ein Erwachsener mithelfen.

Steigerung des Effekts *Der Wärmeschimmer wird stärker, wenn sich die Flamme bewegt. Blast leicht, damit sie flackert.*

Experimentiert mit verschieden großen Karos, anderen Mustern oder mit einer Zeitungsschlagzeile.

Stellt euch etwa 2 m hinter die Kerze – so ist die Wirkung am besten.

Betrachtet das Tuch direkt über der Flamme.

Wie Regenbögen entstehen

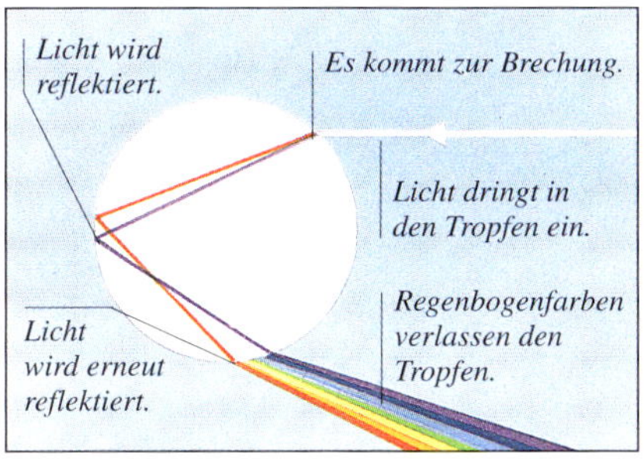

Primäre Regenbögen *entstehen durch Reflexion und Brechung. Dringt Licht in einen Regentropfen ein, wird es gebrochen, im Tropfen reflektiert und beim Austritt wieder gebrochen. Seine Bestandteile haben unterschiedliche Wellenlängen, und daher wird das Licht in seine Regenbogenfarben zerlegt.*

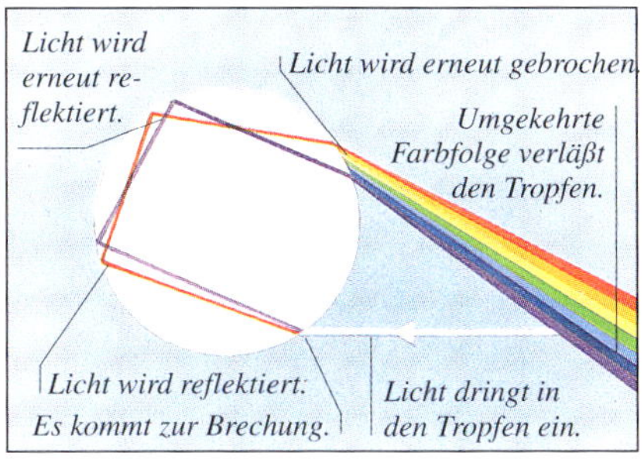

Sekundäre Regenbögen *werden auf die gleiche Weise wie ein primärer Regenbogen gebildet. Die Abfolge der Farben im Regenbogen ist jedoch umgekehrt, weil das Licht im Tropfen zweimal statt einmal reflektiert wird. Der Betrachter sieht also das Spiegelbild eines Regenbogens.*

EXPERIMENT

Einen Regenbogen erzeugen

Ein Prisma zerlegt Licht in seine Regenbogenfarben, weil Glas Licht fast genauso stark bricht wie Wasser, also auch Regen. Daher imitiert ein Prisma einen Wassertropfen. Ihr könnt aber auch Wasser als Prisma verwenden, und wenn ihr mit einem Spiegel Licht im Wasser einmal reflektiert, könnt ihr fast einen echten Regenbogen erzeugen. Euer Regenbogen erscheint jedoch an der Wand oder an der Decke hinter oder über der Schüssel – echte Regenbögen gibt es nur am Himmel.

IHR BRAUCHT
- Wasser • Taschenlampe
- Schüssel • Spiegel

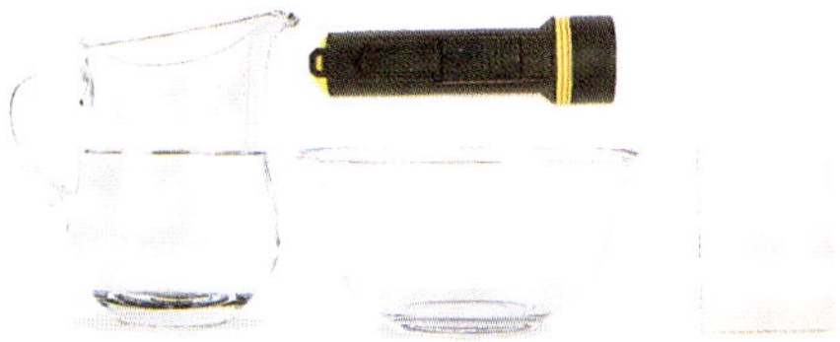

1 Legt den Spiegel in einem Winkel von etwa 45° auf den Boden der Schüssel. Füllt sie mit Wasser.

2 Leuchtet mit der Lampe von oben auf den Spiegel, und haltet nach dem Regenbogen auf der Wand gegenüber Ausschau.

Der Wasserkreislauf

Wasser verdunstet über der Land- und Meeresoberfläche, kondensiert und fällt als Niederschlag wieder zurück, wobei das Wasser, das über dem Land fällt, durch Verdunstung erneut in die Luft aufsteigt oder wieder ins Meer zurückfließt. Diese unaufhörliche Bewegung nennt man den Wasserkreislauf. Heute kennen wir die ungefähre Wassermenge in jedem Stadium des Zyklus und wissen, daß ein Wassermolekül zwischen dem Zeitpunkt der Verdunstung und der Rückkehr zur Erdoberfläche im Durchschnitt 9 oder 10 Tage in der Luft verbringt. Von allem Wasser auf der Erde befinden sich immer nur etwa 0,35 Prozent in der Luft – doch dieser geringe Anteil sorgt für alle Wolken, Nebel, Regen, Schnee und Hagel. Wäre der Niederschlag gleichmäßig verteilt, würden auf jede Stelle der Erde im Jahr 857 mm fallen. In Wirklichkeit aber gehen die Niederschläge zu rund 77 Prozent über dem Meer nieder. Der Rest fällt über dem Land, wobei manche Orte viel mehr als andere abbekommen und Wasser in vielen Teilen der Welt oft rar ist – etwa in den Wüsten.

Wasser ist überall

Die riesigen Gewässer
Meere und Ozeane bedecken 70,8 Prozent der Erdoberfläche und enthalten 1,37 Milliarden Kubikkilometer Wasser – 97 Prozent von allem Wasser auf der Erde.

Gefrorene Vorräte
98 Prozent der gesamten Süßwasservorräte der Erde befinden sich in Gletschern und in den Poleiskappen. Würden diese schmelzen, würden die Meere um etwa 80 m ansteigen und riesige Ballungsgebiete überfluten.

Ein Großteil des gesamten Niederschlags fällt ins Meer, ohne je das Land zu erreichen.

Der Wasserkreislauf

Insgesamt ist der Wasserkreislauf im Gleichgewicht: Die Menge, die ins Meer als Niederschlag oder aus Flüssen zurückkehrt, ist genauso groß wie die Menge, die verdunstet. Sie beträgt etwa 2 271,6 Kubikkilometer pro Tag. Etwa 260,5 Kubikkilometer fallen als Niederschlag über Land, 160,5 Kubikkilometer verdunsten vom Boden oder werden von Pflanzen abgegeben. Eine geringe Menge Wasser erreicht die obere Atmosphäre und verschwindet ins Weltall. Sie wird durch Wasserdampf aus Vulkanen ersetzt.

Niederschläge, die durch physische Gegebenheiten wie Berge, die Wolken zum Aufsteigen zwingen, verursacht werden, nennt man orographisch. Hohe Gebirgszüge wie die Sierra Nevada in Kalifornien können Regen davon abhalten, landeinwärts liegende Gebiete zu erreichen, so daß diese ein arides Klima haben.

Wenn Luft von Hügeln und Bergen zum Aufsteigen gezwungen wird, kondensiert ein Teil des Wasserdampfes in der Luft zu Wolken.

Niederschlag bedeutet nicht nur Regen, sondern umfaßt auch Schnee, Graupeln, Hagel und Tau. Auf diesem hohen Berg ist Schnee gefallen.

Alles Leben braucht Wasser. Ein Großteil des Wassers im Wasserkreislauf befindet sich in Pflanzen, die Grundwasser durch ihre Wurzeln in ihren Körper hochziehen. Schließlich verdunstet das Wasser von ihren Blättern. Dieser Prozeß heißt Transpiration.

Wasser, das nicht ins Grundwasser absinkt, fließt ab. Oberflächenwasser und Grundwasser kehren schließlich ins Meer zurück – über kleine Bäche, die zu riesigen Flüssen wie dem Amazonas in Südamerika anschwellen können, der an seiner Mündung über 160 km breit ist.

Das Wasser in den Ozeanen speichert eine Menge Wärme. Das am Äquator erwärmte Wasser bewegt sich in Strömungen und transportiert diese Wärme in weit vom Äquator entfernte kältere Regionen. Gebiete in der Nähe warmer Meeresströmungen können mehr Niederschlag empfangen als Gebiete nahe kalten Strömungen, die Wasser von den Polargebieten wegbefördern.

Pflanzen und Wetter

Ein Teil des Wassers, das über Wäldern, Wiesen und Kornfeldern an die Luft abgegeben wird, stammt aus Pflanzen. An manchen Orten wird das Wetter dadurch wolkiger und feuchter, als wenn es dort keine Pflanzen gäbe. Pflanzen nehmen nährstoffreiches Wasser aus dem Boden durch ihre Wurzeln auf. Dieses Wasser steigt im Stamm nach oben, gelangt in die Blätter und verdunstet aus winzigen Spaltöffnungen, den Stomata. Während Wasser durch diesen Prozeß der Transpiration verlorengeht, wird mehr Wasser von den Wurzeln aufgesogen. Bei diesem Kreislauf befördern Pflanzen so viel Wasser vom Boden in die Luft, daß sich dies deutlich auf das Wetter auswirkt. Pflanzen machen den Boden auch durch ihren Schatten kühler und verlangsamen den Wind.

GROSSE ENTDECKER

Stephen Hales

Der englische Physiker und Pfarrer Stephen Hales (1677–1761) wies als erster nach, daß Wasser aus Pflanzen durch Transpiration verlorengeht. Er kannte zwar nicht die Auswirkungen dieses Prozesses auf das Wetter, erforschte aber noch über 100 weitere Pflanzenphänomene und berichtete darüber in seinem Buch *Vegetable Staticks* (Die Statik der Gewächse, 1727).

Nebelwald

Wälder werden zuweilen die Lungen unseres Planeten genannt, weil ihre vielen Pflanzen Gase – darunter Wasserdampf und Sauerstoff – in die sie umgebende Atmosphäre abgeben. Wenn ihr auf einem bewaldeten Berg nach oben steigt, passiert ihr den Niederungswald. Weiter oben, in Höhe der Wolken, seht ihr, wie sich die Vegetation ändert zugunsten von Pflanzen, die nur im Feuchten gedeihen. Die Bäume in einem Nebelwald der Tropen und Subtropen wie hier sind klein, haben dichte Kronen, stehen zwischen Farnen und Moosen, und andere Pflanzen wachsen auf ihnen.

EXPERIMENT

Gase freisetzen

Stomata sind nur unterm Mikroskop zu sehen, aber ihr könnt leicht herausfinden, wo sie sind, indem ihr sie dazu bringt, Gas aus dem Blatt freizusetzen, das in Bläschen im Wasser aufsteigt.

Bei diesem Experiment sollte ein Erwachsener mithelfen.

IHR BRAUCHT
- großes Glas
- Wasser
- glänzende Blätter

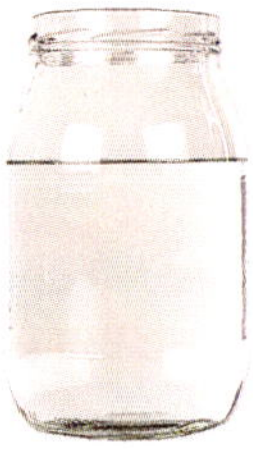

Die Gase aus den Spaltöffnungen treiben
Bittet einen Erwachsenen, etwas Wasser zu kochen und es dann ins Glas zu gießen. Laßt es ein paar Minuten stehen, bis es keine Blasen mehr gibt. Nun werft ihr ein paar Blätter ins heiße Wasser. Durchs Erhitzen werden die Gase in den Blättern ausgedehnt und herausgepreßt. Beobachtet die Unterseite der Blätter, ob Bläschen auftauchen – hinter jedem ist eine Spaltöffnung.

Wasser aufnehmen

Pflanzen ziehen Wasser durch ihre Wurzeln und Stengel hoch. Dies ist die erste Stufe im Prozeß der Transpiration. Ihr könnt dies ganz leicht mit Hilfe einer hellen Blume und etwas farbigem Wasser demonstrieren.

Gefärbte Blume
Gießt etwas Wasser in ein Glas, und gebt ein paar Tropfen Lebensmittelfarbe dazu. Stellt eine Schnittblume hinein, und schaut zweimal am Tag nach. Hat sie eine andere Farbe bekommen? Woher stammt die?

Transpiration

Wasser gelangt von den Wurzeln über den Stengel oder Stamm zu den Blättern. Auf der Unterseite jedes Blattes liegen die Spaltöffnungen (Stomata), durch die Gase in die Pflanze eindringen und Wasser verdunstet. Schließzellen öffnen und schließen diese Poren. Wüstenpflanzen haben wenige Spaltöffnungen – so sparen sie Wasser. Andere Pflanzen geben Wasser über viele Spaltöffnungen ab: eine normale Birke etwa 360 l Wasser pro Tag.

EXPERIMENT

Wasser auffangen

Alle Pflanzen transpirieren. Dies könnt ihr beweisen, indem ihr eine Pflanze wässert und das abgegebene Wasser auffangt. Dieses Experiment funktioniert am besten, wenn ihr mit einer Kontrolle – einem Doppel, bei dem keine Transpiration stattfindet – die Feuchtigkeit von der Pflanze mit der vergleicht, die schon in der Luft ist.

IHR BRAUCHT

- Wasser
- Zimmerpflanze
- 2 Plastiktüten
- Schnur
- Schere
- Schale

1 Beginnt mit der Kontrolle. Füllt eine Tüte mit Luft, indem ihr sie geöffnet laßt (nicht hineinblasen!) und sie dann fest mit Schnur verschließt. Legt sie neben euch.

2 Befestigt die andere Tüte um die Pflanzenbasis (nicht um den Topf!). Setzt die Pflanze in eine Schale, und bewässert sie, bis die Erde feucht ist.

3 Stellt die Pflanze und die Kontrolltüte nebeneinander für ein paar Tage an einen warmen Ort. Nun sucht ihr nach Anzeichen von Wasser. Wie sehen die beiden Tüten aus? Wieviel Wasser in der Pflanzentüte rührt wohl von der Transpiration her?

Wasser in der Luft

Wasserdampf kann man zwar nicht sehen, aber er ist ganz wichtig für das Wetter. Das Zentrum der Antarktis ist der trockenste Ort auf der Erde, aber sogar dort enthält die Luft Wassermoleküle. Luft kann große Mengen Wasser halten, doch schließlich ist sie gesättigt. Für das tägliche Wetter ist die Tatsache sehr wichtig, daß warme Luft mehr Wasser halten kann als kalte. Kühlt feuchte Luft ab, ist sie irgendwann gesättigt. Wenn dies erreicht ist, kondensiert der Wasserdampf zu Wassertröpfchen und bildet Wolken, Nebel und schließlich Regen. Um herauszufinden, wie nahe die Luft der Sättigung ist, muß man ihre relative Feuchtigkeit (Wasserdampf in Gramm pro 1 kg Luft) messen. Gesättigte Luft hat eine relative Feuchtigkeit von 100 Prozent, Luft ohne Wasserdampf eine relative Feuchtigkeit von 0 Prozent. Die relative Luftfeuchtigkeit nimmt im allgemeinen tagsüber ab und nachts zu.

Taukäfer

Wüstentiere verschaffen sich auf raffinierte Weise Wasser, sogar an den trockensten Orten. Der Taukäfer lebt in der Wüste Namib in Südafrika, wo in manchen Nächten Nebel vom Meer landeinwärts treibt. Dann klettern die Käfer auf eine Sanddüne und stellen sich in einer Linie dem Meer zugewandt auf, den Kopf gesenkt und den Hinterleib gehoben. Nun laufen Wassertröpfchen aus der Luft in ihr Maul.

EXPERIMENT

Feuchtigkeitsmesser

Manche Materialien, etwa Papier, absorbieren Wasser aus feuchter Luft und geben es ab, wenn die Luft trocken ist. Je nachdem, wieviel Wasser das Material enthält, schwankt sein Gewicht, und daran erkennt man, ob das Material – und die Luft drum herum – feuchter oder trockener ist. Ein leicht zu bastelnder Feuchtigkeitsmesser zeigt Änderungen der Feuchtigkeit an. Nehmt am besten saugfähiges Löschpapier.

IHR BRAUCHT

• Papier • Pappe • Zahnstocher • Modelliermasse • Locher • Schere • Nadeln • Schreiber • Trinkhalm • Lineal • Schachtel • Kleber

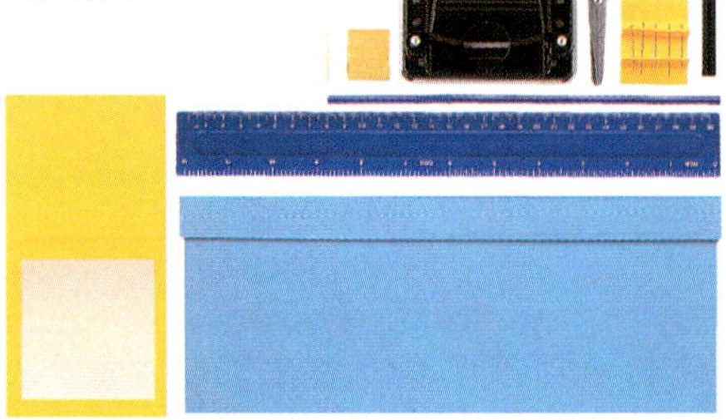

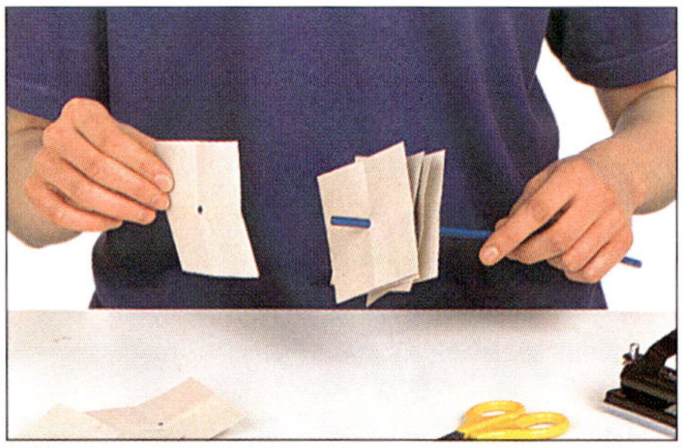

1 Schneidet einige 5 x 5 cm große Papierquadrate zurecht, und macht in jedes in der Mitte ein Loch. Fädelt die Quadrate auf den Trinkhalm.

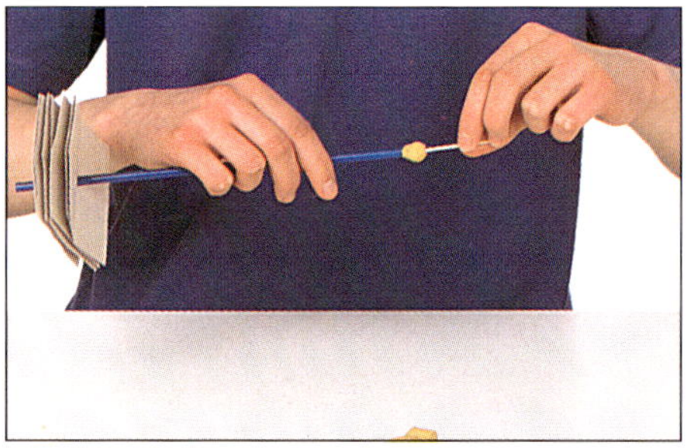

2 Befestigt den Zahnstocher mit einem Stück Modelliermasse an einem Ende des Trinkhalms. Dies ist der Zeiger des Feuchtigkeitsmessers.

4 Schneidet zwei Kerben oben ins Lager. Faltet das Dreieck der Länge nach, und markiert mit dem Schreiber eine Skala auf einer Seite der Faltung.

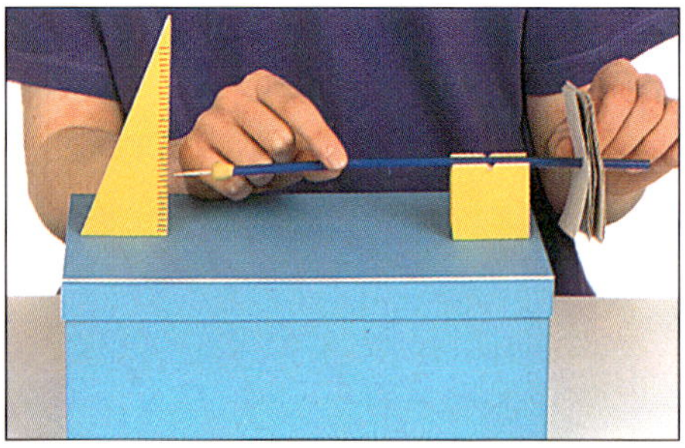

5 Klebt das Lager und die Skala auf je ein Ende der Schachtel. Steckt eine Nadel durch den Halm, und legt die Nadel in die Kerben des Drehlagers.

EXPERIMENT

Ein Hygrometer bauen

Ein Hygrometer ist ein Instrument zum Messen von Luftfeuchtigkeit. Das genaueste Hygrometer besteht aus zwei Thermometern: einem trockenen und einem, dessen Kolben feucht gehalten wird. Dieser feuchte Kolben ist gekühlt, weil das Verdunstungswasser latente Wärme absorbiert – die Energie, die Wasser benötigt, um zu verdunsten (S. 22). Je trockener die Luft, desto schneller verdunstet Wasser und desto stärker wird der Kolben gekühlt. Mit Hilfe der Anzeigen auf beiden Thermometern läßt sich die prozentuale relative Luftfeuchtigkeit von einer Tabelle ablesen (S. 187). Achtet darauf, daß der eine Kolben immer feucht bleibt, indem ihr den Behälter alle paar Tage auffüllt. Eure Messungen sind nur dann genau, wenn das Hygrometer im Schatten steht. Die Meteorologen nennen ein Hygrometer wie das hier beschriebene Psychrometer.

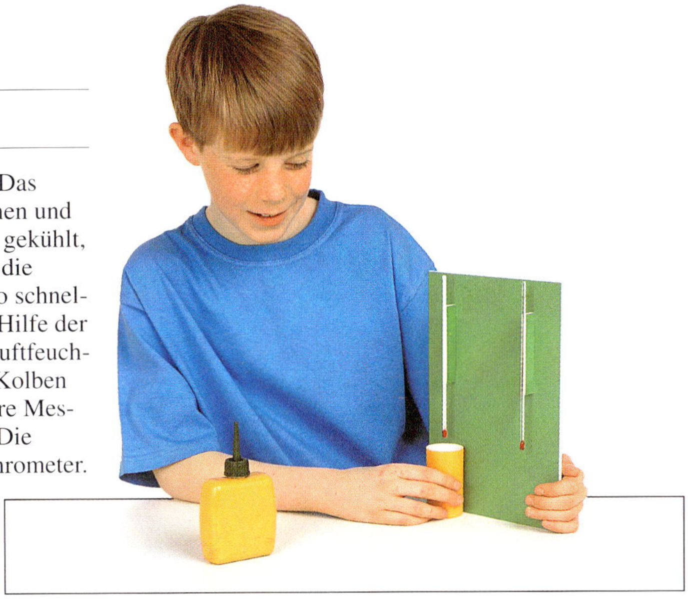

IHR BRAUCHT

- 2 Stück steife Pappe
- einen Streifen Musselin
- 2 Thermometer
- Kleber
- kleinen Behälter
- destilliertes Wasser

1 Klebt die Thermometer auf Pappstreifen, die etwa halb so lang wie die Thermometer selbst sind. Klebt beide Streifen dann auf ein 15 x 30 cm großes Papprechteck. Klebt den Behälter unter eines der Thermometer.

2 Stabilisiert das fertige Hygrometer mit zwei Füßen. Schneidet zwei kleine Pappdreiecke zurecht, und klebt sie an die Basis.

3 Schneidet ein Pappdreieck von 15 cm Höhe und mit einer Basis von 10 cm zurecht. Faltet ein 15 x 5 cm großes Stück Pappe wie hier. Dies ist das Lager für den Zeiger.

6 Richtet den Zeiger auf die Skala. Bei feuchter Luft muß er tief liegen, bei trockener hoch. Schreibt auf die Skala unten »feucht« und oben »trocken«.

3 Füllt den Behälter zur Hälfte mit Wasser, und legt den Musselin hinein. Wickelt ein Ende des feuchten Musselins um den Kolben des Thermometers.

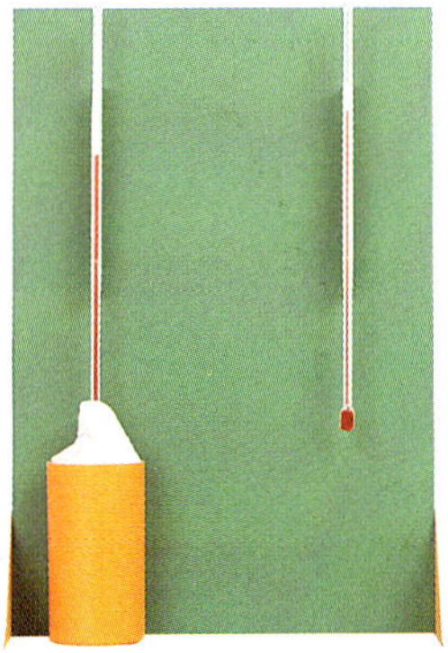

4 Lest nach 10 Minuten beide Thermometer ab.

Wolken und Nebel

Wenn die relative Luftfeuchtigkeit (S. 42) 100 Prozent erreicht, ist die Luft gesättigt, und Wasserdampf beginnt zu Tröpfchen zu kondensieren. In Bodennähe bildet sich Dunst oder Nebel, in größerer Höhe Wolken. Jedes Tröpfchen kondensiert dabei um ein winziges Staub-, Salz- oder Rußteilchen. Wasserdampf kondensiert normalerweise nur auf einer Oberfläche – den Teilchen. Man nennt sie Kondensationskerne (KK). Über Land gibt es gewöhnlich 5 oder 6 Millionen KK in jedem Liter Luft, über den Ozeanen etwa 1 Million. Je größer das Teilchen, welches die Kondensation herbeiführt, desto größer ist auch das entstehende Tröpfchen.

Nebel und Dunst

Die Tröpfchen in diesem Nebel sind groß und dicht beieinander. Die Sicht liegt unter 1 km. Dunst ist dünner, hat kleinere Tröpfchen und fühlt sich nicht so feucht an.

Schnelle Wolke

Sich ausdehnende Luft kühlt ab. Kühlt sie unter den Taupunkt (S. 52) ab, kondensiert Wasserdampf. Um diesen Vorgang sichtbar zu machen, müßt ihr feuchte Luft sich rasch ausdehnen lassen. Kohlensäurehaltige Getränke stehen in Dosen unter leichtem Druck. Wenn ihr die Dose öffnet, läßt der Druck nach, etwas feuchte Luft entweicht – und dehnt sich dabei aus. Paßt beim Öffnen der Dose genau auf, dann seht ihr die kleine Wolke.

Eine kleine Wolke wirbelt ein paar Sekunden lang, bis der Druck zwischen Dose und Außenluft ausgeglichen ist.

EXPERIMENT

Wolken erzeugen

Alles, was Luft abkühlt, bewirkt, daß Wasserdampf kondensiert. Kommt warme, feuchte Luft in Kontakt mit einer kalten Oberfläche, wird die Luft gekühlt. Ihr könnt Wasserdampf durch Abkühlen von Luft kondensieren lassen, so daß eine Wolke entsteht.

IHR BRAUCHT

- warmes Wasser
- Glas
- Eis
- Metallschale

1 Gebt Eis in die Metallschale, und laßt die Schale richtig kalt werden. Gebt 25 mm warmes Wasser ins Glas.

2 Stellt die Metallschale oben aufs Glas, und beobachtet, was im Glas passiert. Ganz oben bildet sich eine Wolke, da das warme Wasser verdunstet und dann kondensiert.

EXPERIMENT

Wolken und Kerne

Bei diesem Experiment sollte ein Erwachsener mithelfen.

Auch in übersättigter Luft kondensiert Wasser nur dann, wenn Kondensationskerne vorhanden sind. Ihr erzeugt schneller Wassertröpfchen, wenn ihr große Teilchen in die Luft gebt.

IHR BRAUCHT

- Zündhölzer
- warmes Wasser
- Plastikflasche mit Kappe

1 Füllt 5 cm warmes Wasser in die Flasche. Schraubt die Kappe zu, drückt die Flasche fest zusammen, und laßt sie los, so daß sich die Luft zusammenzieht und ausdehnt: Es entsteht Dunst.

2 Bittet einen Erwachsenen, ein Zündholz anzuzünden, auszublasen und rasch in die Flasche zu werfen. Verschließt die Flasche. Der Rauch liefert Kondensationskerne.

3 Drückt die Flasche fest zusammen (pustet auf diese Weise alle Kondensation weg) – die Luft darin wird klar. Laßt die Flasche los – nun zeigt sich eine Wolke. Bildet mehr Wolken.

Die Geburt einer Wolke

Wolken bilden sich, wenn Luft unter den Taupunkt abkühlt und Kondensationskerne vorhanden sind. Diese Bildfolge zeigt die Bildung einer kleinen Wolke an einem schönen Tag. Alles beginnt damit, daß aufsteigende Luft abkühlt und Wasserdampf kondensiert.

1

Es ist ein warmer Tag. Der Boden ist zum Teil wärmer als anderswo und eine Blase aus Luft darüber steigt auf, dehnt sich aus, kühlt ab – die Kondensation beginnt.

2

Gleich unter der Wolke ist die Luft noch zu warm, als daß Wasserdampf kondensieren könnte. Darüber verdunsten die Wassertröpfchen im Sonnenschein.

3

Ein Muster entsteht. Warme Luft steigt auf, kühlt ab und sinkt wieder. Die absinkende Luft erwärmt sich. Das Wasser darin verdunstet – in der Mitte der Wolke gibt es eine Lücke.

4

Die Wolke wächst. Kondensation setzt latente Wärme frei, die die Luft erwärmt – sie dehnt sich aus und steigt höher. Dort kondensieren mehr Tröpfchen.

5

Wind bläst Teile der Wolke in trockenere Luft, wo sie sich auflösen. Der Teil der Wolke, der wächst, befindet sich in Luft, in welcher die Temperatur unter ihrem Taupunkt liegt.

Regen

Wasser, das in irgendeiner Form – als Nebel, Graupeln, Schnee, Hagel oder Regen – vom Himmel fällt, heißt Niederschlag. Regen nennt man Wassertröpfchen von über 0,5 mm Durchmesser. Stark voneinander getrennte kleinere Tröpfchen gelten noch immer als Regen, während winzige Tröpfchen, die dicht beieinander fallen, Nieselregen heißen. Der Unterschied ist auffällig: Regentropfen spritzen, wenn sie in Pfützen fallen, Nieselregen spritzt nicht. Tröpfchen bilden sich gewöhnlich, wenn Wasserdampf um Kondensationskerne – winzige Materieteilchen aus Staub, Rauch, Ruß oder Salz – kondensiert. Über Land gibt es meist zwischen 10 und 1000 Kondensationskerne pro Kubikzentimeter Luft. Ganz reine Luft kann zuwenig Kondensationskerne enthalten, so daß sich keine Tröpfchen bilden können und die Luft sehr feucht ist.

Wolkenbruch

Dieser Mann ist in starken Regen geraten, der oft aus einer warmen Wolke fällt, in der die Temperatur über dem Gefrierpunkt liegt. Regen gilt als »leicht«, wenn weniger als 0,5 mm pro Stunde fallen. »Mittlerer« Regen liegt zwischen 0,5 und 4 mm pro Stunde. »Starker« Regen – der gewöhnlich weniger als eine Stunde dauert – ergibt über 4 mm pro Stunde. Sehr starke Regen oder Wolkenbrüche können zu Überschwemmungen führen.

Regentropfen erzeugen

Sobald sich winzige Wassertröpfchen in einer Wolke gebildet haben, werden sie von Luftbewegungen erfaßt, aber sie sind zu klein und zu leicht, um aus der Wolke zu fallen. Dabei stoßen sie aneinander, so daß sie miteinander verschmelzen und größere Tröpfchen bilden. Erreichen diese eine gewisse Größe, sind sie zu schwer, um noch von der Luft getragen zu werden, und fallen aus der Wolke: Es regnet. Erzeugt eure eigenen Regentropfen, indem ihr einfach auf einen kalten Spiegel haucht. Seht, wie lange es dauert, bis sich die winzigen Tröpfchen verbinden und den Spiegel hinabrollen.

Kräftig hauchen
Legt einen Spiegel für eine Stunde in den Gefrierschrank, und haucht dann darauf, bis er beschlägt. Haucht weiter und versucht, die »Regentropfen« miteinander verschmelzen und den Spiegel hinablaufen zu lassen, wobei sie noch mehr mitnehmen.

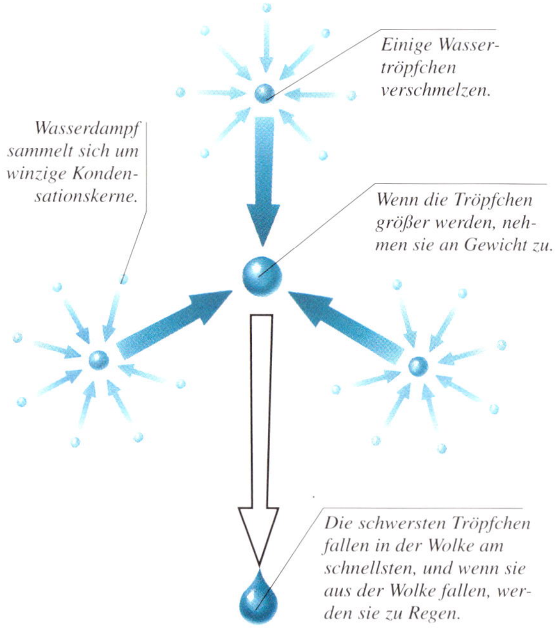

Wie sich Regentropfen bilden

Eine Wolke besteht aus winzigen Wassertröpfchen. Sie fallen ganz sacht und werden oft wieder von Luft in der Wolke hochgehoben. Dabei kollidieren sie und verschmelzen. Dadurch werden sie schwerer und fallen schneller, bis sie die Wolke als Regen verlassen.

EXPERIMENT

Wieviel Regen?

Bei diesem Experiment sollte ein Erwachsener mithelfen.

Meteorologen messen Regen mit einem Niederschlagsmesser. Dabei fällt der Regen in einen Trichter und fließt in einen Behälter, aus dem das Wasser nicht verdunsten kann. Eine Skala am Rand des Behälters zeigt die Wassermenge an, die über der Fläche des Trichters gefallen ist. Ihr könnt euch einen Regenmesser aus einem Behälter mit geraden Wänden bauen.

IHR BRAUCHT

• Lineal • Schere • Murmeln • Plastikflasche • farbiges Klebeband • Wasser

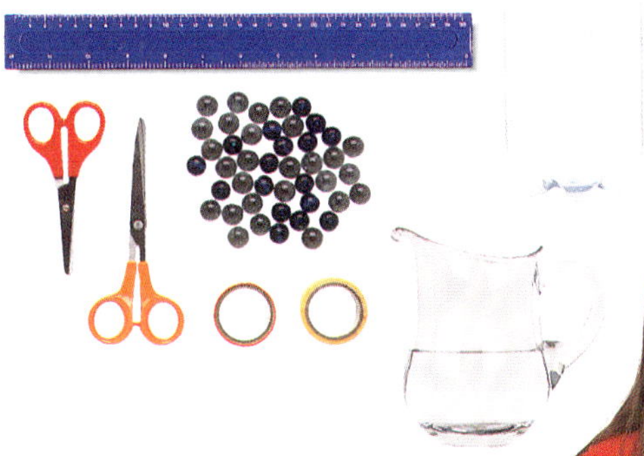

Regen verwandelt eine Wüste

Viele Wüstenpflanzen überleben Trockenzeiten als Samen. Die Wüstenlandschaft sieht leblos aus, aber Regen verwandelt sie. Samen gehen auf und wachsen, die Pflanzen blühen und vermehren sich am Ende – in der kurzen Zeit, da der Boden feucht ist.

1 Bittet einen Erwachsenen, den oberen Teil der Plastikflasche abzuschneiden, und sichert die scharfen Kanten beider Teile der Flasche mit Klebeband. Sie bilden den Körper und den Trichter des Regenmessers.

2 Klebt sieben Streifen farbiges Klebeband auf die Flasche (nehmt für den untersten Streifen eine andere Farbe). Verwendet ein Lineal, damit die Abstände zwischen den Streifen der Skala gleich sind.

3 Damit der Regenmesser stabil ist, gebt ihr eine Handvoll Murmeln auf den Boden als Gewicht. Nun steckt ihr den oberen Flaschenteil als Trichter verkehrt herum in die Öffnung des Regenmessers.

4 Gießt etwas Wasser in den Regenmesser bis zur untersten Marke – hier beginnen eure Messungen. Stellt das Gerät draußen frei auf, und meßt die tägliche Regenmenge auf der Skala.

Schnee und Graupel

Wenn Wasser gefriert, verbinden sich seine Moleküle zu Kristallen. Das Wort »Kristall« geht auf das griechische Wort *krystallos*, Eis zurück. Fallen diese Kristalle aus einer Wolke, können sie sich mit anderen Kristallen vereinen und Schneeflocken bilden. Eine einzelne Flocke kann aus über 50 einzelnen Eiskristallen bestehen. Jeder Kristall ist dabei mikroskopisch klein. Ist die Luft extrem kalt und trocken, fallen Eiskristalle als feiner Pulverschnee. Bei Temperaturen um – 40 ° bilden sich Kristalle in klarer Luft, und Schnee kann von einem klaren Himmel fallen. Oft bilden unterkühlte Wassertröpfchen zusammen mit einzelnen Schneekristallen undurchsichtige Klumpen, bei denen die Kristallform nicht mehr zu erkennen ist. Man nennt sie Graupel. Sie zerspringen häufig beim Aufprall am Boden. Graupel kann mit Schnee auftreten; häufig im Frühjahr, aber auch unabhängig davon.

Schneeberge

Der Mount Rainier im US-Staat Washington ist das ganze Jahr mit Schnee bedeckt. Im Winter 1971/72 brach das Wetter dort alle Rekorde, als insgesamt 31,1 Meter Schnee fielen. Soviel Schnee ist seither nie wieder in einem Jahr gefallen.

EXPERIMENT

Schneekristalle

Jede winzige Schneeflocke besteht aus vielen miteinander vereinten Eiskristallen. Schneeflocken sind schwer zu studieren, weil sie so klein sind und sehr rasch schmelzen. Um dieses Problem zu umgehen, könnt ihr in eurem Gefrierschrank eine riesige »Schneeflocke« machen. Untersucht eure künstliche Flocke genau, bevor sie schmilzt, und seht, wie sie aufgebaut ist.

IHR BRAUCHT

- Glyzerin
- Glas mit Wasser
- Spülmittel
- Backschüssel
- Eßlöffel
- Teelöffel
- Draht

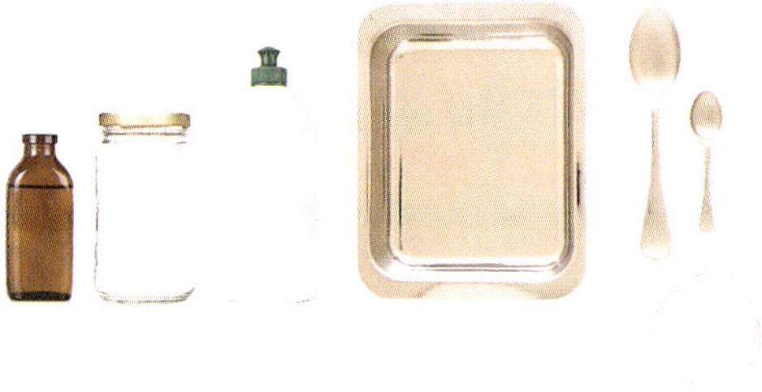

1 Biegt aus dem Draht eine 10 cm große Schlinge mit Griff zurecht. Gebt in die Backschüssel 5 Teelöffel Glyzerin, 1 Eßlöffel Spülmittel und 3 Eßlöffel Wasser, und rührt alles gut um.

2 Zieht die Schlinge durch die Flüssigkeit, bis sie einen Wasserfilm enthält. Legt sie in den Gefrierschrank, und bald habt ihr eine Riesenschneeflocke. Betrachtet die Details mit einer Lupe.

GROSSE ENTDECKER

Wilson W. Bentley

Schneeflocken haben die Menschen schon immer fasziniert. Ihre sechseckige Struktur wurde zuerst im Jahre 1555 von dem schwedischen Erzbischof und Forscher Olaus Magnus beschrieben. Der amerikanische Farmer und Meteorologe Wilson W. Bentley (1865 – 1931) machte über 5 000 Mikrofotografien von Schneeflocken. 1931 wurden über 2 000 in seinem Buch *Snow Crystals* (Schneekristalle) veröffentlicht.

EXPERIMENT

Schneefall messen

Einige Arten von Schnee sind stärker verdichtet als andere, und alle Schneeflocken enthalten Luftlöcher. Allgemeine Regel: Teilt die Schneehöhe durch 10, um die entsprechende Menge Regen zu erhalten. Genauer könnt ihr es mit diesem Schneemesser ermitteln.

IHR BRAUCHT

- Lineal
- geradwandiges Zylindergefäß
- steife Pappe

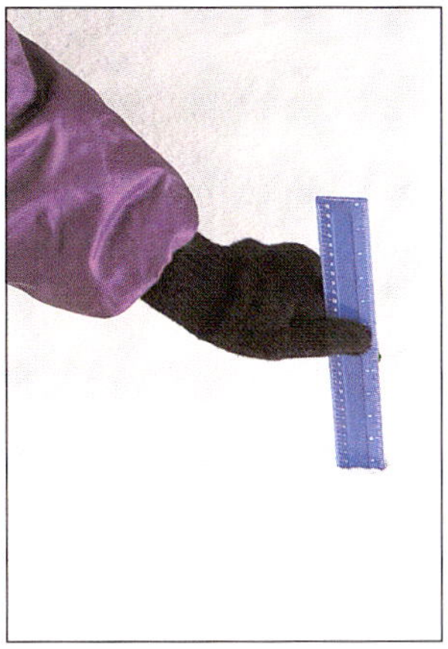

1 Sucht eine verschneite Stelle im Freien, die vor starken Winden geschützt und wo der Schnee nicht verweht ist. Meßt die Schneehöhe mit dem Lineal.

2 Drückt das offene Ende des Zylindergefäßes senkrecht durch den Schnee, bis das Gefäß den Boden erreicht. Nun habt ihr eine Schneeprobe für die Messung.

3 Schiebt die Pappe unter den Zylinder. Bringt den Schnee ins Haus. Wenn er geschmolzen ist, meßt ihr den Wasserspiegel – er entspricht einer vergleichbaren Menge Regen.

EXPERIMENT

Graupel und Schnee

Große Schneeflocken fallen langsam und sanft. Graupel fällt viel schneller. Die größere Oberfläche von Schneeflocken besitzt auch einen größeren Luftwiderstand als die Oberfläche von Graupeln, die viel kompakter sind. Hier könnt ihr demonstrieren, wie die unterschiedlichen Formen von Schneeflocken und Graupeln ihre Fallgeschwindigkeit beeinflussen.

IHR BRAUCHT

- ein Blatt Papier
- Schere

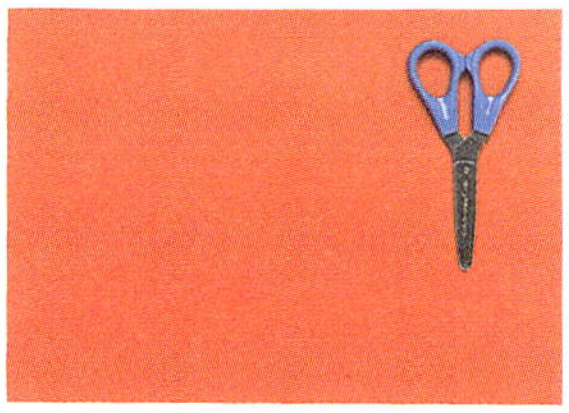

1 Schneidet das Papier in 32 gleich große Quadrate. Teilt die Quadrate in zwei Häufchen – eins für Graupeln, eins für Schnee.

2 Nun zerknüllt ihr die Quadrate vom Graupelhäufchen zu kleinen Kügelchen. Die Quadrate vom Schneehaufen bleiben, wie sie sind.

3 Nehmt alle »Graupeln« und »Flocken« in die Hände. Stellt euch auf einen Stuhl, und laßt sie zusammen fallen. Was erreicht den Boden zuerst – der Schnee oder die Graupeln?

Hagel, Blitz und Donner

An heißen Tagen erwärmt sich die Luft am Boden rasch und erhält Auftrieb, so daß sie gegen die Luft darüber drückt. Blasen heißer Luft beginnen aufzusteigen, und es entstehen Konvektionsströme, in deren Zentrum warme Luft aufsteigt, während seitlich kalte Luft absinkt. Ist die obere Luft relativ kalt, können Konvektionsströme bis zur Tropopause (S. 18) aufsteigen. Wenn die Luft genügend feucht ist, können dadurch hochaufragende Gewitterwolken entstehen, aus denen es blitzt und donnert und heftiger Regen fällt, zuweilen auch Hagel.

Wie sich Hagel bildet

In entsprechend starken Luftströmen werden Wassertröpfchen nach oben getragen. Ehe sie infolge der Schwerkraft wieder fallen, gefrieren sie. Im Fallen schmelzen sie teilweise, steigen wieder auf und gefrieren erneut in Schichten.

EXPERIMENT

Blitze erzeugen

Eine Gewitterwolke besitzt oben eine starke positive elektrische Ladung und unten eine negative Ladung. Die Luft dazwischen ist ein guter Isolator, so daß zwischen der Ober- und Unterseite der Wolke kein Strom fließt. Dies nennt man statische Elektrizität. Statische elektrische Ladungen sind sehr verbreitet. Ihr könnt selbst eine erzeugen.

Bei diesem Experiment sollte ein Erwachsener mithelfen.

IHR BRAUCHT
- Gummihandschuh
- Geschirrtuch
- Schraubenzieher
- Metallbackform

1 Zieht den Gummihandschuh an, und reibt mit der Backform mehrere Minuten lang leicht über das Tuch. So baut sich eine elektrische Ladung auf.

2 Verdunkelt den Raum. Nähert langsam die Spitze des Schraubenziehers dem Boden der Schale. Ihr seht einen Funken überspringen und könnt das Knacken des »Donners« hören.

Statisch abheben

Statische Elektrizität läßt sich leicht mit einem Ballon erzeugen. Blast einen Ballon auf, und reibt damit heftig über euer Haar oder eure Kleidung. Nun legt ihr den Ballon auf euer Haar, an eure Kleidung oder etwas anderes im Zimmer (eine Wand, eine Lampe oder ein Möbelstück). Was geschieht mit dem Ballon?

EXPERIMENT

Explodierende Luft

Die elektrische Spannung zwischen der Unterseite einer Gewitterwolke und dem Boden kann über 1000 Volt pro Meter betragen, so daß ein Blitzfunken, der dieses Potential freisetzt, eine riesige Energie besitzt. Ein Teil davon erhitzt die Luft, durch die der Blitz saust, und läßt sie explodieren. Die plötzliche Ausdehnung von Luft – die anschließend wieder in das dadurch entstandene teilweise Vakuum zurückschießt – strahlt Schockwellen in alle Richtungen aus. Diese Schockwellen – den Krach der Explosion – hören wir als Donner. Ihr könnt eine ähnliche Explosion erzeugen, indem ihr einen Ballon zerplatzen laßt oder mit einem Papierkracher schnalzt.

IHR BRAUCHT

- ein 30 x 40 cm großes Blatt Papier

1 Faltet das Papier längsseits so zusammen, daß die längeren Seiten des Papiers übereinanderliegen. Öffnet es wieder, so daß es erneut flach ist.

2 Faltet die vier Ecken einzeln zur Mittellinie, die im vorigen Schritt gefaltet wurde. Achtet darauf, daß sie exakt an der Mittellinie anliegen.

3 Faltet das Papier an der Mittelfalte zu euch hin, so daß die Eckklappen eingeschlossen sind. Beschädigt diese nicht.

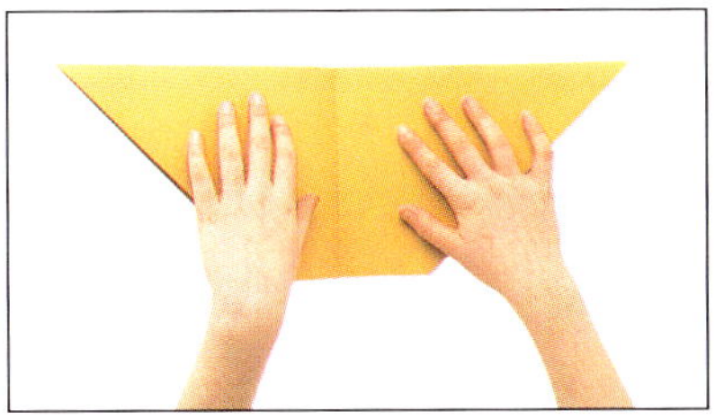

4 Faltet das Papier wie oben in der Mitte, so daß die gegenüberliegenden Spitzen sich treffen. Öffnet das Papier wieder.

5 Klappt die beiden oberen Spitzen zu euch um, so daß sie parallel zur Faltlinie von Schritt 4 nebeneinanderliegen.

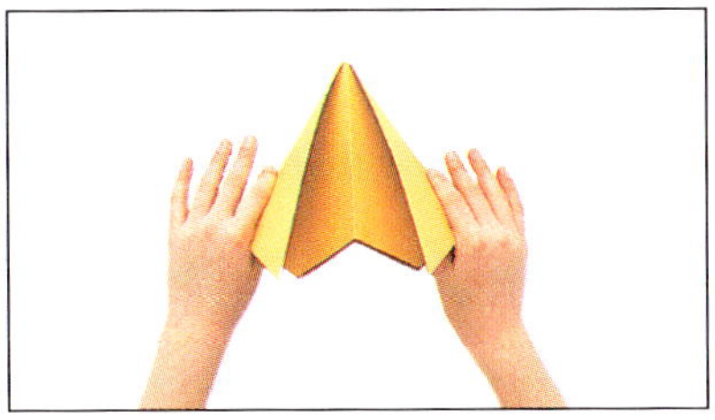

6 Faltet das Papier an dieser Linie nach hinten, so daß die beiden Spitzen zu euch zeigen. Dieses Dreieck ist der fertige Kracher.

GROSSE ENTDECKER

Benjamin Franklin

Der Amerikaner Benjamin Franklin (1706–1790) bewies, daß Blitze Elektrizität sind, indem er bei Gewitter einen Drachen steigen ließ. Am Ende der Schnur hing Metall. Als die Schnur feucht wurde, sprang ein Funken daraus hervor. *Ahmt dieses lebensgefährliche Experiment nicht nach!*

7 Haltet die beiden oberen Ecken zusammen. Schleudert den Kracher rasch aus dem Handgelenk nach unten. Ein lauter Knall ertönt, da die Luft komprimiert wird.

Tau und Wasserdampf

Wie Tau entsteht, war lange Zeit ein Rätsel. Es wurde erst gelöst, als Forscher entdeckten, daß Luft nie völlig trocken ist. Selbst in Wüsten enthält sie Wasserdampf. Tagsüber erwärmt sich der Boden und erwärmt wiederum die Luft über ihm. Nachts kühlt er ab, indem er seine Wärme in den Himmel abstrahlt. Ist der Himmel wolkig, wird die Strahlungswärme größtenteils reflektiert, und dadurch kühlt sich der Boden nicht so schnell ab. Ist der Himmel aber klar, geht die Wärme verloren, und der Boden kühlt sich rasch ab, ebenso die Luft über ihm. Wird die Luft unter den Taupunkt (S. 42) abgekühlt, kondensiert Wasserdampf auf Oberflächen, und dabei entsteht Tau. Seht ihr morgens Tau, wißt ihr, daß die Nacht vermutlich wolkenlos war. Da die zu Tau kondensierte Menge Wasser so gering ist, läßt sie sich nur schwer messen. In trockenen Klimazonen aber kann sie einen entscheidenden Anteil an allen Niederschlägen darstellen. Wissenschaftler messen Tau mit einer Gipsscheibe, die trokken gewogen wird und erneut, wenn sich Tau darauf gebildet hat.

Vom Tau leben

Die meisten Bromeliazeen (Ananasgewächse) haben steife, überlappende Blätter, die einen Trichter bilden, in dem sich Tau sammelt. Von hier wird der Tau durch Schuppen auf den darüber wachsenden Blättern oder Wurzeln absorbiert. Hier eine *Ananas bracteatus*, eine mit der Ananas nahe verwandte Zimmerpflanze. Viele Bromeliazeen sind Epiphyten oder Aufsitzer. Sie wachsen nur auf anderen Pflanzen, besitzen schuppige, blattartige Härchen, keine Wurzeln und absorbieren Wasserdampf direkt aus der Luft. So können Epiphyten in Nebelwüsten gedeihen, in denen es niemals regnet.

EXPERIMENT

Wenn Tau von Gras verdunstet

Tau entsteht nur in klaren Nächten und verdunstet rasch im Morgensonnenschein. Wenn ihr wißt, wann die Sonne aufgeht, und die Zeit notiert, wenn sich das Gras trocken anfühlt, könnt ihr ausrechnen, wie lange dies dauert. Ihr könnt auch »Tau« auf Grasabschnitte sprühen und messen, wie rasch er in »Sonnenschein« und Schatten im geregelten Milieu eures Hauses trocknet.

IHR BRAUCHT
- Tablett
- Modelliermasse
- geschnittenes Gras
- Pappe
- Tischlampe
- Sprühflasche

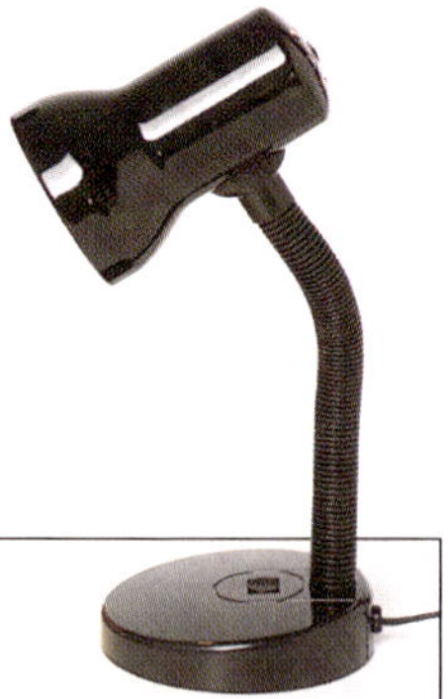

1 Verteilt das Gras auf dem Tablett. Besprüht es mit Wasser aus der Sprühflasche möglichst gleichmäßig, als ob »Tau« darauf fiele.

2 Teilt das Tablett in zwei Abschnitte, indem ihr die Pappe mit Hilfe von Modelliermasse aufrecht in die Mitte plaziert. Stellt die Lampe an ein Ende als »Sonne«, so daß sie die eine Grashälfte bescheint, während die andere im Schatten ist. Beobachtet jetzt, welche Seite des Tabletts zuerst und wie schnell trocknet.

Den Taupunkt vorhersagen

Tau beginnt sich kurz nach Sonnenuntergang zu bilden, vor allem im Frühjahr und Herbst. Ihr könnt diesen Zeitpunkt für eine bestimmte Nacht vorhersagen. Wenn sich an einem klaren, windstillen Abend etwa eine Stunde vor Sonnenuntergang die Luft abkühlt, meßt ihr die Lufttemperatur sowie mit dem Hygrometer (S. 42) die relative Luftfeuchtigkeit und ermittelt anhand der Taupunkttabelle im Glossar (S. 187) die Taupunkttemperatur. Macht diese Messungen erneut am Morgen – anhand der Tabelle auf S. 187 findet ihr heraus, wann der Tau verdunsten wird.

Wie man den Taupunkt ermittelt
Zieht die Feuchtkugel- von der Trockenkugeltemperatur ab – dies ergibt die »Feuchtkugeldepression«. Dann sucht ihr diese Zahl in der oberen Zahlenreihe der Tabelle auf und die Trockenkugeltemperatur in der senkrechten Reihe links. Am Schnittpunkt beider Reihen steht die Taupunkttemperatur. Meßt eine Stunde später die Trockenkugeltemperatur erneut. Zieht sie von der früheren Messung ab, um zu errechnen, wie schnell die Luft abkühlt, und dann, wann sie den Taupunkt erreicht. Angenommen, die Temperatur fällt weiterhin gleich schnell (Grade pro Stunde), dann könnt ihr ermitteln, nach wie vielen Stunden sie unter den Taupunkt fallen wird.

Feuchtes Netz
Wasserdampf benötigt zum Kondensieren eine Oberfläche, und ein Spinnennetz besitzt viele Oberflächen, auf denen das Wasser leicht sichtbar wird. Der Tau wird bald verdunsten und daher das Netz nicht beschädigen. Taubedeckte Spinnennetze sieht man am häufigsten im Frühherbst.

Tau erzeugen

Tau bildet sich abends auf Pflanzen, da diese ihre Wärmeenergie rasch abstrahlen, bis sie kühler sind als die Umgebungsluft. Dann kondensiert auf ihnen Wasser aus der Atmosphäre. Ihr könnt mit einem Tablett als »Pflanze« selbst Tau erzeugen.

Tau einfangen
Stellt an einem klaren Abend ein Metalltablett mit Zimmertemperatur nach draußen. Schaut es euch ein paar Stunden später wieder an, und fahrt mit dem Finger darüber – es sollte von frischem Tau naß sein. Wie Pflanzen kühlt sich das Metalltablett rascher als Luft ab, so daß sich Tau bilden kann.

Was der Schatten bewirkt

Wie sich Schatten auf die Taubildung auswirkt, könnt ihr mit zwei Blättern schwarzem Papier und einem Schirm demonstrieren. Am Abend eines Tages, an dem sich wohl Tau bilden wird, legt ihr beide Blätter im Freien auf den Boden und stellt den Schirm so auf, daß sein Schatten auf ein Blatt fällt. Nach Sonnenuntergang untersucht ihr beide Blätter jede halbe Stunde. Tau bildet sich auf einem, aber nicht auf dem andern – aber welchem? Wiederholt dieses Experiment an mehreren Abenden – vielleicht gibt es nicht an jedem Abend Tau.

Die besten Ergebnisse erzielt ihr, wenn ihr das Papier tagsüber von der Sonne erwärmen laßt.

Reif und Eis

Wenn Wasser aus der Atmosphäre gefriert, bilden sich Rauhreif und Eis. Eine Taupunkttemperatur (S. 52) unter dem Gefrierpunkt nennt man Frostpunkt. Bei dieser Temperatur entsteht weicher, weißer Rauhreif, da der Wasserdampf direkt zu Eis wird, ohne zuerst in flüssiger Form zu kondensieren. Und umgekehrt: Eis kann zu Wasserdampf werden, ohne erst flüssig zu werden. Dies nennt man Sublimation. Die Eiskristalle von Reif sind locker verbunden und reflektieren Licht in alle Richtungen. Daher sieht Reif weiß aus. Zuweilen werden Wassertröpfchen unterkühlt. Das heißt, sie werden unter den Gefrierpunkt gekühlt, bleiben aber flüssig. Winzige Nebelteilchen werden zu einem harten, weißen Reif, dem Rauhreif, während sich größere Regentropfen in hartes, klares Eis verwandeln, das man auch Rauheis nennt. Eine weitere Art von Eis besteht aus Schnee, der zusammengedrückt wurde und kondensierte.

Gefrorenes Wasser

Bei der Bildung von Reif verbinden sich Wassermoleküle zu sechseckigen Kristallen. Von ihnen wird Licht reflektiert, so daß Reif weiß aussieht. Links oben seht ihr hier teilweise gefrorenes Wasser, rechts unten die Kristalle.

Diese Eiszapfen haben sich in einer Höhle in der Antarktis gebildet. Im Sommer tropfte schmelzender Schnee über den Rand der Höhle und gefror zu Eiszapfen.

EXPERIMENT

Macht euren eigenen Reif

Im Winter streut man oft Kochsalz auf die Straßen, um Glatteis und Schnee zu schmelzen. Aufgrund elektrischer Anziehungskräfte umhüllen sich die elektrisch geladenen Teilchen, aus denen Kochsalz besteht, mit Wassermolekülen. Dabei werden die Kristallstrukturen beider Feststoffe zerstört und es bildet sich Salzwasser. Die notwendige Wärme wird der Luft entzogen; in der kalten Luft bildet sich nun Rauhreif.

IHR BRAUCHT
- Salz • Glas
- Rührlöffel
- Eis

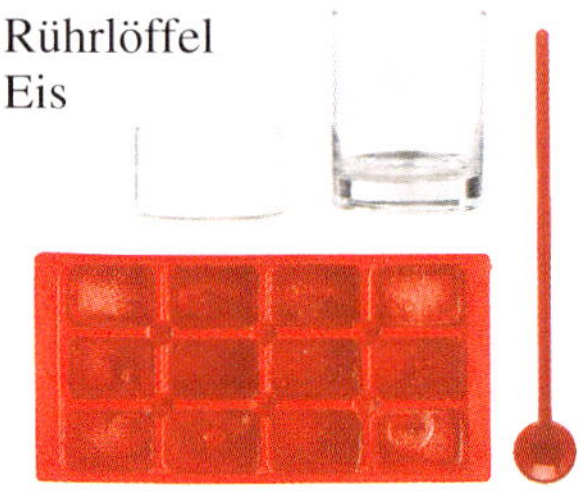

1 Gebt Eis ins Glas, und legt die Hände darüber. Die Luft fühlt sich kühl an, da ihr latente Wärme entzogen wird, um das Eis zu schmelzen. Gebt eine Prise Salz zum Eis, und rührt alles um.

2 Nach ein paar Minuten seht ihr, wie sich außen am Glas Reif bildet. Kratzt ihn ab und beobachtet, ob er wieder auftaucht.

EXPERIMENT

Warum Eis glatt ist

Wenn Wasser gefriert, schließen sich seine Moleküle zu sechseckigen Formen zusammen, in deren Mitte sich ein leerer Raum befindet. Starker Druck auf das Eis kann diese Leerräume beseitigen, wobei die Kristalle zertrümmert werden. Eis wird also unter Druck und ohne Temperaturanstieg dennoch flüssiges Wasser, welches erneut sofort gefriert, wenn der Druck nachläßt. Je stärker der ausgeübte Druck ist, umso niedriger liegt der Gefrierpunkt von Wasser. Wenn ihr auf Eis oder zusammengepreßtem Schnee geht, reicht euer Gewicht aus, um das Eis unter euren Füßen zu schmelzen – daher ist Eis glatt. Überzeugt euch davon, wie Eis unter Druck schmilzt, dann wieder gefriert. Hängt ein Gewicht über einen Eiswürfel, und seht, wie es durchs Eis wandert – ohne jedoch den Eiswürfel in zwei Hälften zu zerschneiden.

IHR BRAUCHT
- Eis • Flasche
- 2 gleich große und schwere Becher • dünnen Draht

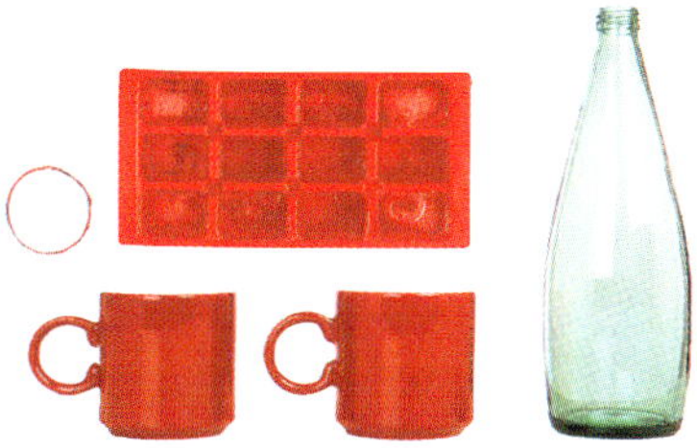

Auf und davon gleiten

Schlittschuhläufer können sich auf glattem Eis rasch fortbewegen. Ein Schlittschuh besitzt eine dünne, scharfe Metallauffläche. Das Gewicht des Läufers übt über diese kleine Fläche großen Druck aus, unter dem die Oberfläche des Eises schmilzt. So gleitet der Läufer durch eine dünne Wasserschicht, die wieder gefriert, wenn er weiterfährt.

1 Macht ein Gewicht aus den zwei Bechern. Dafür bindet ihr sie an die Enden eines 30 cm langen Drahtstücks. Befestigt den Draht mit zwei Knoten um die Henkel. Dies ist euer Gewicht.

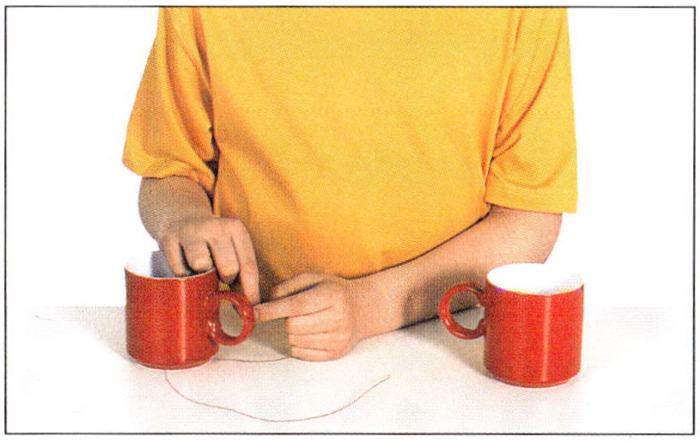

2 Setzt einen Eiswürfel auf die Öffnung einer hohen Flasche. Legt die Mitte des Drahts quer über die Mitte des Eiswürfels. Laßt die Becher baumeln, so daß der Draht auf den Würfel drückt.

3 Nun beobachtet, was passiert. Der Draht bewegt sich langsam durch den Eiswürfel, da der Druck des Drahts das Eis schmilzt – ohne dessen Temperatur zu verändern. Wenn der Draht halb durchgegangen ist, hebt ihr das Gewicht (die beiden Becher) hoch. Was passiert mit dem Eiswürfel?

Sorgt dafür, daß der Eiswürfel nicht von der Flasche oder in sie fallen kann.

Bei dünnem Draht drückt das gesamte Gewicht der Becher auf eine kleine Fläche des Eiswürfels.

Die Becher dürfen den Tisch nicht berühren.

Wind

Luft bewegt sich aus Gebieten mit hohem atmosphärischem Druck zu Gebieten mit niedrigerem Druck. In einem Gebiet mit hohem Druck liegen die Luftmoleküle dichter beieinander als in einem Gebiet mit niedrigerem Druck. Luftmoleküle bewegen sich von hohem zu niedrigem Druck, und diese Luftbewegung spüren wir als Wind. Je größer der Druckunterschied, desto stärker der Wind. Die Erddrehung vermittelt diesem Fließen von hohem zu niedrigem Druck einen Drall, so daß es sanft spiralförmig einwärts dreht.

GROSSE ENTDECKER

Christoph Buys Ballot

Der holländische Meteorologe Christoph Buys Ballot (1817–1890) wies 1857 nach, daß Wind – außer am Äquator – um Gebiete mit niedrigem Druck auf der Nordhalbkugel gegen den Uhrzeigersinn und um Gebiete mit hohem Druck im Uhrzeigersinn fließt (auf der Südhalbkugel genau umgekehrt). Wenn ihr also auf der Nordhalbkugel mit dem Rücken zum Wind steht, dann liegt das Gebiet mit niedrigem Druck nach der Buys-Ballotschen Regel links von euch (auf der Südhalbkugel rechts).

EXPERIMENT

Den Wind verlangsamen

Bei diesem Experiment sollte ein Erwachsener mithelfen.

In Bodennähe wird Wind durch Reibung verlangsamt – er klebt am Boden. Je weiter entfernt der Wind vom Boden ist, desto weniger wirkt sich die Reibung aus. Ihr könnt diesen Effekt bei einer Flüssigkeit demonstrieren. Flüssigkeiten verhalten sich wie Gase (man nennt beide auch Fluide), sind aber weniger schnell.

IHR BRAUCHT
• Schere • Klebeband • Milch • Pipette • Lebensmittelfarbe • Backform • Plastikflasche

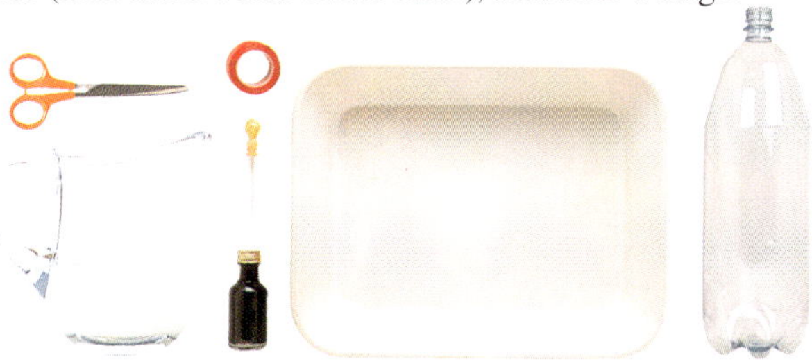

1 Ein Erwachsener schneidet den Hals und die halbe Wand der Plastikflasche ab und verklebt die Kanten mit Klebeband. Gießt etwas Milch in diese Schaufel.

2 Tröpfelt mit der Pipette eine Reihe von Lebensmittelfarbtropfen auf die Milch, nahe an dem Ende der Schaufel, das ihr haltet.

3 Neigt die Schaufel leicht, so daß die Milch langsam in die Form fließt. Die Lebensmittelfarbe wird ein »V« bilden, das zur Form zeigt, da die Milch an den Seiten der Schaufel wegen der Reibung langsamer fließt als in der Mitte.

Das farbige »V« zeigt, daß Fluide bei Kontakt mit einer festen Oberfläche verlangsamt werden. Daher sind Winde viel stärker in der Luft höher über dem Boden.

EXPERIMENT

Fließender Wind

Luft fließt von einem Hochdruckgebiet zu einem Tiefdruckgebiet – wie Wasser von einem höheren zu einem tieferen Niveau fließt. Dies könnt ihr zu Hause demonstrieren.

Bei diesem Experiment sollte ein Erwachsener mithelfen.

IHR BRAUCHT

- Schere • Lebensmittelfarbe • Modelliermasse • Klebeband • 2 Plastikflaschen • Wasser • Handbohrer • Plastikschlauch

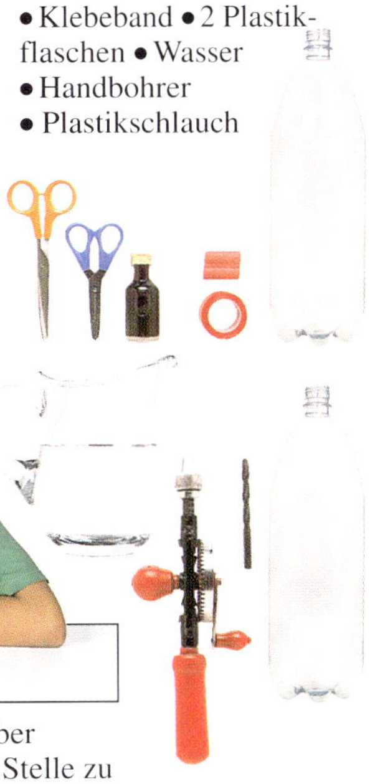

1 Bittet einen Erwachsenen, ein kleines Loch über dem Boden jeder Flasche jeweils an der gleichen Stelle zu bohren und dann die Flaschenhälse abzuschneiden.

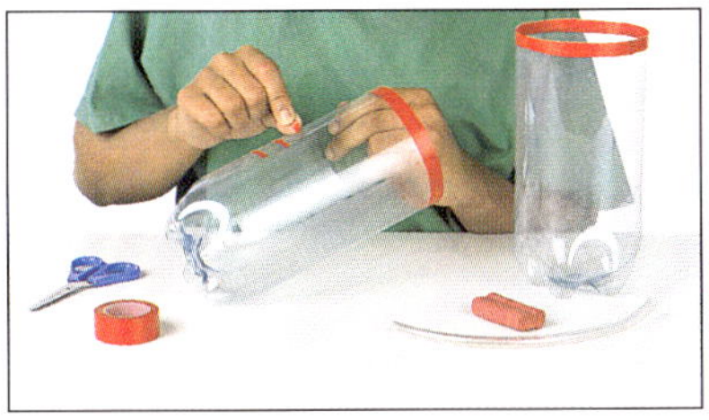

2 Die scharfen Kanten werden mit Klebeband gesichert. Klebt Klebestreifen in gleichen Abständen auf beide Flaschen als grobe Skala.

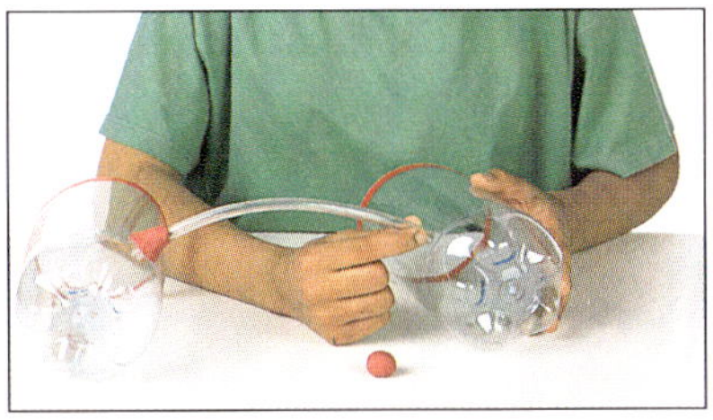

3 Verbindet die Flaschen, indem ihr die Schlauchenden in die Löcher steckt. Verschließt die Verbindungsstellen mit Modelliermasse.

4 Füllt eine Flasche mit gefärbtem Wasser bis zur Höhe des Schlauchs, die andere bis obenhin. Was passiert mit den Wasserspiegeln?

Die Wasserstände werden gleich hoch, da sich der Druckunterschied zwischen ihnen ausgleicht.

EXPERIMENT

Ein Windhauch

Beim Einatmen dehnt sich eure Brust aus, und die Bewegung von Rippen und Zwerchfell ermöglicht es, daß sich eure Lunge ausdehnt. Der Luftdruck in eurer Lunge ist dann niedriger als der Luftdruck außerhalb eures Körpers. Also fließt Luft – wie Wind – aus der Region mit hohem Druck zur Region mit niedrigem Druck in eurer Lunge.

IHR BRAUCHT

- Luftballon • Plastikflasche

1 Schiebt den Ballon weit in die Flasche. Drückt die Flasche zusammen, und streift das Ballonmundstück sacht über den Flaschenhals.

Der Ballon verhält sich wie die Lunge.

2 Laßt die Flasche los, und der Ballon bläst sich auf, da Luft hineinströmt. Drückt die Flasche zusammen, und die Luft entweicht.

Den Wind messen

Viele Menschen müssen jeden Tag über die Windverhältnisse Bescheid wissen: Flugzeugbesatzungen müssen beim Start und bei der Landung die Stärke und Richtung des Winds kennen. Winde erzeugen Wellen auf See, also müssen Seeleute wissen, mit welchen Verhältnissen sie zu rechnen haben. Die Windrichtung wird mit einer Windfahne ermittelt, die Geschwindigkeit mit einem Anemometer. In Wettervorhersagen wird die Windgeschwindigkeit meist in Kilometern oder Meilen pro Stunde, für Schiffe und Flugzeuge in Knoten (Seemeile pro Stunde, etwa 1,85 km/h) angegeben. Die Beaufort-Skala gibt die Windgeschwindigkeit als »Stärke« an.

GROSSE ENTDECKER

Admiral Sir Francis Beaufort

Die Beaufort-Skala wurde 1806 von Admiral Sir Francis Beaufort (1774–1857) eingeführt. Der Ire Beaufort ging als junger Mann zur Royal Navy und diente dort viele Jahre. Wegen seiner Kenntnisse in der Hydrographie (der Gewässerkunde) wurde er zum Meereskundler der Marine ernannt. Auf seiner Windskala für Seeleute waren die Windgeschwindigkeiten in 13 »Stärken« eingeteilt. 1838 wurde die Beaufort-Skala auf See angewendet, und 1874 wurde sie international eingeführt. Noch heute ist sie in Gebrauch, besonders auf See.

Die Beaufort-Skala

Ursprünglich waren auf der Beaufort-Skala die Segelformen und -mengen angegeben, die ein Schiff bei bestimmten Winden setzen sollte. Die folgende Skala beschreibt die Effekte, die Wind bei entsprechender Geschwindigkeit an Land bewirkt. Von diesen Anzeichen könnt ihr die Windgeschwindigkeit ablesen. Zeichnet eure Wetterbeobachtungen anhand der Beaufort-Skala auf. 1955 erweiterte das US-Wetteramt die Skala um die Stärken 13 bis 17 für Hurrikane (117 – 220 km/h).

Stärke 0
Ruhig: Weniger als 1 km/h. Rauch steigt senkrecht auf, die Luft ist unbewegt.

Stärke 1
Leiser Zug: 1–5 km/h. Rauch treibt weg, aber Windfahnen bewegen sich nicht.

Stärke 2
Leichte Brise: 6–11 km/h. Rauch zeigt deutlich die Windrichtung an.

Stärke 3
Schwache Brise: 12–19 km/h. Leichte Fahnen, Blätter und Zweige bewegen sich sacht.

Stärke 4
Mäßige Brise: 20–29 km/h. Loses Papier wird vom Wind herumgewirbelt.

Stärke 5
Frische Brise: 30–39 km/h. Kleinere Laubbäume beginnen im Wind zu schwanken.

Stärke 6
Starker Wind: 40–50 km/h. Regenschirme sind nicht länger zu benutzen.

Stärke 7
Steifer Wind: 51–61 km/h. Fühlbarer Druck beim Gehen gegen den Wind.

Stärke 8
Stürmischer Wind: 62–74 km/h. Blätter und Zweige werden von Bäumen gerissen.

Stärke 9
Sturm: 75–87 km/h. Der Wind nimmt Dachziegel mit; wirft Schornsteine um.

Stärke 10
Schwerer Sturm: 88–102 km/h. Bäume brechen oder werden entwurzelt.

Stärke 11
Orkanartiger Sturm: 103–120 km/h. Autos werden umgestürzt, Bäume weggeweht.

Stärke 12
Orkan: über 120 km/h. Verbreitete Verwüstungen. Viele Bäume entwurzelt. Gebäude zerstört. Selten über Land vorkommend, außer in Meeresnähe.

EXPERIMENT

Windrichtung und -geschwindigkeit messen

Eine Windfahne zeigt die Richtung an, aus der der Wind weht. Eine einfache Windfahne ist ein Pfeil mit einem sehr großen, flachen Schwanz. Der Kopf des Pfeils zeigt in den Wind. Die Windgeschwindigkeit mißt man mit einem Anemometer. Der einfachste Typ, eine Erfindung von Leonardo da Vinci (1452–1519), mißt die Bewegung einer flachen Schale, die so montiert ist, daß sie dem Wind gegenübersteht. Diese einfache Kombination aus Windfahne und Anemometer zeigt die Windrichtung und die relative Geschwindigkeit an.

IHR BRAUCHT

- 2 Stück verschiedenfarbige Pappe
- Modelliermasse
- Kleber
- Schreiber
- Schere
- Winkelmesser
- Kugelschreiber
- Trinkhalm
- 2 Holzspieße
- Lineal

Die Kraft des Windes

Windenergie kann Schiffe antreiben, aber auch Elektrizität erzeugen. Bei diesen Windturbinen sind große Flügel auf hohen Masten montiert. Sie werden an exponierten, windigen Stellen errichtet, oft in Gruppen als »Windenergiefarm«. Um mit einer Windfarm soviel Elektrizität wie mit einem üblichen Kraftwerk zu erzeugen, benötigt man jedoch viele Windturbinen.

1 Schneidet zwei Pappstücke (10 x 24 cm und 17 x 1 cm) zurecht. Zieht in der Mitte je eine Linie. Zieht auf der großen Pappe eine weitere Linie rechts neben der ersten.

2 Klebt auf die zweite Linie einen Holzspieß, so daß er 1 cm über den Rand hinausragt. Faltet die Pappe an der ersten Linie, und klebt sie zusammen.

3 Klebt ein Stück Trinkhalm von 1 cm auf die Linie auf dem Pappstreifen. Faltet ihn, und klebt ihn zusammen. Steckt einen 8 cm langen Spieß durch das Halmstück.

4 Macht mit dem Kugelschreiber ein Loch in die obere Ecke der großen Pappe neben dem Spieß. Zeichnet von der unteren Ecke einen 90°-Bogen, und markiert ihn in Abständen von 15°.

5 Entfernt die Mine aus dem Kugelschreiber. Steckt die Hülse aufrecht in Modelliermasse. Stellt die große Pappe in die Hülse. Steckt den Spieß am Streifen ins Loch an der Pappe.

6 Sichert die Spieße mit Modelliermasse. Weht der Wind, zeigt die große Pappe die Richtung an und der Streifen die Geschwindigkeit.

Bodenwetter

Der Winter kann zwar hart sein, aber viele kleine Tiere überleben am Boden: Einige leben unter dem Schnee, vom Wind geschützt, und bewegen sich durch Gras und Unkraut. Andere leben unter der Erde, wo sie auch im Winter Schutz finden. Im Sommer können sich diese Tiere tiefer in die Erde wühlen, wo die Luft kühl und feucht ist. Am Boden und in der Erde darunter finden die Pflanzen und die Tiere ein Wetter vor, das sich vom Wetter darüber sehr unterscheidet. Dies ist ein Mikroklima. Es gibt noch andere Mikroklimate an Orten, die vom großräumigen Wetter abgeschirmt oder ihm stärker ausgesetzt sind.

Frostloch

In diesem Tal hat sich die Luft dadurch unter ihren Taupunkt (S. 52) abgekühlt, daß sie nachts Wärme in den klaren Himmel abgestrahlt hat. Der unbewegte, kalte Nebel ist typisch für das Mikroklima am Talboden.

EXPERIMENT

Bodentemperatur

Die Mikroklimate in der Erde, am Boden und in einigem Abstand darüber unterscheiden sich in vieler Hinsicht. Dies läßt sich leicht durch Messen der Temperatur nachweisen – sie kann erheblich schwanken und die Bodenfeuchtigkeit beeinflussen. Nehmt einmal selbst Messungen an vier Stellen vor: im Sonnenschein, im Schatten, unter einem Baum und in hohem Gras.

IHR BRAUCHT

- Schaufel
- Thermometer
- Schreiber
- Notizblock

1 Legt auf dem Block drei Spalten an: Erde, Boden, Luft. Grabt ein kleines Loch, und laßt das Thermometer 5 Minuten darin liegen. Notiert die Temperatur in der Spalte »Erde«.

2 Füllt das Loch wieder auf, und laßt das Thermometer 5 Minuten auf dem Boden liegen. Notiert die Temperatur in der Spalte »Boden«.

Nehmt von jeder Position drei Messungen, die ihr miteinander vergleichen könnt.

3 Notiert die Lufttemperatur in Brusthöhe. Sind die drei Temperaturen verschieden, dann ist es auch die Luftfeuchtigkeit.

EXPERIMENT

Bodenfeuchtigkeit

Aus der Erde kann Wasser nur über die Oberfläche verdunsten. Regenwasser (oder geschmolzener Schnee) versickert in der Erde, aber Wasser wird auch aus tieferen Schichten, wo die Erde gesättigt ist, nach oben gezogen. Die relative Luftfeuchtigkeit im Boden unterscheidet sich gewöhnlich von der darüber. Meßt den Unterschied.

IHR BRAUCHT

• Hygrometer (S. 43) • Erde • Schaufel • Notizblock • Schreiber • Klebeband • Schere • 2 Waschschüsseln

1 Errechnet und notiert die relative Luftfeuchtigkeit (S. 42) über der Stelle mit eurer Bodenprobe.

2 Füllt eine Schüssel mit etwas Erde, und stellt das Hygrometer hinein. Die Erde darf das Thermometer nicht berühren.

3 Stülpt die andere Schüssel darüber, und klebt sie fest, um eine Verdunstung zu verhindern. Laßt alles an einem warmen Ort.

4 Errechnet am nächsten Tag die relative Luftfeuchtigkeit der Probe. Ist sie identisch mit der zuvor gemessenen Feuchtigkeit?

EXPERIMENT

Eine Sonnenfalle bauen

Eine windgeschützte Stelle gegenüber der Sonne kann sehr warm werden. Dies ist eine Sonnenfalle – ihr Mikroklima ist heller, trockener und wärmer als das ihrer Umgebung. Ein Mikroklima erkennt ihr oft an den verschiedenen Wildpflanzen, die dort wachsen. Baut euch diese Minisonnenfalle.

IHR BRAUCHT

• Schere
• Thermometer
• Schuhschachtel

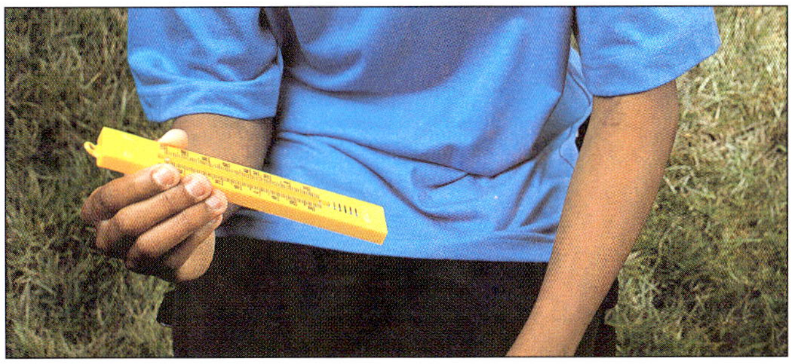

1 Sucht euch eine freie, sonnige Stelle, weit weg von schützenden Bäumen und Büschen. Haltet das Thermometer über dem Boden, und lest die Lufttemperatur ab.

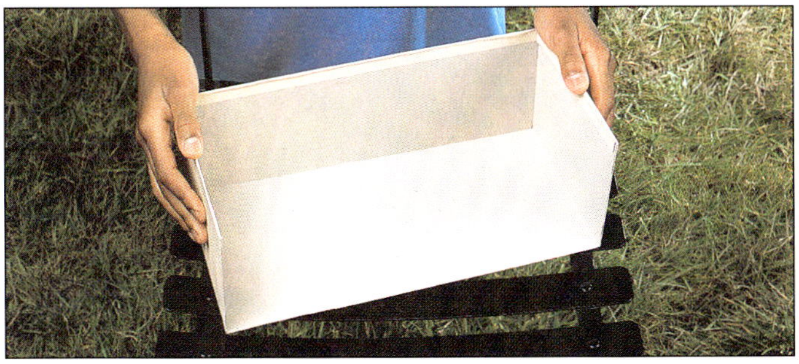

2 Schneidet von der Schuhschachtel eine Längsseite ab. Setzt diesen dreiseitigen Schirm auf den Boden. Laßt ihn eine halbe Stunde stehen, die offene Seite der Sonne zugewandt.

3 Ohne den Schirm zu bewegen oder die Seiten mit dem Thermometer zu berühren, meßt ihr die Lufttemperatur im Innern. Unterscheidet sie sich von der zuvor gemessenen?

Stadtwetter

Die Wetterverhältnisse in der Stadt und auf dem Land sind oft sehr unterschiedlich. In der Stadt ist es oft wärmer, weniger windig und auch trockener als draußen auf dem Land. Städte sind aus Materialien erbaut, die Wasser nicht aufnehmen. Wenn es regnet, läuft das Wasser größtenteils ab, bevor es verdunsten und erneut zu Wolken kondensieren kann, und es gibt in der Stadt weniger Pflanzen, die Wasser an die Luft abgeben. Es wird weniger Sonnenergie zur Verdunstung von Wasser benötigt, und daher erwärmt sich der Boden in der Stadt stärker. Gebäude bremsen den Wind, und Wärme von den Gebäuden und Autos erwärmt die Luft.

Heiße Nächte in der Stadt

Tagsüber erwärmt die Sonne Straßen und Gebäude. Nachts kühlen sie ab, geben Wärme ab und erwärmen die Luft in der Stadt. Pflanzen empfangen die gleiche Wärmemenge, werden aber durch die Verdunstung von Wasser aus ihren Blättern gekühlt. Vergleicht die Wärmestrahlung eines Ziegels mit der einer Pflanze, um den Unterschied zwischen Stadt und Land deutlich zu machen.

Wärmestrahlung
Stellt einen Ziegelstein und eine kleine Zimmerpflanze tagsüber draußen in den Sonnenschein. Holt sie am Abend herein. Haltet die Hände darüber – was fühlt sich wärmer an?

Haltet ein Thermometer über beides – wie groß ist der Temperaturunterschied?

EXPERIMENT

Luftfeuchtigkeit in der Stadt

Nachts kann die relative Luftfeuchtigkeit in der Stadt bis zu 30 Prozent niedriger sein als draußen auf dem Land. Diese Trockenheit wirkt sich auf die Temperatur aus. Eine Menge Sonnenenergie, die wir empfangen, dient der Verdunstung von Wasser. Ein Großteil der Lufterwärmung geht nicht auf direkte Sonnenwärme zurück, sondern auf die latente Wärme der Kondensation (S. 22). Weil weniger Wasser da ist, steht mehr Sonnenwärme zur Erwärmung des Bodens zur Verfügung, der wiederum die mit ihm in Kontakt stehende Luft erwärmt. Seht, wie rasch eine harte Oberfläche wie Pflaster im Vergleich zu einer porösen wie Erde trocknet.

Bei diesem Experiment sollte ein Erwachsener mithelfen.

IHR BRAUCHT
- 2 Untertassen • Ventilator
- Löschpapier • Glas • Wasser

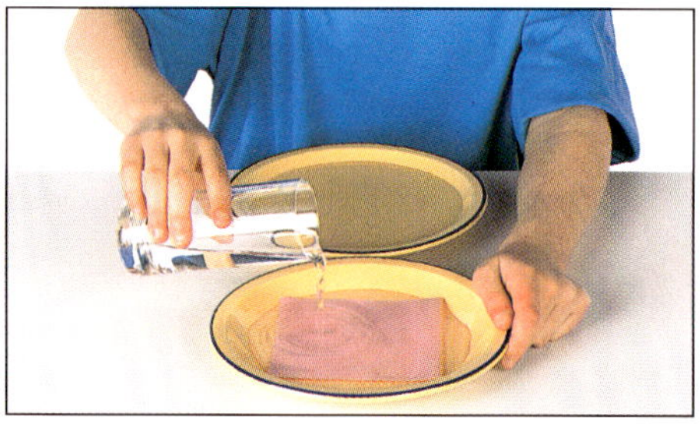

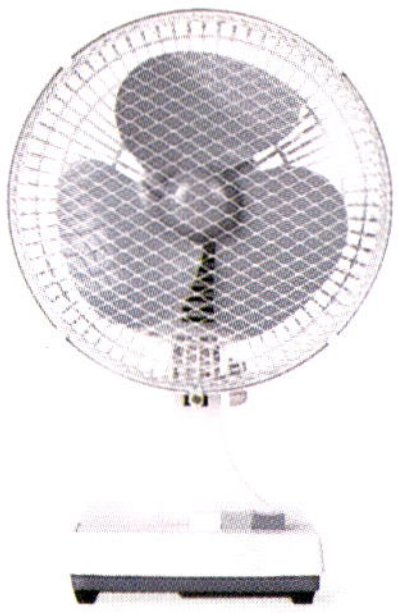

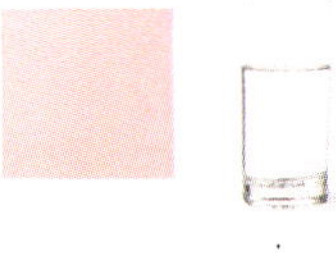

1 Stellt die beiden Untertassen nebeneinander auf den Tisch. Legt das Löschpapier in eine hinein – diese Untertasse ist das Land, die andere die Stadt. Gießt gleich viel Wasser in beide.

2 Stellt den Ventilator so auf, daß er von beiden Untertassen gleich weit entfernt ist. Bittet einen Erwachsenen, den Ventilator anzustellen, so daß die Luft flach über beide Untertassen bläst. Welche wird am schnellsten trocken?

Vom Schnee gebremst

Wie dieses Bild von New York zeigt, kann schlechtes Wetter eine moderne Großstadt lahmlegen. Schneetreiben behindert Fahrzeuge und Fußgänger gleichermaßen.

EXPERIMENT

Windmuster

Gebäude lenken den Wind ab, so daß komplizierte Windverhältnisse um sie herum entstehen. Während sich der Wind dreht und wendet, wird er auch langsamer, vor allem aufgrund der Reibung zwischen der Luft und den Oberflächen, über die sie streicht. Demonstriert dies mit Milch.

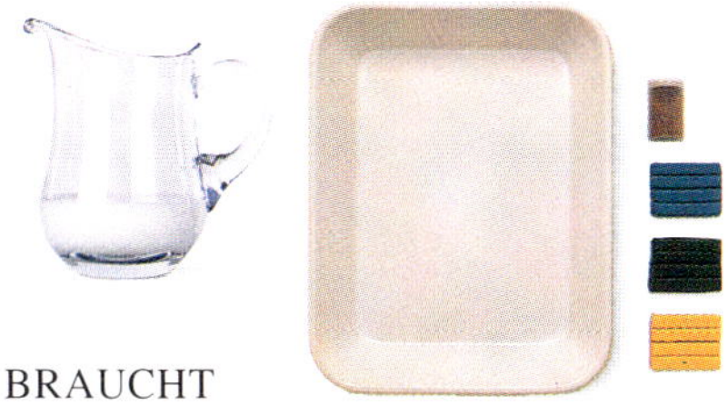

IHR BRAUCHT

• Milch • Backform • Paprikapulver • Modelliermasse

1 Klebt sechs Stück Modelliermasse entlang einer Seite der Form. Dies sind eure Gebäude. Die freie Seite stellt das Land dar. Gießt so viel Milch in die Form, daß sie den Boden bedeckt.

2 Streut Paprikapulver auf die Milch am Ende der Form gegenüber von den »Gebäuden«. Neigt die Form, und beobachtet, wie der Paprika (der »Wind«) übers »Land« und durch die »Stadt« treibt.

EXPERIMENT

Stadtwinde

Bei diesem Experiment sollte ein Erwachsener mithelfen.

Wenn der Wind rechtwinklig auf ein Gebäude trifft, bildet die Luft Wirbel um dieses Gebäude – mit überraschenden Folgen. Dieses Experiment zeigt euch, was mit der Luft auf der geschützten Seite eines hohen Gebäudes bei starken Winden passiert.

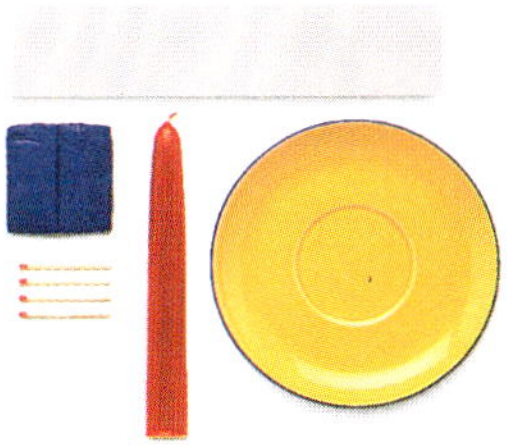

IHR BRAUCHT

• steife Pappe (20 x 5 cm) • Modelliermasse • Zündhölzer • kleine Kerze • Untertasse

1 Klebt die Kerze auf der Untertasse mit Modelliermasse fest. Bittet einen Erwachsenen, die Kerze für euch anzuzünden.

2 Haltet die Pappe senkrecht etwa 10 cm vor die Kerze. Blast kräftig gegen die Pappe. Glaubt ihr, daß der Wind hinter dem Papp-»Gebäude« gegen dieses oder davon weg wehen wird? Wie reagiert die Flamme auf den Wind?

Örtliche Winde

In vielen Gegenden ist die Form der Landschaft Ursache für bestimmte örtliche Winde, während in Küstengebieten örtliche Winde durch die Erwärmung und Abkühlung von Land und Wasser erzeugt werden können. Aufsteigende oder sinkende Luft von Bergen oder Hügelketten führt zu Winden, die anabatische oder entsprechend katabatische genannt werden. Erwärmt sich Luft im Sinken durch Kompression, wird sie zu Föhn. Ein anderer bekannter örtlicher Wind ist der Mistral, ein kalter katabatischer Wind im französischen Rhônetal.

Aufsteigende und sinkende Luft

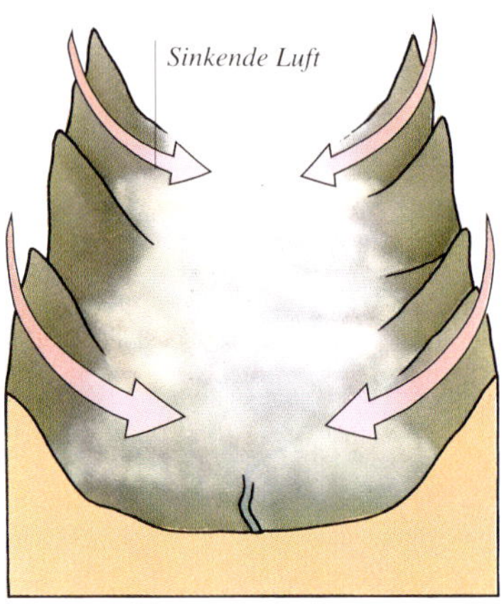

Katabatischer Wind
Kühlt sich der Boden nachts ab, sinkt durch den Kontakt mit ihm abgekühlte Luft von den Bergen hinunter ins Tal.

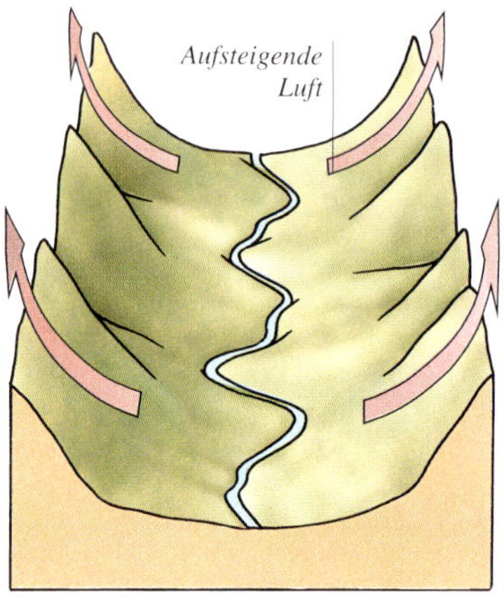

Anabatischer Wind
Erwärmt sich der Boden tagsüber, steigt die im Kontakt mit ihm erwärmte Luft aus dem Tal an den Berghängen auf.

EXPERIMENT

Windtrichter

Bei diesem Experiment sollte ein Erwachsener mithelfen.

Ein Tal oder Canyon wirkt wie ein Trichter, wenn Wind hindurchweht. Die Windgeschwindigkeit nimmt zu, und der Luftdruck kann fallen. In Städten erzeugen von hohen Gebäuden gesäumte Straßen (Häuserschluchten) einen ähnlichen Effekt.

IHR BRAUCHT
- 60 cm langen Holzstab
- 2 große Pappen
- Seidenpapier
- Klebeband
- Schere
- Ventilator
- 4 Ziegelsteine

1 Schneidet das Seidenpapier in 1 cm breite und 30 cm lange Streifen. Klebt sie mit den Enden an ein Ende des Holzstabs.

2 Stellt den Ventilator auf einen Tisch, und bittet einen Erwachsenen, ihn niedrig einzustellen, um eine leichte Brise zu erzeugen. Haltet den Stab mit den Streifen etwa 1 m vom Ventilator entfernt. Wie hoch bläst die Brise die Streifen?

3 Nun baut ihr aus Pappe und Steinen ein sich verengendes Tal, stellt den Ventilator ans breite und haltet den Stab ans schmale Ende. Bittet den Erwachsenen, den Ventilator wie zuvor einzustellen. Ist die Brise stärker geworden?

EXPERIMENT

Wind erzeugen

Wasser hat eine viel höhere Wärmekapazität (S. 22) als Sand und Erde, und daher wird viel mehr Energie benötigt, um seine Temperatur anzuheben. Sobald Wasser einmal erwärmt ist, kühlt es auch viel langsamer ab. Wenn an einem heißen Tag kaum Wind weht, entsteht tagsüber eine Brise überm Meer und nachts eine überm Land. Erzeugt mit Sand und Eis eure Land- und Seewinde.

IHR BRAUCHT

• Eis • 2 Backformen • Pappe • Klebeband • Zündhölzer • Isolierplatte • Räucherstäbchen • Sand

Bei diesem Experiment sollte ein Erwachsener mithelfen.

1 Füllt eine Form mit Sand. Bittet einen Erwachsenen, sie im Herd bei geringer Hitze zu erwärmen. Füllt die andere mit Eis.

2 Klebt Pappstücke zu einem Schirm zusammen. Stellt die Formen nebeneinander, und schützt sie mit dem Schirm gegen Zugluft.

3 Bittet den Erwachsenen, ein Räucherstäbchen anzuzünden. Haltet es zwischen Sand und Eis. Der Sand erwärmt die Luft über ihm und läßt sie aufsteigen. An ihre Stelle tritt kühle Luft, die vom Eis herüberfließt. Wohin weht der Rauch in diesem Seewind? Ersetzt das Eis durch warmes Wasser, kühlt den Sand ab, und beobachtet mit einem weiteren Räucherstäbchen einen Landwind.

Land- und Seewinde

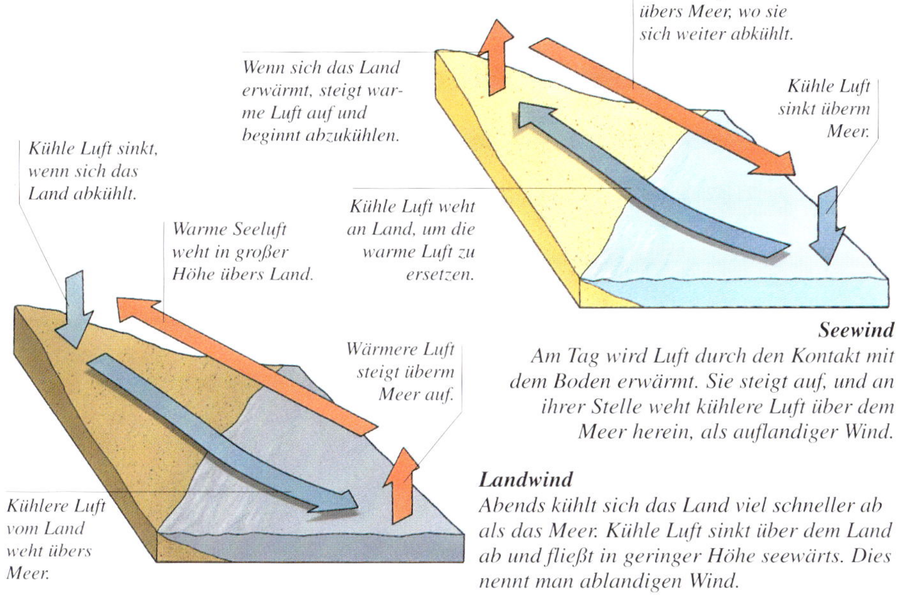

Seewind
Am Tag wird Luft durch den Kontakt mit dem Boden erwärmt. Sie steigt auf, und an ihrer Stelle weht kühlere Luft über dem Meer herein, als auflandiger Wind.

Landwind
Abends kühlt sich das Land viel schneller ab als das Meer. Kühle Luft sinkt über dem Land ab und fließt in geringer Höhe seewärts. Dies nennt man ablandigen Wind.

Der Haboob

Einige örtliche Winde rufen sichtbare Wirkungen hervor. Der Haboob im nördlichen Sudan erzeugt Sandstürme wie diesen. Der Name stammt vom arabischen Wort habb, »wehen«. Er tritt auf, wenn von der Sonne erhitzte Luftsäulen rasch aufsteigen. Die aufsteigende Luft reißt Wüstensand und Staub mit sich.

DIE WETTER-MASCHINE

Wirbelstürme
Dieser wirbelnde Schlauch eines Tornados (oben) ist nur 30 m breit, entwickelt aber Windgeschwindigkeiten bis zu 150 m/s. Im Gegensatz dazu hat das Atlantiktief (links) einen Durchmesser von Tausenden von Kilometern und bringt Regen und Schnee, aber keine extremen Winde.

Jeder Ort der Erde hat sein ganz bestimmtes Wetter: An einem Tag kann es regnen oder bewölkt sein, und am nächsten Tag scheint vielleicht schon wieder die Sonne. Allerdings sind all diese Wettererscheinungen Teile eines viel größeren Ganzen – der Wettermaschine. Über den ganzen Planeten Erde verteilt, treten unterschiedliche Wettermuster auf. Einige sind völlig normal und alltäglich, aber andere können ganz schön aufregend und dramatisch sein.

WETTER IN BEWEGUNG

Das Wetter ändert sich von Tag zu Tag und von Jahreszeit zu Jahreszeit. Früher wußten Reisende zwar, daß das Wetter in manchen Breiten wärmer war und in anderen kühler, aber nicht, was der Grund dafür war. Jahrtausendelang nahmen die Menschen an, das Wetter ändere sich nur örtlich und das Wetter an einem bestimmten Ort habe keinen Einfluß auf das Wetter anderswo – man glaubte, jede Region habe ihr eigenes Wetter.

Angenommen, gestern hat es geregnet und heute ist es sonnig. An dieser ganz normalen Wetterbeobachtung deutet nichts darauf hin, daß der Regen von gestern inzwischen weitergezogen ist und nun anderswo fällt oder daß der Sonnenschein, den ihr heute genießt, gestern andere Menschen erfreut hat. Man erkennt leicht, daß der Wind aus Luft besteht, die sich von einem Ort zu einem anderen bewegt, aber man sieht nur schwerlich ein, daß die gesamte Luftmasse, zu der der Wind gehört – sowie das mit dieser Masse verbundene Wetter –, sich ebenfalls bewegt.

Unwetter
Sehr niedriger Druck im Zentrum dieser wirbelnden Wolke bedeutet schlechtes Wetter für die Erdoberfläche darunter. Dieses Satellitenfoto zeigt, daß heftige, spiralförmige Winde das Tiefdruckgebiet aufzufüllen versuchen.

Luftbewegungen

Die gesamte Erdatmosphäre ist ständig in Bewegung, und viele Wissenschaftler halten sie für eine Art Maschine, die auf der ganzen Welt arbeitet, um das Wetter zu erzeugen. Die Sonne scheint an manchen Orten stärker als an anderen, und die Kontinente erwärmen sich langsamer als die Ozeane und kühlen sich wieder ab. Das heißt, die Luft an einem Ort ist wärmer oder kälter, trockener oder feuchter als die Luft anderswo. Diese Luftabschnitte sind riesengroß – oft erstrecken sie sich fast über einen Kontinent oder Ozean. Riesige Luftgebilde wie diese, deren Temperatur, Druck und Feuchtigkeit mehr oder weniger gleich sind, nennt man Luftmassen.
Luftmassen bleiben gewöhnlich nicht an der Stelle, an der sie entstanden sind. Die meiste Zeit können sie gar nicht stillstehen, weil dichte Luft versucht, in eine Region zu fließen, wo die Luft weniger dicht ist – so wie Wasser immer bergab fließt. Allerdings kann sich die Luft nicht geradlinig bewegen, weil sich die Erde um ihre Achse dreht (S. 74). Dadurch wird die Bewegung von Luft komplizierter.
Es gibt noch einen anderen Grund, warum dichte Luft nicht einfach in eine Region mit weniger dichter Luft fließen und sie auffüllen kann. Treffen zwei Luftmassen mit unterschiedlichen Temperaturen und Drücken aufeinander, mischen sie sich nur ganz langsam. Da sie sich nicht sofort mischen, gibt es zwischen den beiden Luftarten eine klare Grenze. Dies ist eine Front (S. 76), und auch Fronten bewegen sich. Ein Strahlstrom (S. 126) kann ebenfalls Luft aus dem Zentrum eines Tiefdruckgebiets saugen und dieses entweder aufrechterhalten oder verstärken.
Die Existenz von Luftmassen und Fronten wurde im Ersten Weltkrieg in Norwegen von Meteorologen an dem von Vilhelm Bjerknes (1862–1951) geleiteten Geophysikalischen Institut in Bergen entdeckt. Im Zweiten Weltkrieg machten Piloten von hoch fliegenden US-Kriegsflugzeugen zuweilen die Erfahrung, daß sie nicht vorwärtskamen, weil ihnen Gegenwinde mit ihrer eigenen Fluggeschwindigkeit entgegenbliesen – dies waren Strahlströme (Jetstreams).
Luft bewegt sich auch, wenn sehr feuchte Luft kräftig von unten erwärmt wird. Dabei kann sie

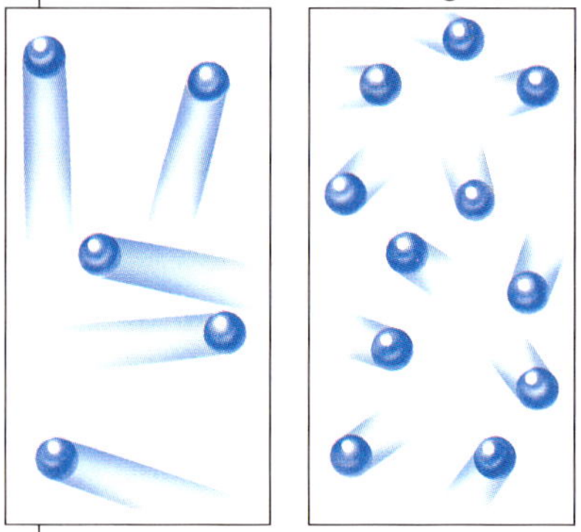

Tiefdruck *Hochdruck*

Luftdruck
Zunehmender atmosphärischer Druck preßt die Moleküle enger zusammen. Ein bestimmtes Luftvolumen enthält also mehr Moleküle – die Luft wird dichter.

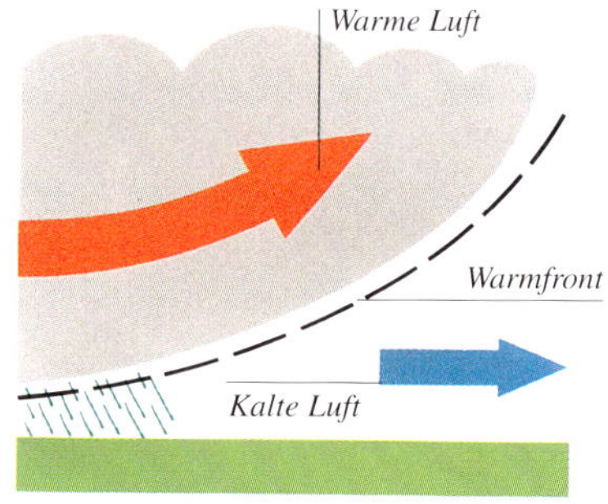

Typische Warmfront
Die flache herannahende Warmfront erzeugt Wolkenschichten.

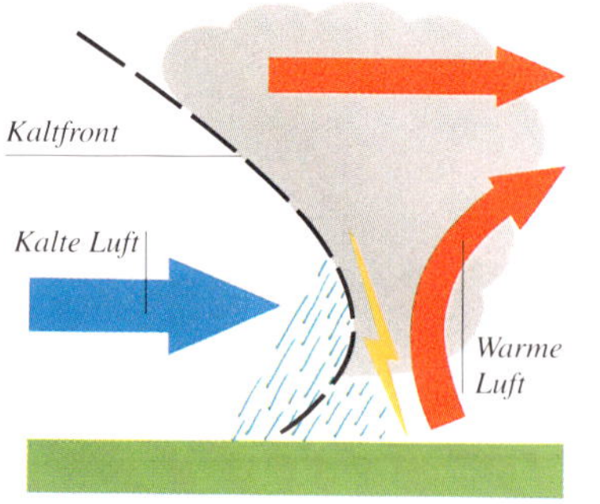

Typische Kaltfront
Eine Kaltfront ist steiler als eine Warmfront und erzeugt Haufenwolken und heftigen Regen.

sehr hoch aufsteigen, so daß ihr Wasserdampf zu einer riesigen Gewitterwolke kondensiert.

Gewitterwolken

Im Wolkeninneren steigt Luft durch Konvektion rasch auf, dann kühlt sie ab und sinkt in Konvektionszellen erneut. Sodann kann sich Wasser in der Wolke elektrisch aufladen. Im oberen Bereich sammelt sich eine positive Ladung, im unteren eine negative, und der Boden unter der Wolke lädt sich positiv auf. Schließlich springen riesige Funken zwischen den Ladungen über und neutralisieren sie. So entsteht ein Blitz. Er setzt so viel Energie frei, daß die Luft dabei explodiert und ein Geräusch verursacht – den Donner. Gewöhnlich, aber nicht immer werden Blitz und Donner von heftigem Regen, Hagel oder Schnee und starken Winden begleitet. Das Gewitter endet normalerweise nach ein oder zwei Stunden, wenn die Wolke den Großteil ihres Wassers durch Niederschlag verloren hat. Gewitter ereignen sich an manchen Orten häufiger als an anderen; insgesamt gibt es zu jeder Tages- und Nachtzeit auf der ganzen Welt fast zweitausend Gewitter.

Sonnenuhr
Mit Hilfe vieler Instrumente, wie dieser Sonnenuhr, untersucht man die Sonne. Die Sonnenenergie treibt die Wettermaschine an.

Unwetter

In einigen Teilen der Welt kann das Wetter sehr heftig sein und großen Schaden anrichten und Menschen verletzen. Wirbelstürme oder Hurrikane (in Südostasien »Taifun«, im Indischen und im Pazifischen Ozean auch »Zyklon« genannt) sind große tropische Wettersysteme, in denen Winde ungeheure Geschwindigkeiten erreichen.
Tornados, die zu sehr großen Gewittern gehören, die man Superzellen nennt, sind kleiner als Hurrikane, können aber sogar noch heftiger sein, und viele tausend Menschen sind schon von ihnen getötet worden.
Tornados über Wasser nennt man Wasserhosen. Der sehr niedrige Druck im Inneren einer Wasserhose läßt Wasserdampf kondensieren, und daher scheint die Wasserhose Wasser von der Oberfläche anzusaugen – doch in Wirklichkeit stammt es aus der feuchten Luft.

Wetterkarten

Heute haben wir Wetterkarten und können anhand von Satellitenfotos zeigen, wie sich Wettersysteme bewegen, aber solche Fotos gibt es erst seit wenigen Jahrzehnten. Die erste Wetterkarte wurde 1686 von Edmund Halley (1656–1742) angefertigt. Er ist vor allem als englischer Astronom bekannt, interessierte sich aber auch für viele andere Wissenschaftszweige, etwa das Wetter. Halley entdeckte auch den Zusammenhang zwischen Luftdruck und Höhe und untersuchte über mehrere Jahre die Verdunstung von Wasser aus Seen. Doch erst auf der Großen Weltausstellung von 1851 in London wurde eine Karte vorgestellt, die das Wetter zeigte, das gleichzeitig an verschiedenen Orten aufgezeichnet worden war. Bis dahin konnten die Menschen einfach nichts vom Wetter anderswo wissen, weil es keine Möglichkeit gab, diese Informationen weiterzugeben. Daher sind eine ganze Reihe von wissenschaftlichen Erkenntnissen über das Wetter

Taifundetektor
Dieses Baryozyklometer, ein Instrument, das Winddruck und -richtung anzeigt, warnte Seeleute einst vor herannahenden Taifunen, so daß sie ihren Kurs berechnen konnten, um ihnen aus dem Weg zu gehen.

erst in den letzten 150 Jahren gemacht worden: Dank guter Nachrichtensysteme konnte das Wissen über das Wetter rasch weitergegeben und besser genutzt werden. Zwischen 1850 und 1875 richteten viele Länder ihren eigenen Wetterdienst ein. In Brüssel (1853) und Wien (1873) wurden internationale Konferenzen abgehalten, auf denen der Informationsaustausch zwischen den nationalen Diensten und die Standardisierung von Beobachtungen beschlossen und deren Ergebnisse erstmals veröffentlicht wurden.
Heute unterhält jedes Land der Erde Stationen für die Wetterbeobachtung und zu deren Unterhalt einen meteorologischen Dienst. In der Bundesrepublik stehen zwischen Nordsee und Zugspitze weit über 100 bemannte und eine Reihe automatischer Stationen zur Verfügung, die kontinuierlich das Wetter beobachten.

Zerstörungskräfte
Dieses Haus wurde von einem Hurrikan zerstört. Diese können Dächer abheben, Bäume entwurzeln und Sturmfluten auslösen. Der plötzliche Unterschied zwischen hohem Druck innen und niedrigem Druck außen kann Gebäude explodieren lassen.

Luftmassen

Eine große Menge Luft, deren Temperatur und Feuchtigkeit mehr oder weniger konstant ist, heißt Luftmasse. Die Luft über einem Kontinent wird trocken und heiß oder kalt, je nach der geographischen Breite und der Jahreszeit. Die Temperatur der Luft über den Ozeanen ist weniger veränderlich, und die Luft ist feuchter. Daher ist das Wetter am Meer relativ mild im Vergleich zum Wetter im Binnenland. Eine Luftmasse heißt kontinental (trocken) oder maritim (feucht), je nachdem, ob sie über Land oder überm Meer entstand, und je nach der Breite, in der sie entstand, ist sie entweder polar (kalt) oder tropisch (warm). Diese Eigenschaften können sich jedoch ändern, wenn kontinentale Luft über Wasser und maritime Luft über Land zieht.

Die Hauptluftmassen

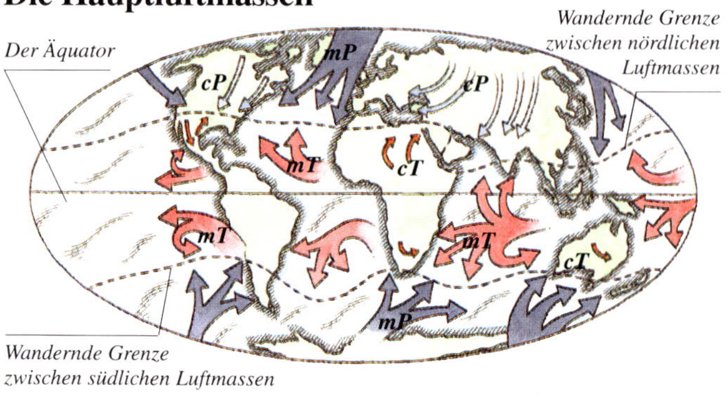

Die vier Arten von Luftmassen heißen kontinental polar (cP), kontinental tropisch (cT), maritim polar (mP) und maritim tropisch (mT). Die Karte zeigt die Bewegungen dieser Hauptluftmassen. Polare Luftmassen strömen generell zum Äquator, tropische Luftmassen entfernen sich davon.

EXPERIMENT

Wärmekapazitäten

Land erwärmt sich und kühlt sich schneller ab als Wasser, da Wasser mehr Wärme absorbiert (eine höhere Wärmekapazität hat) als Land. Dies beeinflußt die Luftmassen über Land und Wasser – sie werden trockener und feuchter. Vergleicht die Wärmekapazitäten von Sand und Wasser.

IHR BRAUCHT

- 2 gleiche Backformen • 2 Tischlampen mit gleich starken Birnen • Sand • 2 Thermometer • Wasser

Bei diesem Experiment sollte ein Erwachsener mithelfen.

1 Füllt beide Backformen bis etwa 2 cm unterm Rand, eine mit Sand, die andere mit Wasser. Der Sand muß trocken sein. Er stellt Land dar, das Wasser ist das Meer.

2 Stellt die Formen ein wenig voneinander entfernt auf. Stellt die Lampen so auf, daß jede direkt von oben auf eine Form strahlen kann. Die Entfernung zwischen Birne und der Substanz darunter muß gleich sein. Notiert die Zeit, und meßt die Temperatur im Sand und im Wasser.

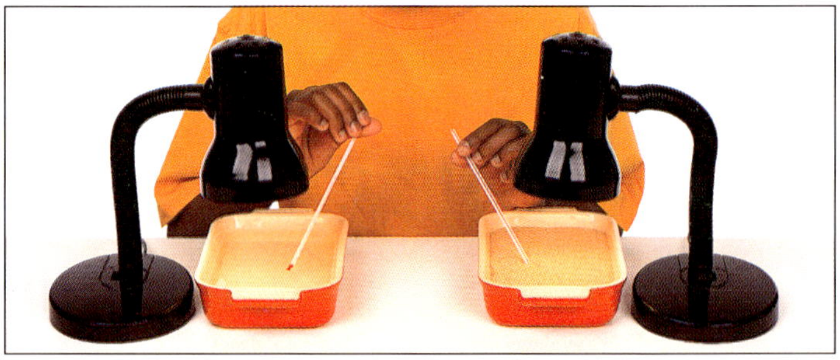

3 Schaltet beide Lampen an. Meßt alle 15 Minuten die Temperaturen von Sand und Wasser. Beobachtet, wie lange es dauert, bis sie um 10 °C steigen. Was erwärmt sich schneller? Schaltet die Lampen aus, und laßt Sand und Wasser abkühlen. Was kühlt schneller ab?

EXPERIMENT

Mischen sich Luftmassen?

Warme und kalte Luftmassen mischen sich nicht ohne weiteres, weil sie verschieden dicht sind. Eine Schicht Warmluft über kalter Luft verhindert, daß diese in die warme Luftmasse darüber aufsteigt. Im großen Maßstab nennt man dies Inversion oder Temperaturumkehr. Demonstriert diesen Effekt mit Wasser.

IHR BRAUCHT
• hitzefesten Glasbehälter • Wasser • 2 Ziegelsteine • Rührlöffel • Paprikapulver • Zündhölzer • kleine Kerze • Lebensmittelfarbe

Bei diesem Experiment sollte ein Erwachsener mithelfen.

1 Rührt etwas Paprikapulver in kaltes Wasser. Füllt den hitzefesten Glasbehälter zur Hälfte mit diesem Gemisch.

2 Rührt etwas Lebensmittelfarbe in warmes Wasser. Gießt dies sacht über das kalte Wasser, so daß sich eine Schicht bildet.

3 Ein Erwachsener zündet die Kerze an und stellt sie zwischen die Ziegel. Auf diesen steht der Behälter. Was passiert, wenn das Paprikapulver die warme, farbige Schicht erreicht?

EXPERIMENT

Verschiedene Luftmassen vergleichen

Jede Art von Luftmasse hat unterschiedliche Eigenschaften: cP ist trocken und kühl, cT ist trocken und warm, mP ist feucht und kühl, und mT ist feucht und warm. Ihr könnt sie unterscheiden, indem ihr ihre relativen Temperaturen und Luftfeuchtigkeiten vergleicht. Hier könnt ihr all diese Luftmassen in kleinem Maßstab erzeugen und die Unterschiede zwischen ihnen messen, um sie korrekt zu benennen. Stellt euch nun das Wetter vor, das sie bringen. Denkt daran, daß es nur dann regnet, wenn sich die relative Luftfeuchtigkeit 100 Prozent nähert, aber auch, daß warme Luft beim Aufsteigen abkühlt und deren relative Feuchtigkeit zunimmt.

IHR BRAUCHT
• Wasser • 2 Hygrometer (S. 43) • Frischhaltefolie • 2 kleine Tabletts • Notizblock • Schreiber • 2 Waschschüsseln

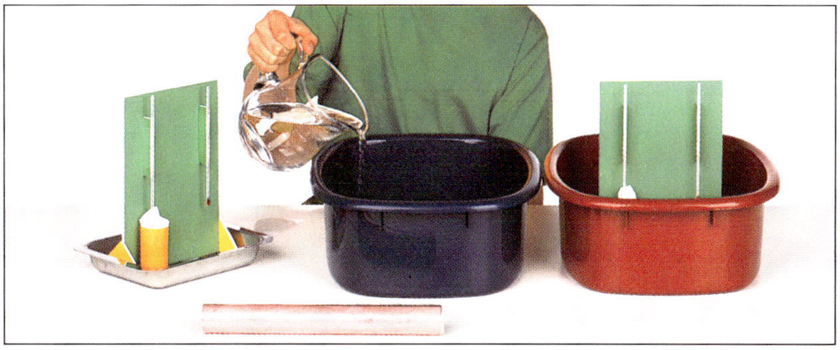

1 Gießt 2 cm Wasser in jede Schüssel als »Ozean«. Stellt die Hygrometer auf die Tabletts, damit sie trocken bleiben, setzt sie in die Schüsseln und bedeckt sie mit Folie. Stellt eines in die Sonne, das andere in den Schatten. Meßt nach einer halben Stunde die Temperaturen und die relative Feuchtigkeit.

Entfernt die Folie, um die Anzeigen deutlich zu sehen.

2 Jetzt baut ihr eure »Kontinente«. Trocknet die Schüsseln ab, und stellt die Hygrometer hinein. Bedeckt sie mit Folie. Stellt eine in die Sonne, die andere in den Schatten. Meßt nach einer halben Stunde. Nun vergleicht ihr die Ergebnisse für alle vier Luftmassen.

Hoch- und Tiefdruckgebiete

Wenn Luft von unten erwärmt wird, nimmt ihre Dichte ab, und sie steigt auf. Hält die Erwärmung an, wird eine große Masse Luft weniger dicht als die Luft, die sie umgibt. Da die Luft weniger dicht ist, wird ihre Masse kleiner, und sie wiegt weniger als die Umgebungsluft. Sie wird daher weniger Druck auf den Boden ausüben – ein Tiefdruckgebiet. Die Abkühlung von Luft bewirkt das Gegenteil und führt zu einem Hochdruckgebiet. Wenn kühle Luft sinkt, wird mehr Luft hineingezogen, die auch sinkt. Während die Luft sinkt, nimmt der Druck wegen des Gewichts der Luft darüber zu, und die tiefere Luft erwärmt sich durch Kompression. Die Begriffe »warm«, »kalt«, »hoch« und »tief« sind relativ. »Warme« Luft ist nur in bezug auf kühlere Luft in der Nähe warm. Hochdruck bringt gewöhnlich trockenes Wetter, denn wenn Luft sinkt und sich erwärmt, verdunstet ihr Wasser. Tiefdruck – hier steigt Luft auf, kühlt ab, und Wasserdampf kondensiert – bringt oft Regen oder Schnee.

Wetter und Druck

Welches Wetter ihr haben werdet, wenn der Druck hoch oder niedrig ist, hängt zum Teil davon ab, wo ihr wohnt, aber ihr könnt lernen, was ihr zu erwarten habt, wenn ihr täglich über die Wetterverhältnisse genau Buch führt.

Vorhersagen
Verfolgt eure lokalen Wettervorhersagen, und wartet, bis ihr euch direkt in einem Hoch- oder Tiefdruckgebiet befindet. Nun geht ihr hinaus und meßt die Lufttemperatur, die relative Feuchtigkeit und die Regen- oder Schneemenge, die an einem Tag fällt. Notiert eure Messungen. Wiederholt dies bei Tief- und Hochdruck in allen Jahreszeiten, und versucht immer zur gleichen Tageszeit zu messen. Sobald ihr genügend Aufzeichnungen habt, wißt ihr, welches Wetter verschiedene Drucksysteme bringen werden.

Düsterer Hochdruck

Nebel, der sich bei Hochdruck bildet, kann vom Wind gehoben werden und tiefe Wolken bilden. Gegen dieses Anheben wirkt sich bald das allgemeine Sinken von Luft im Hochdruckgebiet aus. Das kann zu einer »Hochdruckdüsternis« führen – einer tiefhängenden Dunstwolke, die kein Licht durchläßt.

Bewegliche Moleküle

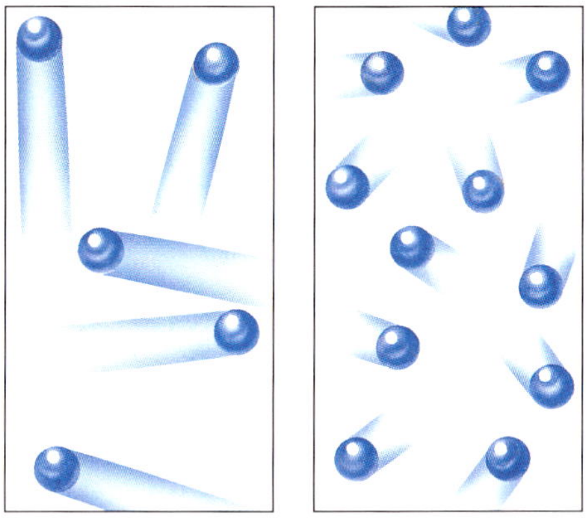

Warme Luft *Kalte Luft*

Je wärmer Luft ist, desto mehr Energie haben ihre Moleküle – daher bewegen sie sich schneller und sind weiter voneinander entfernt. Gleiche Mengen oder Volumen von warmer Luft enthalten somit weniger Moleküle als gleich große Mengen kalter Luft mit langsamen Molekülen, so daß die Luft weniger dicht ist und weniger wiegt. Die Luftmasse steigt auf, bis sie Luft mit der gleichen Moleküldichte erreicht, und stabilisiert sich dann.

EXPERIMENT

Wenn Luft sich ausdehnt

Wenn man eine große Anzahl von Luftmolekülen erwärmt, bewegen sie sich schneller. Die Entfernung zwischen den Molekülen nimmt zu, so daß sie ein größeres Volumen einnehmen. Mit anderen Worten: Luft dehnt sich aus, wenn sie erwärmt wird, und zieht sich zusammen, wenn sie abgekühlt wird. Wenn Luft sich ausdehnt und zusammenzieht, ändert sich ihre Dichte und dadurch auch der Druck, den sie ausübt. Ihr könnt dies ganz leicht demonstrieren, wenn ihr etwas kalte Luft erwärmt.

IHR BRAUCHT

- Waschschüssel
- Plastikflasche
- Luftballon • Wasser

1 Stellt die Flasche eine Stunde lang in den Gefrierschrank. Holt sie heraus, und streift den Ballon über den Flaschenhals.

2 Füllt die Schüssel mit heißem Wasser. Stellt die Flasche hinein, und beobachtet den Ballon, wenn sich die Luft ausdehnt.

Isobaren und Druckgebiete

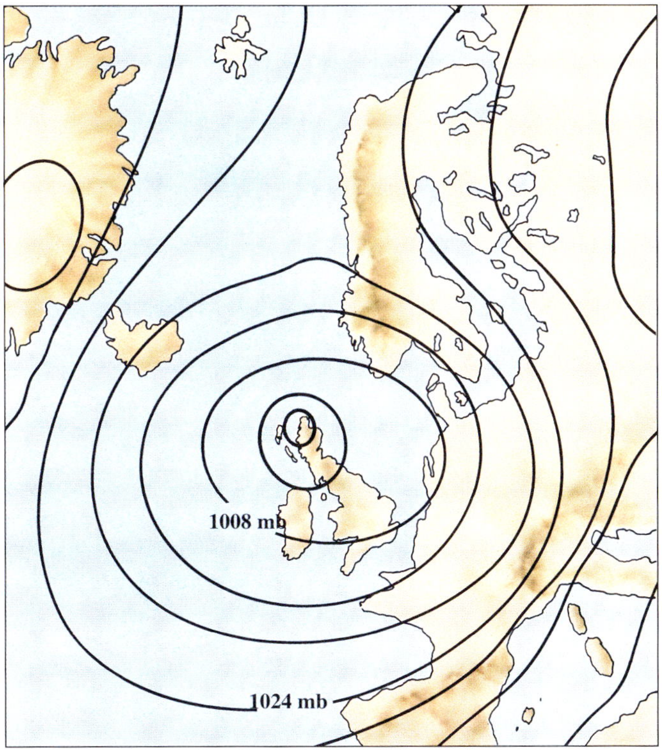

Isobaren sind Linien auf Wetterkarten und verbinden Orte mit gleichem atmosphärischem Druck. Sie ähneln den Höhenlinien auf Wanderkarten. Hochdruckgebiete sind Berge, Tiefdruckgebiete Senken. An diesen Isobaren erkennt ihr, wie Begriffe wie »Keile« und »Rinnen« entstanden sind.

EXPERIMENT

Luftberge und -täler

Isobaren auf einer Wetterkarte umfassen Hoch- und Tiefdruckgebiete. Eine Luftzunge, die zwei Hochdruckgebiete voneinander trennt, heißt »Rinne«. Eine Zunge aus Hochdruckluft zwischen zwei Tiefdruckgebieten ist ein Keil. Zeichnet einen Querschnitt durch die Isobaren.

IHR BRAUCHT

- Schreiber • Millimeterpapier • Zeitung mit Wetterkarte • Lineal

Die Keile und Rinnen zeigen

Zieht eine gerade Linie durch eine Wetterkarte mit Isobarenangaben (siehe links). Legt ein Diagramm an, auf dem die horizontale Achse die Entfernung und die vertikale den Druck in Millibar anzeigt. Zeichnet die Angaben aus der Wetterkarte in euer Diagramm ein. Verbindet die Punkte mit einer Kurve. Könnt ihr nun die Keile und Rinnen sehen?

Die Erdrotation

Bewegt sich Luft zum Äquator oder von ihm weg, wird sie nach Osten oder Westen abgelenkt, und bald fließt sie um Hoch- und Tiefdruckgebiete herum, statt direkt auf sie zu oder von ihnen weg. Diese Ablenkung heißt Coriolis-Effekt und beruht auf der Umdrehung der Erde. Während sich die Erde dreht, bewegen sich Orte auf dem Äquator schneller als Orte in höheren Breiten, da der Umfang der Erde am Äquator am größten ist, so daß sich diese Orte in der gleichen Zeit weiter bewegen müssen als Orte näher an den Polen. Luft, die sich vom Äquator wegbewegt, besitzt noch die Äquatorgeschwindigkeit, so daß die Luft den Boden darunter überholt und nach Osten abzudriften scheint.

Winkelgeschwindigkeit

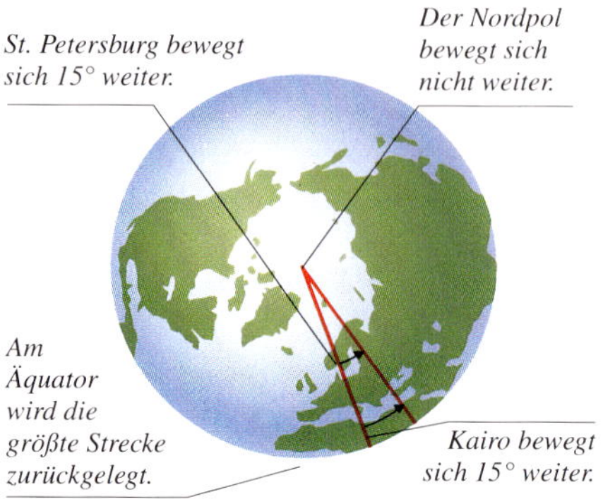

Die Erde dreht sich in jeder Stunde 15 ° weiter um ihre Achse, wie sich leicht errechnen läßt (360 ° geteilt durch 24 Stunden). Dies ist ihre Winkelgeschwindigkeit. Zeichnet ihr einen 15 °-Winkel zwischen zwei Linien vom Nordpol zum Äquator, dann seht ihr, daß ein Ort am Äquator in einer Stunde eine größere Strecke zurücklegt als ein Ort weiter im Norden. Jemand, der am Äquator steht, bewegt sich nach Osten mit etwa 1 670 km/h, jemand am 60. Breitengrad mit 722 km/h.

EXPERIMENT

Drehimpuls

Der Drehimpuls ist die Gesamtenergie eines sich drehenden Körpers. Er ist eine Kombination aus der Masse des Körpers, seiner Umdrehungs- oder Winkelgeschwindigkeit und seinem Drehradius (der Entfernung von der Achse oder vom Zentrum). Ändert sich eines dieser Elemente, ändern sich die andern zum Ausgleich, so daß die Gesamtenergie gleich bleibt. Daher bleibt der Drehimpuls erhalten – egal, wie schnell ein Körper rotiert. Dies läßt sich leicht demonstrieren.

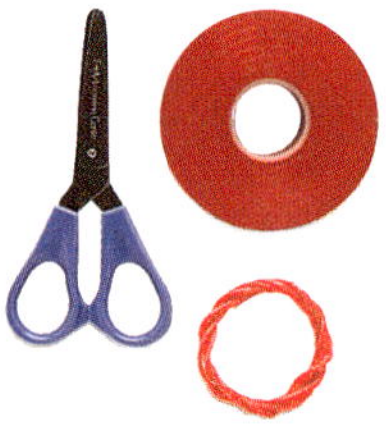

IHR BRAUCHT
- Stock • Schere
- Klebebandrolle
- Schnur

1 Bindet ein Ende einer 1 m langen Schnur an ein Ende des Stocks, so fest ihr könnt. Sichert die Schnur mit Klebeband.

2 Bindet die Klebebandrolle ans andere Ende der Schnur. Wenn ihr sie im Kreis dreht, stellt die Rolle fast die gesamte Masse des sich drehenden Körpers dar, die Schnurlänge seinen Drehradius.

Die größere Geschwindigkeit der Rolle gleicht die kürzere Länge der Schnur aus.

3 Schwenkt die Rolle herum, bis sie einen Kreis bei ziemlich konstanter Geschwindigkeit beschreibt. Laßt sich die Schnur um den Stock wickeln. Dadurch verkürzt sich die Schnur, und der Drehradius wird verringert. Was geschieht mit der Drehgeschwindigkeit?

EXPERIMENT

Der Coriolis-Effekt

Früher nannte man den Coriolis-Effekt eine Kraft, aber die Bewegungen, die er bezeichnet, werden nicht durch Stoßen oder Ziehen verursacht. Hier ist keine Kraft beteiligt – der Effekt beruht einfach darauf, daß zwei Körper, etwa die Erde und eine Luft- oder Wassermasse, sich mit unterschiedlicher Geschwindigkeit bewegen. Dies hört sich kompliziert an, läßt sich aber leicht demonstrieren.

IHR BRAUCHT

• 2 Stück farbige Pappe • Schreiber • Schere • 2 Reißnägel • Schnur • Lineal

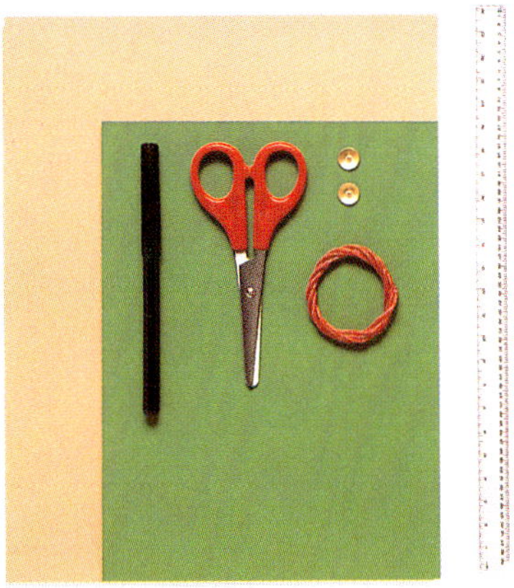

1 Zeichnet mit dem Lineal eine 2 cm vom Rand der einen Pappe entfernte Linie. Schneidet diesen Streifen ab.

2 Zeichnet mit Hilfe der Schnur und einem Reißnagel den größtmöglichen Kreis auf die Pappe. Schneidet den Kreis aus.

3 Legt den Kreis auf die andere Pappe. Befestigt das eine Ende des Streifens mit einem Reißnagel im Zentrum, das andere außerhalb des Kreises.

4 Bittet einen Freund, den Kreis langsam zu drehen. Zieht mit dem Schreiber eine gerade Linie entlang einem Rand des Streifens, bis zum Zentrum des Kreises. Was passiert mit der Linie? Dies ist der Coriolis-Effekt.

Kreisbewegungen

1835 entdeckte der französische Physiker Gaspard Coriolis (1792–1843) den nach ihm benannten Effekt, der die Kreisbewegung von Ozeanströmungen und Luftmassen erklärt. Hier bewirkt er die Wolkenwirbel am Äquator.

Fronten

Unterschiedliche Luftmassen mischen sich nicht ohne weiteres, es ist also eine Grenzfläche zwischen ihnen – eine Front. Bewegen sich beide Luftmengen in die gleiche Richtung – gewöhnlich unterschiedlich schnell –, ist die Front geneigt, da sich Warmluft über Kaltluft vor ihr schiebt oder Kaltluft die Warmluft unterschneidet und hebt. Ist die Luft hinter der Front wärmer als die Luft davor, ist es eine Warmfront. Ist die Luft hinter der Front kühler, dann ist es eine Kaltfront. Oft entsteht in einer Front eine Welle, mit einem Tiefdruckzentrum (auch Zyklone genannt) auf dem Wellenberg, und das System teilt sich in Warm- und Kaltfront auf. Überholt die Kaltfront dann die Warmfront, wobei sie die warme Luft vom Boden abhebt, spricht man von Okklusion.

Warm- und Kaltfronten

In Warmfronten steigt Luft in flachem Winkel nach oben, wobei die Feuchtigkeit in der Luft zu Wolken kondensiert, aus denen Regen oder Schnee fallen könnte. Kaltfronten schieben sich keilförmig unter wärmere Luft und heben sie rasch hoch. Es bilden sich Haufenwolken, dahinter ist es klar.

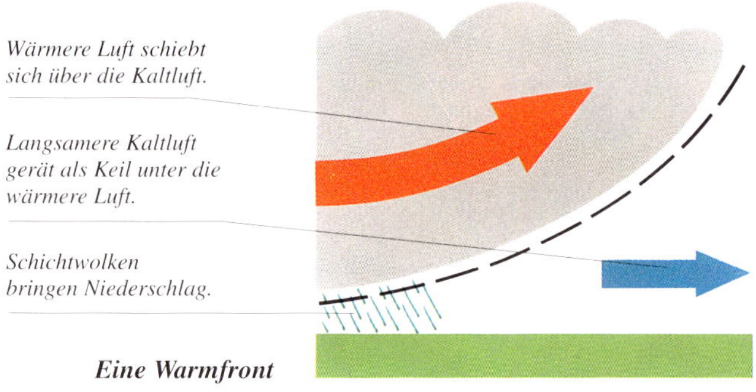

Eine Warmfront

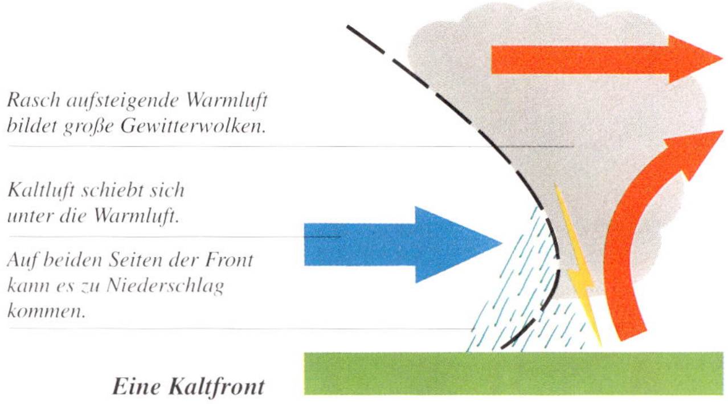

Eine Kaltfront

EXPERIMENT

Fallende und aufsteigende Luft

In warmer Luft bewegen sich die Moleküle schnell und sind weit auseinander, so daß die Luft weniger dicht ist als kalte Luft, in der die Moleküle sich langsamer bewegen und dicht beieinander befinden. Luft, die weniger dicht ist als die Umgebungsluft, steigt durch diese hindurch nach oben. Ist die Luft dichter, fällt sie. Durch das Aufsteigen und Fallen von Luft entstehen unterschiedliche Wolkenarten. Hier könnt ihr sehen, wie stark dieser Effekt ist.

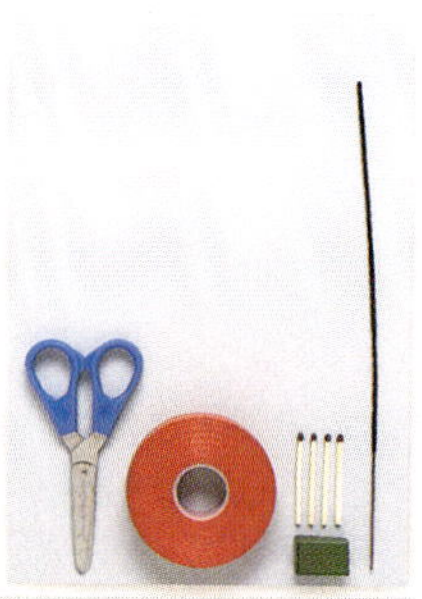

IHR BRAUCHT
- 50 x 50 cm große Acrylglasscheibe
- steife Pappe
- Schere
- Klebeband
- Zündhölzer
- Modelliermasse
- Räucherstäbchen
- Schachtel

Bei diesem Experiment sollte ein Erwachsener mithelfen.

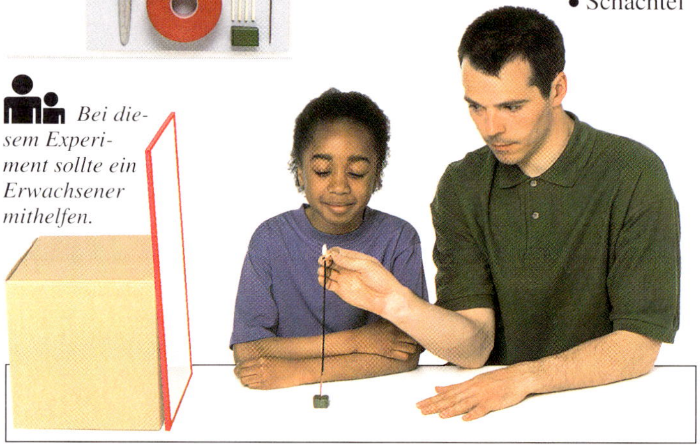

1 Bittet einen Erwachsenen, die Acrylglasscheibe mit Klebeband zu sichern. Kühlt die Scheibe im Kühlschrank. Lehnt sie aufrecht gegen die Schachtel, und steckt das Räucherstäbchen in Modelliermasse. Bittet den Erwachsenen, es anzuzünden, und fächelt den Rauch zur Scheibe hin. Was passiert?

2 Löscht das Räucherstäbchen, laßt es aber stehen. Erwärmt die Scheibe in heißem Wasser. Bittet den Erwachsenen, das Stäbchen wieder anzuzünden. Lehnt die Scheibe wieder an die Schachtel, und fächert Rauch dagegen. Was passiert jetzt mit dem Rauch?

EXPERIMENT

Eine Front mit Wasser erzeugen

Luftmengen mischen sich nicht, wenn sie von unterschiedlicher Dichte sind, was meistens darauf beruht, daß eine Menge wärmer ist als die andere. Man kann die Grenzfläche oder Front zwischen ihnen zwar nicht sehen, sie ist aber ganz scharf ausgeprägt. Am Ende gleichen sich die unterschiedlichen Lufttemperaturen und -dichten aus, doch das dauert recht lange. Dies gilt für alle Fluide (Flüssigkeiten und Gase). Warmes Wasser bildet eine klar abgegrenzte Schicht über kaltem Wasser. Das könnt ihr ganz einfach demonstrieren. Ihr seht, wie klar ausgeprägt die Front ist und wie langsam sie verschwindet.

IHR BRAUCHT

- hohes Glas
- Krug • Wasser
- Lebensmittelfarbe
- Pipette
- Thermometer

1 Füllt das Glas zur Hälfte mit kaltem Wasser, und stellt es in den Kühlschrank. Füllt den Krug mit warmem Wasser, und färbt es.

2 Laßt das warme Wasser sacht in das geneigte Glas laufen. Stellt es hin, und beobachtet, ob sich beide Mengen mischen.

GROSSE ENTDECKER

Vilhelm Bjerknes

Der Norweger Vilhelm Firman Koren Bjerknes (1862–1951) war Meteorologe und Professor für Mathematik an der Universität Oslo. Er fand heraus, daß in der Atmosphäre unterschiedliche Luftmassen vorhanden sind, die sich nicht mischen. Die Grenzfläche zwischen zwei Luftmassen nannte er eine Front – wie die Linie zwischen gegnerischen Armeen. Nach dem Ersten Weltkrieg war die von Bjerknes geleitete »Bergener Schule« sehr einflußreich. Moderne wissenschaftliche Darstellungen der Bildung und Entwicklung von Fronten heißen daher zuweilen »Bergener Modelle«. Auf Tor Bergeron, ein weiteres Mitglied dieser Meteorologenschule, geht das heute weithin akzeptierte Modell der Bildung von Regentropfen in Wolken zurück: durch die Kondensation von Wasser auf winzigen Eiskristallen, die dann schmelzen. Beobachtungen von W. Findeisen bestätigten diesen »Bergeron-Findeisen-Prozeß«.

3 Meßt die Temperatur des warmen Wassers. Steckt das Thermometer tiefer ins Glas, um das kalte Wasser zu messen. Versucht mit dem Thermometer die Front zu finden. Könnt ihr sie fühlen, wenn ihr den Finger ins Glas steckt?

Wie lange bleiben die beiden Wasserschichten getrennt?

Versucht die Temperatur der Front zu messen.

Hochdruckkeile und Tiefdruckrinnen

Kalt- und Warmfronten (S. 76) bewegen sich unterschiedlich schnell. Warme Luft kann kalte Luft überholen und darüber aufsteigen – kalte Luft kann angrenzende warme Luft unterlaufen und anheben. Dabei entwickelt sich in Fronten eine Welle, wobei ein keilförmiges Gebiet warmer Luft beim Aufsteigen in kühlere Luft eindringt und sich eine etwa kreisförmige Fläche niedrigen Drucks an ihrer Spitze bildet. Dies nennt man eine Zyklone, ein Tiefdruckgebiet oder einfach nur ein Tief. Wenn sich Wettersysteme bewegen, können zwei Tiefs aufeinanderfolgen, die durch eine Zunge hohen Drucks voneinander getrennt sind, einem Hochdruckkeil. Im umgekehrten Fall spricht man von einer Tiefdruckrinne.

Keile und Rinnen beobachten

Zeit	10 Uhr	12 Uhr	14 Uhr	16 Uhr
Datum				
Luftdruck				
Temperatur				
Relative Feuchte				
Windrichtung				
Windgeschwindigkeit				

Beim Durchzug eines Keils oder einer Rinne kommt es oft zu einer kurzen, aber markanten Wetteränderung. Ihr könnt sie aufzeichnen, indem ihr Luftdruck, Temperatur, relative Luftfeuchtigkeit sowie Windgeschwindigkeit und -richtung meßt, die sich alle abrupt ändern. Haltet eure Messungen mit einer Tabelle wie oben auf dem laufenden. Wartet, bis die Fernseh- oder Zeitungswetterkarte einen nahen Keil oder eine Rinne anzeigt, der auf euch zusteuert. Meßt etwa alle zwei Stunden, da Keile und Rinnen rasch vorbeiziehen können. Notiert das Datum und die Uhrzeit neben euren Messungen, dann geht aus eurer Tabelle genau hervor, wann der Keil oder die Rinne eintraf und wann sie weiterzogen.

EXPERIMENT

Eine Kaltfront erzeugen

Die Luftmassen, die unser Wetter erzeugen, sind riesengroß, aber ihr könnt aus ganz kleinen Luftmassen von unterschiedlicher Temperatur eure eigene Kaltfront machen, die zu einer »Okklusion« wird, wenn sie vordringt und die Warmluft aus der Schachtel hebt.

IHR BRAUCHT
• Eis • kleine Schachtel • große Schachtel • großes Tablett • Schreiber • Thermometer • Notizblock

1 Meßt die Lufttemperatur im Zimmer, und notiert sie. Alle Fenster und Türen müssen geschlossen sein, so daß die Luft im Raum ganz ruhig ist.

2 Stellt die Schachteln wie hier nebeneinander. Die große Schachtel ist geschlossen, die kleine offen. Stellt das Thermometer in die offene Schachtel.

3 Füllt das Tablett mit Eis, und stellt es auf die geschlossene Schachtel (Kaltfront). Was passiert mit der Lufttemperatur in der offenen Schachtel?

Frontsymbole

Auf Wetterkarten gibt es eine Fülle von Symbolen für verschiedene Wetterbedingungen und ihre Lage. Dreiecke auf einer Wetterkarte zeigen die Lage einer Kaltfront, Halbkreise die Lage einer Warmfront an. Abwechselnde Dreiecke und Halbkreise stehen für eine Okklusion: ein Gebiet, in dem eine Luftmasse durch eine andere abgehoben wird, die sich unter sie schiebt. Warmfronten sind rot, Kaltfronten blau.

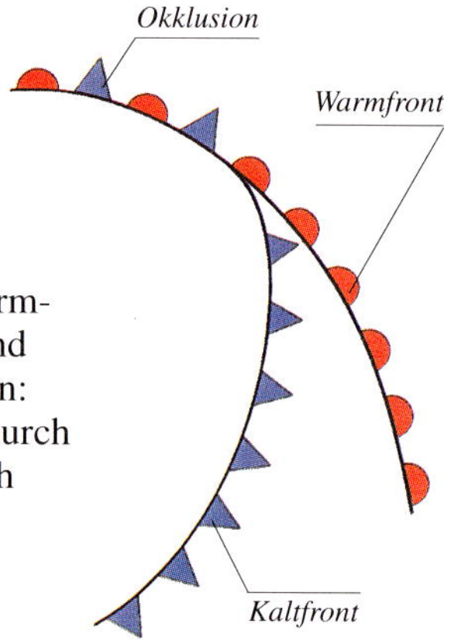

Wie Okklusionen entstehen

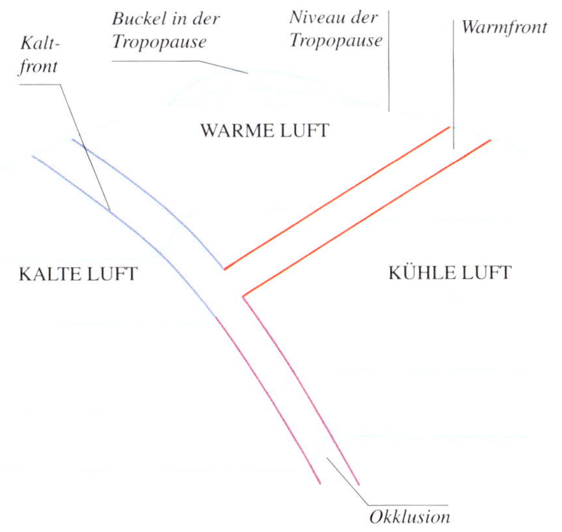

In diesem Querschnitt der Erdatmosphäre vom Boden bis zur Tropopause (S. 18) hat eine vorrückende Kaltfront eine warme Luftmasse angehoben, so daß sich die Warm- wie die Kaltfront hoch über der Erdoberfläche befinden. Der untere Teil der Front ist eine Kaltfrontokklusion zwischen kühler Luft und vorrückender noch kälterer Luft. Die horizontalen Linien zeigen die Lufthöhe bei bestimmten Temperaturen an. Bei einer Warmfrontokklusion folgt auf sehr kalte weniger kalte Luft, die sich auf die Kaltfront vor ihr aufschiebt.

Vorrückende und zurückweichende Fronten

Bei einer Front steigt warme Luft über kühlerer auf. Wenn die Warmluft aufsteigt, fällt ihre Temperatur unter den Taupunkt, und Wasserdampf kondensiert. Die dabei entstehenden Wolkentypen richten sich nach der Geschwindigkeit, mit der die warme Luft aufsteigt, und diese wiederum hängt von deren Steigungswinkel ab. Eine Warmfront steigt flach an. Die Luft wird langsam angehoben, und ihr Wasserdampf kondensiert zu Wolkenschichten – zunächst von Schönwetter- und dann von Regenwolken. Eine Kaltfront hat einen steileren Steigungswinkel und erzeugt Cumuluswolken (S. 92). Hier befinden sich Regenwolken im warmen Sektor, und schönes Wetter herrscht im kalten Sektor.

Querschnitt durch ein Tiefdruckgebiet

Rückt eine Kaltfront schneller vor als die Warmfront, wird sie diese überholen, dabei die Warmluft vom Boden abheben und eine Okklusion bilden. In dieser Skizze steigt Warmluft an beiden Fronten auf, und Wolken entstehen. Hohe Wolken können 12 Stunden vor der Warmfront erscheinen. Regen, der aus hohen Wolken fällt, verdunstet in der Kaltluft, doch Regen aus tieferen Wolken erreicht den Boden. Der warme Sektor ist wolkig, aber trocken. An der Kaltfront beginnt es erneut zu regnen.

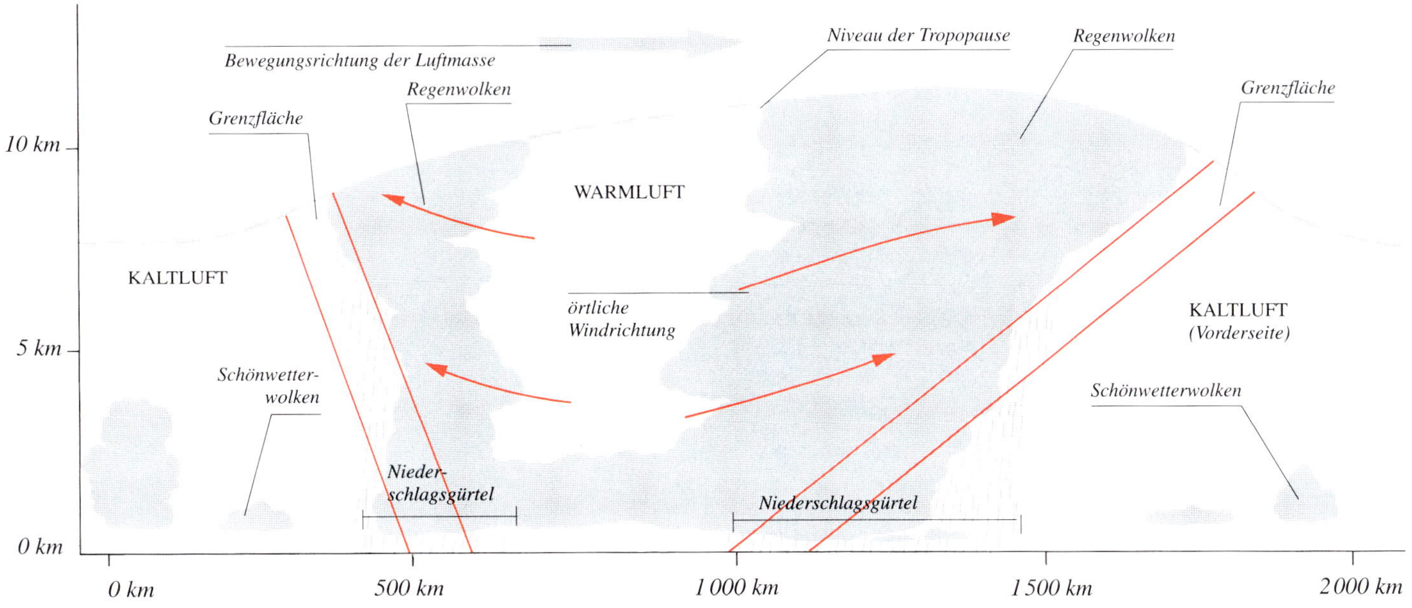

Gewitter

Wenn warme, feuchte Luft bei instabilen Wetterverhältnissen aufsteigt, kondensiert zunächst Wasserdampf. Dadurch wird latente Wärme freigesetzt, die die Wärme der Luft aufrechterhält, so daß diese weiter aufsteigt, bis sich eine hohe Gewitterwolke entwickelt. Isolierte Gewitter können vom erwärmten Boden gebildet werden, von Winden, die aufeinander zufließen, so daß die Luft zusammenströmt und das Aufsteigen der Oberflächenluft auslöst, sowie durch Luft, die an Bodenerhebungen aufsteigt. Heftigere Gewitter entstehen vor Kaltfronten (S. 76), wenn Winde über einem großen Gebiet oder einer Zone zusammenströmen.

EXPERIMENT

Die Entfernung von Gewittern messen

Blitz und Donner ereignen sich gleichzeitig, aber während das Licht euch fast unmittelbar erreicht, pflanzt sich Schall langsamer fort. Ihr könnt die Entfernung des Gewitters errechnen, indem ihr die Sekunden zählt, die zwischen Blitz und Donner verstreichen.

IHR BRAUCHT
- Landkarte eurer Umgebung
- Notizblock
- Kompaß

Ermittelt mit einem Kompaß die genaue Richtung des Gewitters.

Den Verlauf aufzeichnen
Sobald es blitzt, zählt ihr, bis ihr den Donner hört. Schall legt in 3 Sekunden etwa 1 km zurück, so daß ihr die Stelle, wo es geblitzt hat, markieren und das Gewitter auf seinem Weg über eure Gegend verfolgen könnt.

Wie Blitze entstehen

In einer Gewitterwolke steigt warme Luft rasch auf, kühlt sich an der Oberseite der Wolke ab, beginnt zu fallen, erwärmt sich dabei und steigt erneut auf. Dabei entstehen Konvektionszellen. Infolge dieser turbulenten Bewegung nimmt die Oberseite der Wolke eine positive und die Unterseite eine negative elektrische Ladung an. Die Wissenschaftler wissen noch nicht genau, wie dies geschieht, aber es könnte sein, daß kleine Eispartikel bei diesem Auf und Ab in der Wolke miteinander kollidieren und dadurch eine statische elektrische Ladung aufbauen. Kleine, positiv geladene Eiskristalle sammeln sich hoch oben, fallende Hagelkörner nehmen eine negative Ladung an. Diese statische Elektrizität schaukelt sich in der Wolke sehr hoch auf, bis sie sich in einem Funken entlädt – dem Blitz.

Blitzenergie

Es blitzt, wenn die Energie von der Unterseite der Wolke zum positiv geladenen Boden als Funke überspringt. Diese Energie trifft auf einen von unten kommenden Blitz, der eine positive Ladung nach oben auf demselben Luftweg transportiert, den der erste Funken zurückgelegt hat. Es blitzt weiter, bis die Ladung zwischen Wolke und Boden ausgeglichen ist.

Zerstörung
Blitze können Bäume wie diesen zerstören und Waldbrände verursachen. Durch Blitzschlag werden in den USA jährlich etwa 100 Menschen getötet. 1975 wurde der Golfspieler Lee Trevino bei einem Turnier vom Blitz getroffen. Er wurde zwar nicht getötet, aber der Blitz fügte ihm schwere Brandverletzungen zu.

EXPERIMENT

Starker Wind

In einer Gewitterwolke bewegen sich Regentropfen auf und ab aufgrund starker Luftströmungen. Dabei werden die Tropfen immer größer, weil sie mit anderen Tropfen und Wasserteilchen kollidieren und verschmelzen. An der Oberseite der Gewitterwolke ist die Luft wegen der großen Höhe sehr kalt, so daß die Tröpfchen gefrieren und Hagelkörner werden. Schließlich werden sie zu schwer für die Aufwinde und fallen – entweder als Regen oder als Hagel – aus der Wolke heraus.

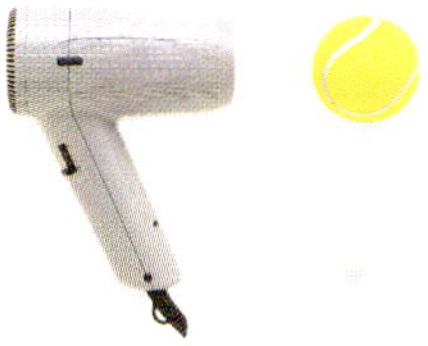

IHR BRAUCHT
- Fön • Tennisball
- Tischtennisball

Bälle in der Luft
Richtet den Fön senkrecht nach oben. Haltet den Tischtennisball, der einen kleinen Regentropfen darstellt, im Aufwind. Nun versucht ihr das gleiche mit dem schwereren Tennisball, der einen größeren Regentropfen oder ein Hagelkorn darstellt.

Der Luftstrom aus dem Fön trägt leicht den Tischtennisball-»Regentropfen«.

Blitztypen

Bei schönem Wetter ist der Erdboden negativ geladen, die Ionosphäre (eine sehr hohe Schicht der Atmosphäre) ist positiv geladen, und zwischen beiden fließt ein schwacher Strom. Eine Gewitterwolke erhöht die Stärke dieses aufgeladenen Feldes örtlich um mindestens das Zehnfache. Ein normaler Blitz dauert etwa 0,2 Sekunden. Er entsteht, wenn der Unterschied zwischen der positiven und der negativen Ladung so groß ist, daß die isolierende Luftschicht übersprungen wird. Wir stellen uns Blitze meist als Funken zwischen einer Wolke und dem Boden vor, aber dies ist nur eine von mehreren Möglichkeiten. Öfter blitzt es innerhalb der Wolke oder zwischen zwei Wolken, ohne daß der Blitz den Boden erreicht.

Wolkenblitze *bestehen aus einem weißen Blitzen, das eine große Fläche Himmel zu bedecken scheint. Dies ist der Widerschein eines Blitzes, der in den Wolken verborgen ist.*

Kugelblitze *Kugelblitze sind sehr selten und sehen wie ein kugelförmiges Leuchten aus. Es schwebt oder rollt langsam dicht über dem Boden und verschwindet wieder.*

Linienblitz
Wenn es blitzt, pflanzt sich die Energie auf dem Weg des geringsten Widerstands fort. Dieser verläuft gewöhnlich unregelmäßig, und darum ist ein Blitz zwischen einer Wolke und dem Boden verzweigt oder gezackt. Der erste Blitz ionisiert die Luft und lädt sie elektrisch auf. Dies bahnt den Weg für den viel helleren Rückblitz.

Tornados

Tornados – auch Tromben genannt – sind die fürchterlichsten Stürme. In ihrem wirbelnden Zentrum kann die Windgeschwindigkeit bis zu 150 m/s – und zuweilen viel höher – liegen, während sich der Sturm mit 40 – 65 km/h über dem Boden bewegt. Ein Tornado mißt meist weniger als hundert Meter im Durchmesser, enthält aber soviel Energie, wie New York für die Straßenbeleuchtung in einer Nacht benötigt. Alle Gegenstände – wie Autos, Häuser und andere Gebäude –, die das untere Ende des Trichters berührt, werden völlig zerstört. Tornados sind auf der ganzen Welt verbreitet, am häufigsten und schlimmsten aber treten sie in den Great Plains der USA auf, in einer Schneise durch neun Staaten, die »Tornado Alley« (Straße der Tornados) heißt. Hier werden jährlich über 200 Menschen getötet. Tornados über Seen oder dem Meer heißen Wasserhosen. Sie sind weniger heftig als Tornados über Land.

Fliegende Fische

Ein Tornado kann fast jedes Objekt hochheben und es später wieder fallen lassen, wenn er schwächer wird. Aus einem See kann er etwas Wasser – und einige Fische heben. Frösche, Fische und andere kleine Tiere, die zuweilen vom Himmel »regnen«, sind Tornado-Opfer. Früher hielten die Menschen sie für böse Vorzeichen.

EXPERIMENT

Einen Tornado erzeugen

Wenn sich Luft oder Wasser dreht, kann sich im Zentrum ein Wirbel oder Strudel bilden (etwa wenn Badewasser abfließt). Der Wirbel beginnt an der Oberseite und bewegt sich nach unten, wobei ein Trichter aus starken Winden oder Strömungen entsteht, die um ein ruhiges Zentrum fließen. Ihr könnt dies leicht an mit Kohlensäure versetztem Wasser und Salz studieren. Wenn sich das Salz auflöst, verdrängt es das Kohlendioxid aus dem Wasser. Dieses wird in Form winziger Gasbläschen freigesetzt. So entsteht ein Minitornado.

IHR BRAUCHT
- Wasser mit Kohlensäure
- drehbare Tortenplatte
- Schere • Klebeband • Salz
- hohes Trinkglas

1 Stellt das Glas in die Mitte der Tortenplatte. Befestigt es mit Klebeband.

2 Gießt Wasser mit Kohlensäure ins Glas, bis es fast randvoll ist. Laßt aber einen kleinen Rand.

3 Dreht die Tortenplatte und gebt eine Prise Salz ins Glas. Seht, wie der Tornado wirbelt. Ihr könnt dies so lange wiederholen, wie das Wasser sprudelt.

Xenia – eine von einem Tornado zerstörte Stadt
Dies ist Xenia im US-Staat Ohio, nachdem es am 3. April 1974 von einem Tornado zerstört wurde. An diesem Tag wirbelten insgesamt 148 Tornados durch 13 Staaten. Die Stürme entstanden, als kalte Luft vom Pazifik über feuchtheiße Luft aus dem Golf von Mexiko strich.

EXPERIMENT

Ein Wirbel im Glas

Der Trichter oder Rüssel eines typischen Tornados beginnt hoch oben in der Luft und besteht aus schnellen, sich spiralförmig nach unten um ein ruhiges Zentrum drehenden Winden. Jede sich schnell drehende Flüssigkeit bildet einen einfachen Strudel, den ihr leicht selbst erzeugen könnt.

IHR BRAUCHT
• Pipette • Lebensmittelfarbe • Löffel • hohes Glas • Wasser

1 Füllt das Glas bis kurz unterm Rand mit kaltem Wasser. Rührt das Wasser mit dem Löffel oben um, so daß es sich möglichst schnell dreht.

2 Seht zu, wie sich der Strudel bildet. Gebt ein paar Tropfen Lebensmittelfarbe ins Wasser, um die Form des Strudels zu markieren.

Die Geburt eines Tornados

Tornados sind wegen ihrer Gefährlichkeit, ihrer geringen Ausdehnung und wegen ihrer raschen Bewegung über dem Boden schwer zu beobachten. Man weiß noch nicht sehr viel über sie. Diese Bilder zeigen die Entwicklung eines Tornados.

1
Stark von unten erhitzte Luft schießt nach oben und bildet in einer Gewitterwolke eine Konvektionszelle, in der die Luft bis zu 165 km/h schnell aufsteigt. Die Winde hoch oben in der Gewitterwolke beginnen die Luft mit sehr hoher Geschwindigkeit rotieren zu lassen.

2
Mehr Luft strömt hinein, und die Rotation erstreckt sich nach unten und verengt sich dabei. Dadurch beschleunigt sich die Drehung, um den Drehimpuls (S. 74) zu erhalten. Sehr niedriger Druck im Strudel läßt Wasserdampf kondensieren, so daß der Trichter gut sichtbar wird.

3
Da ihre Form einem großen Blechblasinstrument gleicht, nennt man die Wolke oben auf einem Tornado eine »Tuba«. Staub, Wasser und kleine Objekte werden in die Wolke gesogen und können ganz bis nach oben gelangen. Der Staub macht die Wolke so dunkel.

4
Der Tornado kann fast alles auf seinem Weg zerstören. Er hebt Dächer von Häusern ab, entwurzelt Bäume, wirbelt Autos durch die Luft und läßt sie weiter weg fallen. Fegt ein Sturm über ein Gebäude, kann der Luftdruckunterschied zwischen innen und außen das Gebäude explodieren lassen.

5
Die in Zerstörung umgesetzte Energie schwächt den Tornado. Der Oberflächenwind fällt in sich zusammen, so daß die Basis des Tornados frei über dem Boden ist und keinen Schaden mehr anrichtet. Der Nachschub von feuchter, aufsteigender Luft läßt nach und der Tornado löst sich auf.

Wie Hurrikane entstehen

Hurrikane sind die größten und stärksten Stürme. Sie sind kreisförmig und unterschiedlich groß – viele haben einen Durchmesser von etwa 650 km und können Geschwindigkeiten von mehr als 200 km/h erreichen. Hurrikane bilden sich über warmen, tropischen Meeren, wenn die Wassertemperatur über 27 °C liegt. Sie entstehen nicht auf dem Äquator, wo der Coriolis-Effekt (S. 74) gering ist, oder unter Strahlströmen (S. 126). Sobald sie sich gebildet haben, entfernen sie sich vom Äquator, wobei sie über warmen Gewässern gewöhnlich an Intensität zunehmen. Über kaltem Wasser oder über Land lösen sie sich auf. Solche Stürme heißen über dem Atlantik Hurrikan, Zyklon über dem Indischen Ozean und Taifun über dem Pazifik.

Hurrikangefährdete Gebiete

Diese Karte zeigt die Gebiete, die am stärksten durch Hurrikane gefährdet sind. Solche Stürme können große Entfernungen zurücklegen. Die am stärksten gefährdeten Regionen sind der westliche Pazifik, der Golf von Bengalen und die Karibik.

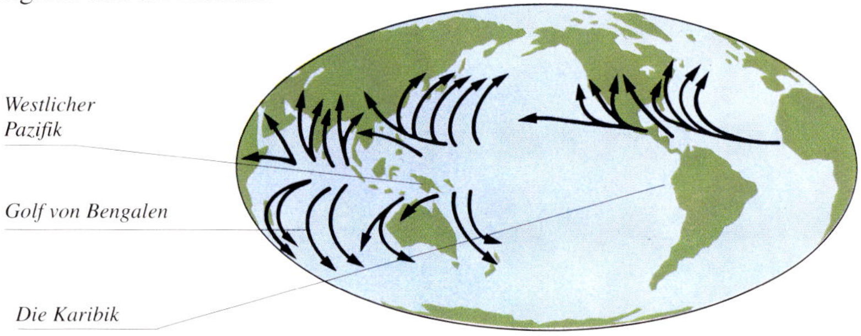

Querschnitt

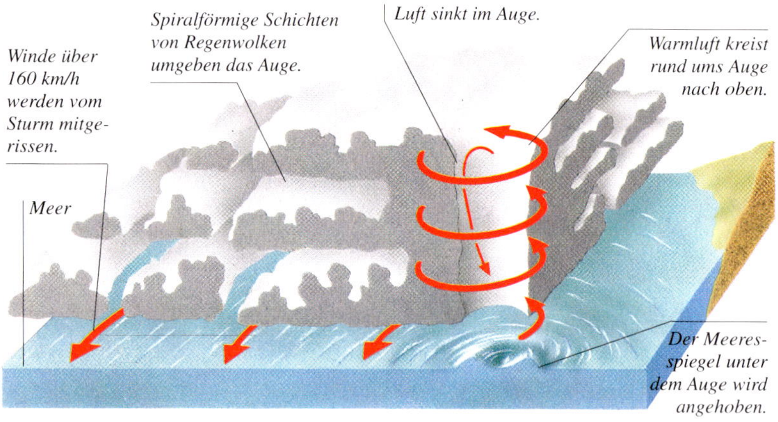

Der Luftdruck in einem Hurrikan ist unten sehr niedrig und oben hoch. Warme, feuchte Luft, die sich zum Tiefdruckgebiet hin bewegt, steigt auf und bildet Bänder aus bis zu 200 Wolken in einem Wirbel heftiger Winde um das Sturmzentrum (Auge), wo ruhige Luft absinkt und sich erwärmt.

EXPERIMENT

Modellhurrikan

Die Wolken um einen Hurrikan bilden spiralförmige Bänder. In ihnen kondensiert Wasserdampf in der warmen, aufsteigenden Luft. Dabei wird latente Wärme (S. 26) freigesetzt, so daß die Luft weiter aufsteigt und in großer Höhe ins Hochdruckgebiet eintritt – damit verstärkt sich der Luftdruckunterschied zwischen der Ober- und Unterseite des Sturms. Ein Teil der Energie in der Wolke wird dann auf die klare Luft neben jedem Spiralband übertragen und erhöht die Windgeschwindigkeit. Erzeugt einen »Hurrikanwirbel« in Wasser – auch hier bilden sich Bänder.

IHR BRAUCHT

- Pipette
- Lebensmittelfarbe
- Rührlöffel
- Schüssel
- Wasser

1 Füllt die Schüssel mit lauwarmem Wasser. Je größer die Schüssel, desto besser. Rührt das Wasser sacht um, bis es sich langsam im Kreis bewegt.

2 Gebt ein paar Tropfen Lebensmittelfarbe in die Mitte der Schüssel. Seht zu, wie sich die Farbe ausbreitet und Bänder bildet – wie Wolken in einem Hurrikan.

EXPERIMENT

Sturmflut

Ein Hurrikan übt eine starke Wirkung auf Wolken und Wind, aber auch auf Meerwasser aus. Ein Großteil der von einem Hurrikan verursachten Schäden sind Wasserschäden. Es fällt starker Regen, und Winde erzeugen Wellen von bis zu 15 m Höhe. Dieser Effekt tritt großflächig auf, und die Wellen sind oft viel größer als normalerweise – bis zu 1 500 km vom Auge des Sturms entfernt, und heftig tobende Wellen von 3 m Höhe laufen vor dem Sturm her. Nähert sich der Hurrikan einer Küste, türmen starke auflandige Winde das Wasser zu einer Welle auf. Trifft diese mit der Flut zusammen, dann kann das Meerwasser weit ins Land eindringen. Erzeugt eine solche Flutwelle zu Hause.

IHR BRAUCHT
- Ventilator • Papier
- Fettstift • Schere
- Klebeband • Wasser
- Waschschüssel

Bei diesem Experiment sollte ein Erwachsener mithelfen.

1 Bildet aus Papier einen Trichter, und klebt das breite Ende um den Ventilator. So wird der Wind konzentriert.

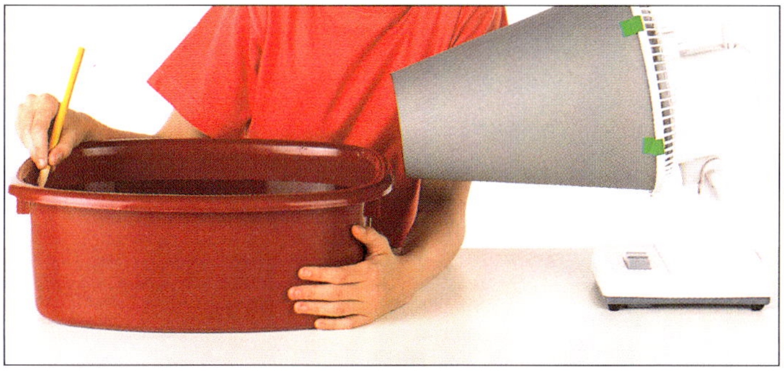

2 Füllt die Waschschüssel mit Wasser bis etwa 5 cm unterhalb des Randes. Markiert den Wasserspiegel an einem Ende der Schüssel mit dem Stift. Stellt den Ventilator gegenüber der Marke auf.

3 Bittet einen Erwachsenen, den Ventilator anzuschalten, so daß der Wind über die Wasseroberfläche bläst. Wie weit steigt das Wasser über die Marke am anderen Ende? Dies ist eine Flutwelle.

4 Wiederholt Schritt 3, hebt aber die Schüssel etwas an, um den Wasserspiegel der Marke zu nähern, wie bei Flut. Beobachtet, wie sich dies auf die Flutwelle auswirkt.

Die Kraft eines Hurrikans

Diese Verwüstungen in Homestead, Florida, hat der Hurrikan Andrew angerichtet – der erste Hurrikan des Jahres 1992. Dächer wurden von Häusern abgehoben und zerschmettert. Man kann Gebäude zwar so bauen, daß sie einem Hurrikan standhalten, aber sie können dennoch von herumfliegenden Trümmern beschädigt werden.

Was Hurrikane anrichten

Erste Anzeichen eines Hurrikans sind dicke Cirruswolken (S. 112). Leichter Regen entwickelt sich bald zum Wolkenbruch und wird von einem Wind getrieben, der rasch stärker wird. Dieser Wind führt dem Hochdruckgebiet über dem Sturm Luft zu. Luft sinkt im Innern des Auges – dem Zentrum des Sturms. Ein Liter Wasser wiegt 1 kg, und daher hat der windgepeitschte Regen eine beträchtliche Kraft. Wenn das Auge vorbeizieht, klart der Himmel auf, und es ist minutenlang windstill. Zieht das Auge weiter, beginnt es wieder – aus der entgegengesetzten Richtung – zu stürmen und zu regnen. Niedriger Druck hebt den Meeresspiegel an, auflandiger Wind treibt Wasser in Flußmündungen, und wenn der Sturm mit einer Flut zusammenfällt, kann der Meeresspiegel 6–9 m ansteigen und tiefliegendes Land überfluten.

GROSSE ENTDECKER

Daniel Bernoulli

Wenn ein Fluid durch eine Verengung in einem Rohr fließt, nimmt seine Geschwindigkeit zu und sein Druck ab. Dies ist das Bernoulli-Gesetz. Es erklärt auch, warum die Beschleunigung von Luft über einem Flugzeugflügel eine Auftriebskraft erzeugt und warum aus dem gleichen Grund ein starker Wind, der über ein Haus fegt, das Dach abheben kann – und das passiert oft bei Hurrikanen. Das Phänomen und seine Gesetzmäßigkeit wurde von dem Schweizer Mathematiker Daniel Bernoulli (1700–1782) entdeckt. Er war zunächst Arzt, war aber auf vielen anderen wissenschaftlichen Gebieten tätig – etwa der Anatomie, der Botanik und der Physik.

EXPERIMENT

Den Meeresspiegel bei einem Hurrikan anheben

Im Innern eines Hurrikans fällt der Luftdruck stark ab. Der extrem niedrige Druck im Zentrum eines Hurrikans läßt den Meeresspiegel darunter beträchtlich ansteigen. Diesen Effekt könnt ihr in einer Waschschüssel demonstrieren.

IHR BRAUCHT: • Glasschüssel • Waschschüssel • Plastikschlauch • 2 Tassen • Wasser

1 Füllt die Waschschüssel zur Hälfte mit Wasser. Stellt die Tassen verkehrt herum hinein, und legt die Glasschüssel so hinein, daß ihr Rand unter der Oberfläche ist.

2 Drückt ein Ende des Schlauchs zusammen, und steckt es in den Luftraum in der Glasschüssel. Saugt am Schlauch, um den Luftdruck zu reduzieren. Das Wasser steigt.

3 Entfernt den Schlauch – die Wasserwand bleibt stehen. Hebt die Schüssel, um das Wasser herauszulassen – es entsteht eine kleine Flutwelle.

EXPERIMENT

Bernoullis Auftrieb

Wenn Luft über ein Hindernis fließt, erzeugt der Unterschied zwischen dem Druck über dem Hindernis und dem Druck darunter eine Auftriebskraft. Je schneller der Luftstrom, desto stärker der Auftrieb. Durch festes Blasen könnt ihr das Bernoulli-Gesetz demonstrieren. Probiert es mit zwei unterschiedlich geformten und schweren Materialien.

IHR BRAUCHT

- 20 x 15 cm großes Stück Papier
- kleine Münze

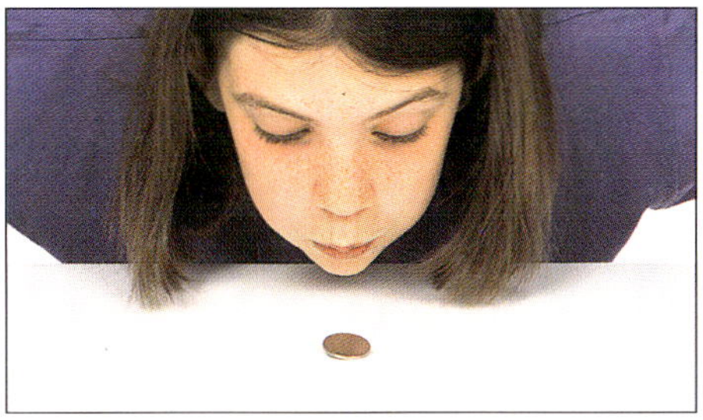

1 Legt die Münze nahe an den Tischrand. Haltet den Mund dicht an den Tischrand, blast fest, und seht, wie sich der Druckwechsel auf die Münze auswirkt.

2 Probiert es mit Papier. Haltet ein Ende unter eure Unterlippe. Blast. Was passiert mit dem Papier?

EXPERIMENT

Einen Strudel erzeugen

Ein Hurrikan ist ein Strudel. Er ist also kreisförmig, und die Winde strömen um sein Zentrum. Im Zentrum sinkt trockene Luft vom Hochdruckgebiet über dem Sturm ab, aber es gibt keinen Wind. Auch ein Wasserstrudel hat ein ruhiges Zentrum, das kein Wasser enthält und von spiralförmigen Strömungen umgeben ist. Erzeugt einen Strudel und seht, wie ruhig es im Zentrum ist.

IHR BRAUCHT

- Lebensmittelfarbe • Schere
- Klebeband • Rührlöffel
- Modelliermasse
- Schnur
- Luftballon
- 2 Plastikflaschen
- Wasser

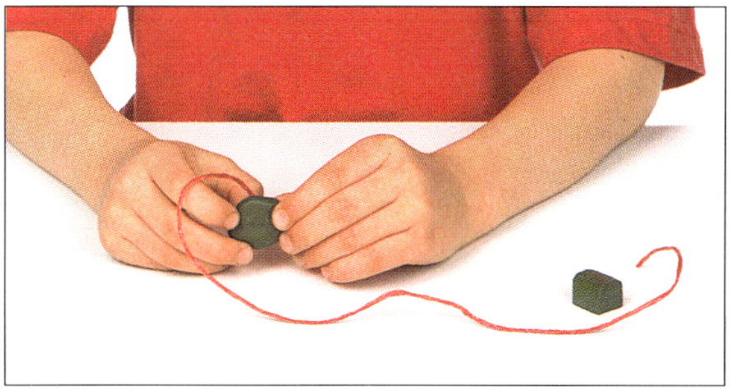

1 Befestigt die Modelliermasse an einem Schnurende als Gewicht. Stopft alle losen Schnurenden in die Masse.

2 Ein Erwachsener schneidet die Flasche ab und verklebt die Kante. Verschließt die Flaschen mit dem Ballonmundstück.

3 Legt die Schnur mit dem Gewicht in die obere Flasche, so daß das Gewicht das Loch zwischen beiden Flaschen wie ein Stöpsel schließt. Dann füllt ihr leicht gefärbtes Wasser in die obere Flasche und versetzt es in kreisende Bewegung.

4 Nun zieht ihr den Stöpsel und versucht das Gewicht im Zentrum des Strudels zu halten. Was passiert?

WOLKENATLAS

Wolkenhimmel
Wolkenformationen erlauben es Meteorologen, die Bewegung von Wettersystemen zu verfolgen. Die Gewitterwolken auf dem obigen Satellitenfoto liegen über dem Indischen Ozean. Cumuluswolken (links) haben sich über dem Südwesten der USA gebildet, weil Luft, die sich durch den Kontakt mit dem Boden erwärmt hat, aufgestiegen ist und sich wieder abgekühlt hat, so daß Feuchtigkeit kondensiert ist.

Wolken können sich in jedem Klima und an jedem Punkt der Erde bilden und dabei alle möglichen Formen annehmen. Der entstehende Wolkentypus hängt von einer ganzen Reihe von Faktoren und Bedingungen ab, und daher ist es hilfreich, die verschiedenen Wolkenarten zu erkennen, wenn man verstehen will, was mit der Luft geschieht. Dies wiederum vermittelt eine Vorstellung davon, mit welchem Wetter man in naher Zukunft rechnen muß.

WIE WOLKEN ENTSTEHEN

Wolken bilden sich durch Kondensation oder Gefrieren von Wasserdampf, und wie dies geschieht, hängt von ihrer Höhe und von der Stärke der Aufwärtsbewegung der Luft ab. Steigen warme Luftpakete rasch auf, entstehen Haufenwolken; wird Luft langsam und gleichmäßig über einem großen Gebiet angehoben, bilden sich Schichtwolken. In großen Höhen verwandelt sich Wasserdampf in winzige Eiskristalle, die Wolkenfetzen bilden.

Alle Wolken bestehen entweder aus Wassertröpfchen, aus winzigen Eiskristallen oder aus beidem. Soviel wissen die Menschen schon seit dem Altertum, und die frühen Wissenschaftler kamen mit ihren Erklärungen über die Wolkenbildung der Wahrheit recht nahe. Damals glaubte man, daß alle Dinge ein Gemisch aus vier Elementen darstellten: Erde, Luft, Feuer und Wasser.

Cumulus
Kleine Cumuluswolken (S. 98) wie diese bedeuten gewöhnlich schönes Wetter, doch wenn sie wachsen und miteinander verschmelzen, kann es zu Schauern kommen. Je größer sie werden, desto heftiger regnet es – ja, es können sogar Gewitterwolken entstehen.

Frühe Darstellungen

In seiner *Meteorologika*, dem ersten Buch über das Wetter, schilderte der griechische Philosoph Aristoteles Wolken als Gemisch aus dem Element Wasser und verschiedenen Mengen des Elements Feuer. Er nahm an, wenn Feuer und Wasser sich mischten, würde die Leichtigkeit des Feuers das Wasser vom Boden heben, aber wenn sich nur eine geringe Menge Feuer mit dem Wasser vermische, würde es nicht sehr hoch gehoben werden. Wenn das Feuer das Wasser verlasse und beide sich trennten, steige das Feuer auf, und das Wasser gehe wieder nieder, oft als Tau oder – wenn es kalt genug sei – als Reif. Dampf müsse leichter als Wasser sein, nämlich wegen des damit vermischten Feuers – je größer der Anteil des Feuers also sei, desto höher steige der Dampf auf, ehe er sich erneut zu Wolken verdichte.

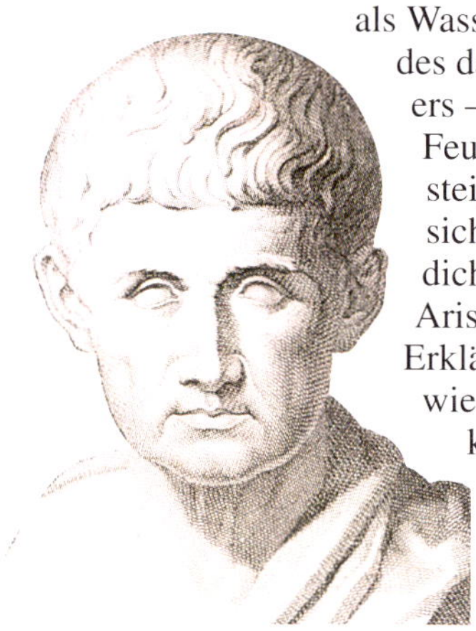

Aristoteles
Der griechische Philosoph Aristoteles lebte vor 2400 Jahren und schrieb als erster über das Wetter.

Aristoteles hatte somit eine Erklärung dafür gefunden, wie Wasser verdunstet und kondensiert. Heute wissen wir, daß Feuer kein Material ist, das sich mit anderen Materialien vermischt, und daß das, was Aristoteles Feuer nannte, nichts anderes als Wärme ist – eine Form von Energie. Diese Entdeckung wurde erst 2 000 Jahre nach seinem Tod gemacht. Aristoteles lehrte seine Schüler, sie sollten die Welt studieren, indem sie beobachteten, was in ihr geschehe. Später hatten die Gelehrten ganz andere Vorstellungen von dem, was am Himmel geschah: Für sie waren dabei oft Dämonen und übernatürliche Kräfte im Spiel, und zuweilen zogen sie die Astrologie zu Rate. Erst im Mittelalter begann man das Wetter, das man vor Augen hatte, zu beschreiben. Doch noch interessierten sich die Gelehrten mehr für Wetterextreme – Schnee, Gewitter und Überschwemmungen – als für das gewöhnliche Alltagswetter.

Abendrot
Bei trockener Luft streuen Staubkörnchen das gelbe und rote Licht bei Sonnenuntergang, so daß die Wolken gefärbt werden.

Zum Verständnis des Wetters benötigt man Aufzeichnungen meteorologischer Messungen, doch den frühen Forschern fehlten die für diese Messungen erforderlichen Instrumente. Sie konnten nur festhalten, was sie sahen und spürten, und die Veränderungen von Luftdruck und -feuchtigkeit nur raten. Eine Klasse von Wetterzuständen hätten sie allerdings genauer aufzeichnen können, als sie es taten: Wolken. Man benötigt zwar Instrumente zur genauen Messung der Wolkenhöhe, aber nicht zur Beschreibung ihres Aussehens. Manche Wolken sehen flach und grau aus, andere sind ganz weiß und flauschig, wieder andere dünn und faserig. Um zu wissen, ob das Wetter gut oder schlecht wird, muß man auch wissen, wie stark die Bewölkung ist, ob ihre Menge zu- oder abnimmt, wie hoch am Himmel die Wolken sich befinden und vor allem welche Art von Wolken man vor sich hat. Sind es zum Beispiel Wolken, die Nieselregen oder stetigen, anhaltenden Regen bringen? Oder sorgen sie für Schauer mit hellen, sonnigen Abschnitten dazwischen? Bringen sie Gewitter? Nicht alle Wolken zeitigen die gleiche Wirkung, aber wenn man jemandem sagen will, welche Art von Wolken zu erwarten sind, benötigt man eine Bezeichnung für sie.

Wolkenbildung

Will man die verschiedenen Wolkentypen beschreiben, sollte man wissen, warum sie sich unterscheiden. Wolken können sich auf unterschiedliche Weise bilden. Wird Luft langsam und gleichmäßig über einem großen Gebiet angehoben, wie dies oft in einem Tiefdruckgebiet geschieht, kondensiert der in ihr enthaltene Wasserdampf etwa in der gleichen Höhe, und dann bilden sich Schichtwolken. Diese Schichtbewölkung heißt Stratus.
Wird der Boden stark erwärmt, bildet sich eine andere Wolkenart, da die erwärmte Luft durch Konvektion in sogenannten Paketen aufsteigt und Wasserdampf mitnimmt. In einer derartigen Cumuluswolke kondensiert der Wasserdampf in einer bestimmten Höhe, aber die Tröpfchen werden weiter nach oben befördert, und so bilden sich haufenförmige Wolken.
Infolge von Gebäuden, Bäumen, Bergen und unterschiedlichen Oberflächen ist der Boden uneben. Führt der Wind feuchte Luft dicht über dem Boden mit sich, wird die Luft infolge der unebenen Oberfläche durchmischt, so daß sich Strudel und Wirbel bilden, und dadurch wird die Luft in höhere Bereiche transportiert, wo ihr Wasserdampf kondensiert und Nebel, Stratus oder Stratocumulus erzeugt. Zuweilen kann Wasserdampf in Luft kondensieren, die zum Aufsteigen gezwungen ist, wenn sie sich über Berge bewegt. Ob sich dabei Schicht- oder Haufenwolken bilden, hängt davon ab, ob die Luft stabil ist oder nicht.

Carl von Linné
Das wissenschaftliche System, das Linné (1707–78) zur Klassifikation von Pflanzen und Tieren einführte, wurde zur Klassifizierung von Wolkengattungen und -arten übernommen.

Wird die Luft durch den Kontakt mit dem Boden ungleichmäßig erwärmt, steigt sie in Windrichtung auf. Die Luft kühlt sich ab, wenn sie aufsteigt, ebenso, wenn sie sich mit der kälteren, trockeneren Umgebungsluft vermischt. Ihr Wasserdampf kondensiert, und der Kühlungsprozeß verlangsamt sich. Dadurch hat die aufsteigende Luft mehr Auftrieb in bezug auf die kühle, trockene Umgebungsluft, so daß sie weiter aufsteigt. So entstehen hoch aufgetürmte Wolken, die durch die Erwärmung im Innern der Wolke selbst geformt werden. Die Erwärmung durch Kontakt mit dem Boden löst diesen Prozeß zwar aus, doch sobald er einmal begonnen hat, geht er aufgrund der Vorgänge in der Wolke selbst weiter. Die instabile Luft in der Wolke steigt auf, kühlt sich nahe der Oberseite ab und fällt erneut.

Bergwolke
Nachts bildet sich in Tälern oft Nebel, da die Luft über dem Boden gekühlt wird. Am Morgen kann sich der Nebel heben und eine Stratuswolke (S. 94) werden, die so niedrig hängt, das die Bergspitze noch herausragt. Die Wolkenschicht ist dünn und verdunstet langsam im Laufe des Tages.

Luke Howard

Die einfachste und nützlichste Form der Wolkenbeschreibung wurde 1803 von dem englischen Amateurmeteorologen Luke Howard (1772–1864) entwickelt. Howards Methode beruht auf der allgemeinen Form, dem Aussehen und der Stärke von Wolken sowie auf der Höhe, in der sie sich bilden.
Das von Howard vorgeschlagene System war bei den Wissenschaftlern so beliebt, daß es als Grundlage für ein internationales System übernommen wurde, in dem Wolken zu Gattungen und Arten zusammengefaßt werden – wie in dem von Linné eingeführten Klassifikationssystem für Pflanzen und Tiere. Schließlich veröffentlichten 1896 internationale Meteorologenteams den ersten Internationalen Wolkenatlas, unter Verwendung der von Howard erdachten Wolkenklassifikation und -bezeichnungen. Heute wird der Internationale Wolkenatlas von der Meteorologischen Weltorganisation der Vereinten Nationen herausgegeben. Auf den folgenden Seiten sind alle typischen Wolkenarten mit ihren unterschiedlichen Erscheinungsformen abgebildet, dazu auch einige weniger verbreitete, aber sehr schöne Wolkenformationen sowie einige andere spektakuläre Phänomene am Himmel. Die Wolken sind nach dem von Luke Howard eingeführten System benannt und leicht zu identifizieren.

Federwolken
Cirruswolken (S. 112) oder »Federwolken« bestehen aus Eiskristallen, die der Wind zu Fasern zusammengeweht hat.

Regenschleier
Wenn Eiskristalle in wärmere Luftschichten fallen, verursachen sie ein Loch in der Wolke, verdunsten dann und bilden Regenschleier am unteren Wolkenrand.

WOLKENKLASSIFIKATION

Die Klassifizierung von Wolken hat zuerst der griechische Philosoph Theophrast (um 372 – um 287 v. Chr.) versucht. Er schrieb über »Wolken wie Wollvliese«. Der französische Naturforscher Jean Lamarck (1744 – 1829) teilte die Wolken in Kategorien wie »Kehricht«, »Streifen« und »Haufen« ein, aber erst die vom Engländer Luke Howard (1772 – 1864) vorgeschlagene Klassifikation fand allgemeine Anerkennung und liegt dem System des Wolkenatlas zugrunde.

Luke Howard
Howard führte das erste wissenschaftliche Klassifikationssystem für Wolken ein.

Der Londoner Apotheker Luke Howard interessierte sich leidenschaftlich für Meteorologie. 1803 veröffentlichte er einen Artikel mit dem Titel »On the Modifications of Clouds« (Über die Erscheinungsformen von Wolken). Er führte darin vier Hauptwolkentypen an und gab ihnen lateinische Bezeichnungen. Eine faserige, wie eine Haarlocke aussehende Wolke nannte er *cirrus*, »Haar«, wie klumpige Haufen aussehende Wolken *cumulus*, »Haufen«. Gleichförmige Schichtbewölkung bezeichnete er als stratus, nach lateinisch *stratum*, (Schicht), tiefe graue Regenwolken als *nimbus*, was nichts weiter als »Wolke« bedeutet. Auf dem ersten Internationalen Meteorologenkongreß von 1874 waren die Wissenschaftler über die Notwendigkeit einer geeigneten Wolkenklassifikation einig. Sie gingen von Howards Bezeichnungen aus und veröffentlichten 1896 einen *Internationalen Wolkenatlas*. Mit der Entwicklung der Luftfahrt im 20. Jahrhundert wurde eine noch genauere Wolkenklassifikation unerläßlich. Das moderne System ist viel einfacher, als es aussieht. Zunächst werden alle Wolken in zehn »Gattungen« (siehe gegenüber) eingeteilt, die jeweils aus einer Reihe von Arten sowie deren Unterarten bestehen.

Wolkentypen

Wolken, die sich in sehr großer Höhe bilden, haben Namen, die mit »Cirro-« beginnen. Die Namen mittelhoher Wolken beginnen mit »Alto-«, von *altus*, »hoch«, und diese Wolken können Haufen oder Schichten bilden. Die übrigen Wolken haben zusammengesetzte Namen – aus »-cumulus« oder »Cumulo-«, wenn sie haufenförmig sind, aus »Strato-« oder »-stratus«, wenn sie schichtförmig sind. Allgemeiner gesagt können Wolken vom Cirrus-Typ als »cirriform«, Haufenwolken als »cumuliform« und Schichtwolken als »stratiform« bezeichnet werden.
Die Namen der zehn Gattungen verweisen auch auf die Höhe der jeweiligen Wolken. Die cirriformen Wolken bilden sich in großer Höhe, Altocumulus und Altostratus in mittleren Höhen und die anderen in geringer Höhe. Nimbostratus ist gewöhnlich eine

Wolkentypen
Die Klassifikation beruht auf der Höhe und dem Aussehen einer Wolke. Ähnliche Wolken in unterschiedlicher Höhe haben unterschiedliche Namen, auch wenn sie gleich aussehen.

mittelhohe Wolke und erstreckt sich in mittlerer und geringer Höhe. Jede Wolke läßt sich mit einem dieser Namen bezeichnen. Die Namen der Arten bezeichnen die Form von Wolken, die der Unterarten ihre Dicke und Anordnung.

Wolkenunterschiede

Einige lateinische Namen bezeichnen nur cumuliforme Wolken. Ist ein Cumulonimbus amboßförmig, nennt man diese Oberseite entsprechend »incus«, ist sie haarig oder faserig, »capillatus«, und die dunkle, bedrohliche bogenförmige Basis eines Cumulonimbus heißt »arcus«. Gelegentlich hängen Wolkenklumpen an der Basis oder am Amboß und sehen wie die Euter einer Kuh aus. Man nennt sie »mamma«.
»Calvus« heißt »kahl« und bezeichnet eine Wolke, die an der Oberseite keine blumenkohlartigen Wölbungen hat. »Castellanus« nennt man eine Wolke, die wie eine Burg mit Türmchen aussieht. Wenn ein Cumulus wächst, kann er so aussehen, als ob seine Oberseite turbulent wirbelt – dies nennt man »congestus«. Ein kleiner, nicht wachsender und ziemlich flacher Cumulus heißt »humilis«. Besonders wenn er wächst, kann ein Cumulus eine ziemlich flache Wolke auf seiner Oberseite tragen, wie eine Kappe. Dies heißt »pileus«, und eine Wolke, die Cumuluswolken oben miteinander verbindet, nennt man »velum« (Segel).
»Fractus« sieht wie abgerissene Fetzen von anderen Wolken aus. Zuweilen verwendet man diese Bezeichnung als Vorsilbe des Namens der Wolke, von der sie stammt – etwa »Fractocumulus«. Sind die faserigen Streifen von Cirren ineinander verflochten, spricht man von »intortus«, und wenn die Cirre kompakt und ziemlich dicht ist, nennt man sie »spissatus«. Häkchenförmige Cirrusfasern heißen »uncinus«. Niederschlag, der verdunstet, ehe er den Boden erreicht, heißt Regenschleier oder »Virga«.

Wie der Wolkenatlas aufgebaut ist

Die Wolkenklassifikation in diesem Atlas beruht auf dem allgemein verbreiteten internationalen System. Die Wolken sind zunächst nach der Höhe (gemessen von der Unterkante) angeordnet und dann nach ihrem Aussehen. Die Basis tiefer Wolken liegt unter 2 km, die von mittelhohen Wolken zwischen 2 und 5 km und die von hohen Wolken zwischen 5 und 12 km. Mittelhohe und hohe Wolken bilden sich allerdings in den Tropen in größerer Höhe als in Polargebieten, und überall können die Höhen je nach den örtlichen Bedingungen schwanken. So kann die Höhe durch Lage, Jahres- oder Tageszeit beeinflußt werden.

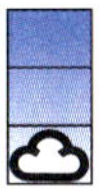

Tiefe Wolken
Die tiefen Wolken heißen Stratus, wenn sie Schichten, Stratocumulus, wenn sie Schichten mit Ballen und Wölbungen, und Cumulus, wenn sie Haufen bilden. Cumulonimbus wird zwar als tiefe Wolke eingestuft, ihre Oberseite kann aber hoch in die Atmosphäre aufragen.

Stratus

Stratocumulus

Cumulus

Cumulonimbus

Mittelhohe Wolken
Die mittelhohen Wolken sind Nimbostratus und Altostratus, die Schichten bilden, sowie Altocumulus, der Haufen bildet. Altocumulus sieht ganz unterschiedlich aus und läßt sich nicht leicht identifizieren. Altostratus läßt den Himmel wäßrig aussehen und bringt oft Niederschlag.

Nimbostratus

Altostratus

Altocumulus

Hohe Wolken
Die hohen Wolken heißen Cirrus, Cirrostratus und Cirrocumulus. Sie bilden sich in sehr großen Höhen in der Atmosphäre, wo die Luft wenig Wasserdampf enthält, und daher sind sie sehr dünn, faserig und durchsichtig. Sie bestehen aus winzigen Eiskristallen.

Cirrus

Cirrocumulus

Cirrostratus

Den Himmel fotografieren

Ihr könnt Wolkenfotografien sammeln. Fotografiert nicht, wenn die Sonne direkt auf die Linse scheint. Falls ihr auf eure Kamera Filter aufsetzen könnt, nehmt einen Polarisationsfilter, der für besseren Kontrast sorgt. Achtung: Nie in die Sonne schauen – schon gar nicht durch eure Kamera –, da man davon blind werden kann.

Tiefe Wolken

Wolken werden nach ihrem Aussehen und der Höhe ihrer Untergrenze klassifiziert. Von der Untergrenze geht man deshalb aus, weil manche tiefen Wolken sehr flach sind, andere dagegen bis zu 13 km hoch. Die Untergrenze tiefer Wolken liegt zwischen dem Bodenniveau und 2 km Höhe. Tiefe Wolken sind Stratus, Stratocumulus, Cumulus und Cumulonimbus. Stratus ist glatt und gleichförmig. Die anderen sind haufenförmig oder cumuliform (S. 92) und stärker gegliedert.

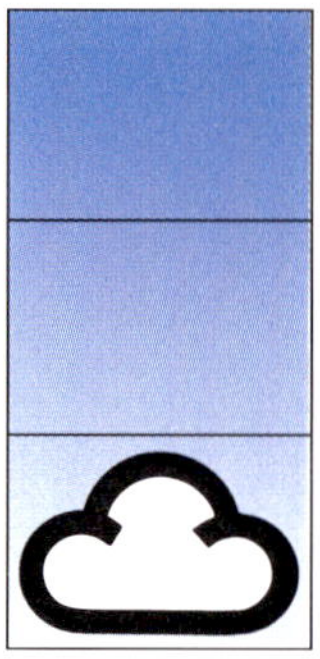

Tiefe Wolken
0 – 2 km
Die Höhe einer Wolken kann je nach Jahres- und Tageszeit sowie nach der geographischen Breite schwanken. All diese Faktoren beeinflussen nämlich die Lufttemperatur, die sich wiederum auf die Wolkenbildung und -form auswirkt.

Stratus

Die Höhe eines Stratus liegt im Bereich bis zu 600 m. Oft hüllt eine Stratuswolke Berg- oder Meeresklippenspitzen ein und heißt dann »nebulosus« (nach dem lateinischen Wort für Nebel). Sie bildet sich in stabiler Luft mit geringer oder keiner Turbulenz – daher mischt sich die Wolkenluft nicht mit der klaren Luft darüber oder darunter. Flugzeuge, die durch Stratuswolken fliegen, haben also einen relativ ruhigen Flug. Bildet sich ein Stratus in Luft, die über Bergen oder entlang einer Front aufsteigt, kann ihr Regen folgen. Gebirgsbewohner wissen, daß sie mit Regen rechnen müssen, wenn Stratuswolken auf den Bergspitzen auftauchen. Stratuswolken können sich auch nachts bilden, wenn sich feuchte Luft über Land bewegt, das abkühlt. Am nächsten Morgen ist es wolkig (sogenannter Hochnebel), doch wenn die Wassertröpfchen in der Sonne verdunsten, löst sich die Wolke bald auf, und es wird ein schöner Tag.

Stratus translucidus ▷
Ist eine Stratuswolke so dünn oder lückenhaft, daß man die Sonne durchschimmern sieht, heißt die Wolke »translucidus«.

△ ***»Falscher« Stratus translucidus***
bildet sich am Rand einer Gewitterwolke. Tatsächlich scheint die Sonne durch eine Wolkenlücke.

△ ***Dünner Nebel bildet sich über einem flachen Tal***
Hier entsteht am Ende eines schönen Abends Nebel in einem Tal, da der Boden schneller abkühlt als die feuchte Luft darüber. Nachts kann der Nebel aufsteigen und eine abgehobene Stratuswolkendecke bilden.

△ ***Gebirgstalnebel***
Eine Temperaturinversion – eine warme Luftschicht über der Wolke – bewirkt, daß dieser Stratus als Nebel in einem Gebirgstal gefangen ist. Bricht die Inversion auf, wird der Nebel steigen und eine abgehobene Wolkenschicht bilden.

Orographischer Stratus ▷
Feuchte Luft hat sich beim Aufsteigen über den Berg abgekühlt. Ihr Wasserdampf ist kondensiert und bildet eine Stratuswolke um den Gipfel.

△ ***Stratus fractus***
Reißt ein Stratus in kleine Fetzen auseinander, heißt er »fractus«. Zuweilen, wie auf diesem Foto, befinden sich über dem Stratus fractus mehr Wolken. Dieser Wolkentyp tritt in Verbindung mit schlechtem Wetter auf – das vor kurzem durchzog oder bald kommt.

Stratocumulus

Mischt sich warme, feuchte mit trockener, kühler Luft und bewegt sich das Gemisch unter warmer, leichter Luft darüber, bilden sich oft Walzen- oder Wellenwolken. Zuweilen gibt es – besonders im Sommer – Lücken, durch die die Sonne scheinen kann. Diese Wolke heißt »Stratocumulus«, Haufenschichtwolke. Sie ist grau, weiß oder eine Mischung aus beidem, gewöhnlich mit einigen dunkleren Flecken. Diese tiefe Wolke kann sehr bedrohlich aussehen, aber wenn sie nicht sehr dick ist, fällt gewöhnlich nur Nieselregen oder leichter Niederschlag daraus. Sie kann sich auch in Luft bilden, die über Bergen aufsteigen muß. Ihre Untergrenze liegt meist bei 300 m – 2000 m. Stratocumuluswolken sind zwar normalerweise keine Schlechtwetterwolken, aber ihre Anwesenheit kann darauf hindeuten, daß schlechteres Wetter im Anzug begriffen ist oder gerade abzieht.

△ ***Parallele Walzen***
Die Walzen des Stratocumulus werden durch die Bewegung von Luft verursacht. Hier sehen sie dunkel und düster aus, weil die Sonne hinter ihnen steht.

Stratocumulus bei Sonnenuntergang ▷
Diese hohe Stratocumulusbewölkung ist fast Altocumulus (S. 108) Bei Sonnenuntergang sind die Unterseiten der Walzen in Farbe getaucht, während die Wolken auf beiden Seiten schon im Schatten liegen. Die parallelen Walzenlinien liegen rechtwinklig zur Windrichtung in Wolkenhöhe. Der Wind muß leicht sein, denn starker Wind würde die Wolkenformation auseinandertreiben.

△ ***Zerrissener Stratocumulus***
Stratocumulus kann auch zu einzelnen Wolkenfetzen zerreißen, und das deutet gewöhnlich auf schönes Wetter hin. Hier eine zusammenhängende Stratocumulusschicht, die zerreißt, und bald wird es schön.

△ ***Zusammenhängender Stratocumulus***
Bildet Stratocumulus eine komplette, geschlossene Schicht – zuweilen eine dicke und dunkle Wolkendecke am Himmel –, heißt er »opacus«, die Wolke ist also undurchsichtig.

△ ***Geteilter Stratocumulus***
Nach einiger Zeit beginnt sich eine Stratocumulusschicht zu teilen, da ihre Wassertröpfchen in wärmerer Luft verdunsten. Risse tauchen in der Schicht auf, und die Stratocumuluswolke bildet einzelne Wolken.

◁ ***Schichtstratocumulus***
Bildet der Stratocumulus eine Schicht, heißt er »stratiformis«. Hier sieht man seinen Rand, der die Grenze einer Region aus warmer, absinkender Luft markiert, in der sich die Wolke entwickelt hat.

Stratocumulus aus dem Weltall ▷
Normalerweise sehen wir Wolken von unten, aber Satellitenfotos, die ein sehr großes Gebiet abdecken, enthüllen ganze Wolkenmuster. Dieses NASA-Foto zeigt ein breites Stratocumulusband, das die Grenze einer warmen Luftmasse über dem Pazifik vor der kalifornischen Küste bildet. Beachtet die parallelen Wolkenwalzen senkrecht zur Windrichtung. Meteorologen können Fronten, Tiefs und andere Wettersysteme von den mit ihnen verbundenen Wolkenmustern ablesen und die Bewegungen dieser Systeme verfolgen, indem sie Fotos wie diese miteinander vergleichen, die in Abständen von ein paar Stunden aufgenommen wurden.

Cumulus I

Weiße Quellwolken, die, wie hier rechts abgebildet, an einem schönen Sommertag über den Himmel treiben, heißen Cumulus. Sind sie klein und verstreut, gelten sie als ein Zeichen für schönes Wetter. Cumulus bedeutet »gehäuft« – diese Wolken bilden sich in Säulen aufsteigender Luft über dem Boden, die von der Sonne stark erhitzt wird, oder in Luft, die rasch zum Aufsteigen gebracht wird. Beim Aufsteigen kühlt die Luft ab, und ihr Wasserdampf kondensiert an Materieteilchen, den Kondensationskernen. Die latente Wärme der Kondensation (S. 22) erwärmt die Luft um die Tröpfchen, so daß die Luft weiter aufsteigt und mehr Wasserdampf kondensiert. Die Luft um die Wolken sinkt ab, um die aufsteigende Luft zu ersetzen. Dabei erwärmt sie sich, und Wassertröpfchen an den Rändern der Wolken können in sie hinein verdunsten. Dies begrenzt das horizontale Wachstum der Wolken.

◁ ***Tibetanischer Cumulus***
Cumuluswolken sind nicht immer klein. Diese riesige Wolke liegt über Tibet, wo kontinentale Polarluft beim Überqueren der Gebirge aufstieg und gleichzeitig durch den Kontakt mit dem sonnenbeschienenen Boden erwärmt wurde. Die Luft wurde instabil und bildet nun eine mächtig aufgetürmte Wolke.

△ ***Blumenkohlwolke***
Infolge unterschiedlicher Luftgeschwindigkeiten innerhalb der Wolke sieht die Oberseite eines Cumulus wie ein Blumenkohl aus. In hellem Sonnenschein fangen die Wölbungen das Licht ein und verstärken den Effekt, so daß die Wolke ganz weiß aussieht.

△ ***Cumulus mediocris***
Eine hohe Temperaturinversion, in der die Lufttemperatur mit der Höhe zunimmt, begrenzt das Wachstum von Cumuluswolken, weil die aufsteigende Luft auf wärmere Luft als sie selbst trifft. Dieser Cumulustyp heißt »mediocris«.

Cumulusbildung ▷
Cumuluswolken entwickeln sich weiter, solange Aufwinde feuchte Luft in eine Höhe tragen, wo Wasserdampf kondensiert und das Aufwärtswachstum nicht durch Temperaturinversion begrenzt wird. Wolken, die früh am Morgen auftauchen, wenn sich der Boden erwärmt, können am Nachmittag eine beträchtliche Größe erreichen.

◁ △ ***Fractocumulus***
Wenn Cumuluswolken sich zu bilden oder aufzulösen beginnen, können sie faserig und zerrissen aussehen. Dies nennt man »Fractocumulus« oder »Cumulus fractus« – eine in einzelne Teile zerrissene Wolke. Links tauchen kleine Fetzen von Fractocumulus zwischen größeren Wolken auf oder hängen an ihnen. Oben wirkt der Fractocumulus dunkler.

Cumulus II

△ ***Zerfallender Cumulus***
Wenn die Sonne am Ende des Tages untergeht, wird der Boden weniger stark erwärmt, so daß die Aufwinde schwächer werden und weniger Luft in eine Höhe getragen wird, in der ihr Wasserdampf zu Tröpfchen kondensiert. Langsam verdunsten die Tröpfchen, und die Wolke schrumpft.

△ ***Cumulus congestus***
Kleine Cumuluswolken verbinden sich zuweilen zu größeren und dunkleren Massen, die Cumulus »congestus« heißen. Innerhalb dieser hochaufgetürmten Wolke herrscht eine intensive vertikale Bewegung, und die Menschen unter ihr können mit einem vielleicht sehr heftigen Schauer rechnen. Unter der Wolke sind Lichtbänder, die man Dämmerungsstrahlen nennt.

Congestus und fractus ▷
Aus der Luft betrachtet, bildet Cumulus congestus eine große, aber ziemlich isolierte Wolke. An ihrer Unterseite ist sie von aufquellenden Fetzen von Cumulus fractus umgeben.

Entwicklung eines großen Cumulus ▷
Weil sich eine Cumuluswolke bildet, wenn Luft von unten erwärmt wird, kann sie sehr rasch wachsen. Innerhalb von ein paar Stunden können sich kleine »Wattewölkchen« zu mächtigen Congestus entwickeln, die einen Großteil des Himmels einnehmen. Diese Folge zeigt, wie ein Cumulus wie ein Turm nach oben wächst. Kann er wegen einer höher gelegenen Temperaturinversion nicht weiter wachsen, dehnt sich die Wolke seitwärts zu einem Pilz aus und beschattet ein großes Gebiet.

Ein mächtiger Cumulus voller Regen △
In den Tropen werden Cumuluswolken im allgemeinen größer als anderswo, weil hier eine stärkere Oberflächenerwärmung vorherrscht. Dieser anschwellende Cumulus congestus über Barbados ist 3,2 km stark und noch viel breiter. Vom Boden aus sieht Congestus wie eine hochaufragende Wand aus. Die ganz dunkle Basis deutet darauf hin, daß der Niederschlagsrand der Wolke naht und viel Regen bringen wird.

Cumulonimbus I

An einem heißen Sommertag, bei klarem Himmel und Windstille kann eine große Masse feuchter Luft fast unbeweglich über einem großen Gebiet liegen. Man empfindet dies als schwül, weil man sich nicht abkühlen kann – der Schweiß verdunstet nur langsam in die fast gesättigte Luft. Die Luft, die durch Kontakt mit dem warmen Boden erwärmt wurde, beginnt aufzusteigen. Diese Luft bildet einzelne Konvektionszellen (S. 50), in denen warme Luft durch die Zentren der Zellen aufsteigt, während kühlere an ihren Seiten absinkt. Die sich dabei bildende Wolke heißt »Cumulonimbus«. Sie ähnelt einer Cumuluswolke, türmt sich aber viel höher auf, und die Basis liegt zwischen 300 und 1500 m. Es beginnt zu regnen. In dieser sehr turbulenten Wolke steigt Luft rasch in den Konvektionszellen auf und fällt zwischen ihnen. Es werden Blitze erzeugt, und dann grollt der Donner.

◁ ***Amboßform***
Der untere Teil eines Cumulonimbus besteht aus Wassertröpfchen, die beim Aufsteigen bis zur Oberseite der Wolke gefrieren können und schmelzen, wenn sie wieder fallen. Die Amboßform beruht auf winzigen Eiskristallen, die sehr langsam fallen und schmelzen. Sie werden fortlaufend ersetzt, da weiterer Wasserdampf in Eis umgewandelt wird.

Amboß ▷
Starke Winde ziehen die Oberseite des Ambosses auseinander, und wenn sich ihre Eiskristalle mit trockener Luft vermischen, verändern sie sich, so daß die Wolke zerfasert aussieht. Obwohl Cumulonimbuswolken oft Ambosse an der Oberseite haben, kann man diese Form nur aus einer gewissen Entfernung erkennen.

◁ ***Mammatus***
Zuweilen kann man große Beulen von der Unterseite einer Wolke hängen sehen. Man nennt sie »mamma«, also »Euter«.

◁ ***Klassischer Amboß***
Wenn die Wolke auf die Tropopause (S. 18) trifft und sich dabei an der Oberseite abflacht, dehnt sie sich aus. Winde in großen Höhen können sie wie einen Amboß aussehen lassen.

△ ***Incus mammatus***
Mammae sind kleine Wolken, die sich direkt unter der Basis der größeren Wolke bilden und sich an sie hängen. Man kann sie normalerweise nur dann deutlich sehen, wenn die Sonne so tief steht, daß ihr Licht die Unterseite der Wolke oder ihres Ambosses (»incus«) erfaßt.

Cumulonimbus II

◁ ***Abgrenzender Cumulonimbus***
Aus diesem Cumulonimbus über dem Meer fällt Regen. Ein Sommergewitter wie dieses kann soviel Energie freisetzen wie eine Atombombe.

Mächtiger Cumulonimbusamboß △
Die Lufttemperatur an der Oberseite dieser Wolke beträgt etwa – 45 °C. Bei dieser Temperatur wird der durch Konvektion nach oben verfrachtete Wasserdampf in die Eiskristalle umgewandelt, aus denen dieser Amboß besteht.

Cumulonimbus ohne Amboß ▷
Nicht jeder Cumulonimbus entwickelt einen Amboß. Erreicht die aufsteigende Luft eine Schicht wärmerer Luft, hört das Wachstum der Wolke auf. Die Oberseite flacht sich ab und breitet sich nach beiden Seiten aus, und die Wolke besteht aus Wassertröpfchen statt Eiskristallen. Die weißen Streifen unter dieser Wolke zeigen an, daß Hagel oder Schnee fällt.

▽ ***Regen bei Sonnenuntergang***
Aus der großen Cumulonimbuswolke links im Bild fällt heftiger Regen, aber wenn der Boden sich abkühlt, kann sich die Wolke auflösen wie die Wolke rechts neben ihr. Morgen kann es wieder schön sein.

Cumulonimbus über Zaire ▷
Beachtet die großen Schatten, die von dieser von einem Satelliten über Zaire fotografierten Wolke geworfen werden. Vergleicht die Fläche des größten Ambosses mit der der Wolke, die ihn erzeugt. Ein Cumulonimbus ist voll entwickelt und riesig, zwei weitere nähern sich ihrer vollen Größe, und einige der großen Cumuluswolken können Cumulonimbus werden. Gewitterwolken wie diese sind über den Tropen häufiger und viel größer als anderswo, weil der Boden stärker erwärmt wird und die Tropopause am höchsten über dem Äquator ist. Das bedeutet, daß die Wolkenoberseiten eine viel größere Höhe erreichen können – bis zu 13 km und mehr.

Mittelhohe Wolken

Die Untergrenze mittelhoher Wolken liegt normalerweise zwischen 2 und 5 km; in höheren Breiten gewöhnlich tiefer als in den Tropen. Diese Wolkengruppe umfaßt Nimbostratus, Altocumulus und Altostratus. Sie sind weniger vielfältig als die tiefen Wolken, weil sie vom Einfluß der Bodenerwärmung und -abkühlung weiter entfernt sind. Wegen ihrer Höhe sind die Unterscheidungsmerkmale der mittelhohen Wolken schwer zu erkennen.

Mittelhohe Wolken* *2–5 km
Die Höhe der mittelhohen Wolkenbasen kann in verschiedenen Regionen sehr schwanken. Veränderungen in der Wolkenbildung werden von der Lufttemperatur, der geographischen Breite und der Tageszeit beeinflußt.

Nimbostratus

Wenn es an einem trüben Tag sanft, aber unaufhörlich regnet oder schneit, sind die Sonne und alle höheren Wolken hinter einer grauen Nimbostratuswolkendecke verborgen. Nimbus bedeutet »Wolke«, auch »Regenwolke« und Stratus bedeutet »Schicht« – Nimbostratus ist also eine Schichtwolke, aus der beinahe ständig Regen oder Schnee fällt. Diese graue, gleichförmige Wolke ist zwar als mittelhoch klassifiziert, aber ihre Basis kann recht tief liegen – irgendwo zwischen 600 und 2000 m. Die Schicht ist so dick, daß sie die Sonne verdeckt. Nimbostratus bildet sich, wenn stetig warme, feuchte Luft über einem großen Gebiet angehoben wird. Dies kann bei einer Warmfront, seltener bei einer Kaltfront passieren (S. 76) Normalerweise ist die Luft stabil, und in der Wolke herrschen kaum Turbulenzen, aber lokale Verhältnisse können bewirken, daß sich im Nimbostratus Cumulonimbuswolken entwickeln (S. 102).

Nimbostratus ▷
Wolkentröpfchen im Nimbostratus gefrieren bei niedriger Wolkentemperatur, und der Niederschlag kann die Wolke als Schnee verlassen. Liegt die Lufttemperatur unter der Wolke über dem Gefrierpunkt, schmilzt der Schnee, während er fällt, und erreicht den Boden als Regen.

△ ***Nimbostratusfetzen***
Nimbostratus ist oft zerrissen und heißt dann »Fractostratus«. Tiefe Fractostrati heißen »Wolkenfetzen«.

Altostratus

Eine Warmfront hat einen viel flacheren Steigungswinkel als die sie überholende Kaltfront (S. 76), und daher wird die warme, stabile Luft hinter der Warmfront ganz langsam von der kälteren Luft angehoben. Wenn die angehobene Luft etwa eine Höhe von 2 – 5 km erreicht, kann sich Altostratus aus Wassertröpfchen bilden, die eine Temperatur unter dem Gefrierpunkt aufweisen. Vom Boden aus sieht diese Altostratuswolke weiß oder hellblau und wäßrig aus. Sie kann eine durchgehende Schicht wie im Bild rechts bilden oder so aussehen, als bestünde sie aus zarten Fasern. Eine Altostratuswolke ist hell, und die Sonne ist oft durch sie hindurch zu erkennen – sie kann aber auch durch eine dicke Wolke verdeckt sein. Es kann regnen oder schneien. Eine Altostratuswolke bedeckt häufig, aber nicht immer den ganzen Himmel. An ihren Rändern oder unter ihr können andere Wolkentypen zu sehen sein.

◁ ***Altostratus translucidus***
Wenn von einem »wäßrigen Himmel« die Rede ist, dann ist damit normalerweise eine breite Schicht blasser Altostratuswolken gemeint, durch die die Sonne als heller Fleck zu sehen ist – wie durch Milchglas. Die Meteorologen nennen diesen Altostratus »translucidus«. Die Sonne ist teilweise sichtbar, weil die Wolkenschicht nicht sehr dick und der Himmel über der Wolke klar ist. An manchen Stellen ist die Wolke dicker als an anderen, und von Zeit zu Zeit kann die Sonne verschwinden, wenn sich eine dickere Schicht vor sie schiebt.

Altostratus translucidus über Fractocumulus ▷
Diese dünne Schicht von Altostratus translucidus zieht über Fetzen von Fractocumulus dahin. Die beiden Wolken können getrennten Luftmassen angehören und sich in unterschiedlicher Richtung zueinander bewegen.

Altocumulus I

Die weißen, aufgeplusterten Wölkchen, die zuweilen langsam über den Himmel treiben und wie Wattebäusche aussehen, sind Altocumuluswolken, die sich zwischen 2,5 und 5,5 km bilden, und zwar auf mehrfache Weise. Feuchte Luft wird durch Turbulenzen abgekühlt, dann leicht angehoben und gekühlt und bildet in dieser Höhe eine Wolkenschicht. Häufiger entstehen Altocumuluswolken jedoch in einer Schicht feuchter Luft, in der sanfte Luftströmungen sich wie Wellen auf dem Meer bewegen. Sobald eine Welle aufsteigt, kondensiert Wasserdampf – fertig ist die Wolke. In den Wellentälern verdunstet Wasser. Dort ist die Wolke dünner, oder der Himmel kann klar sein, und so bilden sich die Wolkenbänder, die man zuweilen sieht. Stratocumulus taucht gelegentlich abends oder frühmorgens auf und verschwindet im Laufe des Tages.

△ ***Altocumulusstruktur***
Altocumulus bildet häufig Muster, aber diese sind vielleicht nicht sehr klar, wenn die einzelnen Wolken verstreut sind wie hier. Der Himmel sieht friedlich aus, aber tatsächlich ist die Luft um die Wolken herum ziemlich turbulent.

Zerrissener Altocumulus ▷
Altocumulus kann sich aus den Überresten von Wolken bilden, die zerrissen sind. Bei einem Himmel wie diesem, der von willkürlich verstreuten Altocumuluswolken bedeckt ist, läßt sich das Wetter nur schwer vorhersagen. Hat sich die Wolke an einer Front gebildet, könnte sie langsam dicker werden und die Lücken füllen. Dann wird es wahrscheinlich regnen. Wird eine Schicht Altocumulus dünner und zerreißt sie, kann dies den Beginn einer Schönwetterperiode andeuten.

◁ ***Parallele Altocumuluswalzen***
Liegt eine Luftschicht über einer anderen von unterschiedlicher Temperatur, Dichte und Feuchtigkeit, und fließen die beiden Schichten in verschiedene Richtungen (oder in die gleiche Richtung mit unterschiedlicher Geschwindigkeit), können sich große Wellen bilden. An der kälteren Oberseite der Wellen kondensiert Wasserdampf. Sinkt Luft in die wärmeren Täler ab, verdunstet Wasser. So entstehen parallele Walzen.

Altocumulus castellatus △
Altocumuluswolken wie diese heißen »castellatus«, weil sie wie Burgtürmchen aussehen. Diese Wolken sind oft ein Vorzeichen drohender Gewitter.

◁ ***Castellatus bei Sonnenuntergang***
Im Altocumulus castellatus entsteht durch Kondensation von Wasserdampf Konvektion. Wird der Boden durch die Sonne stark erhitzt, wird diese Konvektion durch die Konvektion von unten verstärkt, und es kann zu Gewittern kommen.

Altocumulus cumulogenitus ▷
Dieser Altocumulus heißt »cumulogenitus« (»von einem Cumulus geboren«), weil der große, oben flache Cumulus seine »Mutter« ist. Ein Teil der warmen, feuchten Luft, die den Cumulus erzeugte, bewegt sich an den Seiten der Hauptwolke zwischen unterschiedlich temperierten Luftschichten auf und ab. So entsteht der Altocumulus aus der Luft und Feuchtigkeit des Cumulus.

Altocumulus II

◁ △ ***Altocumulus lenticularis***
Überquert stabile Luft einen Gebirgszug, wird sie gehoben und sinkt dann wieder auf ihr voriges Niveau ab (Föhnwetterlage). Dadurch können (Luft-)Wellen wie auf dem Meer entstehen. Altocumulus lenticularis (»linsenförmig«) entsteht auf den »Wellen-Kämmen« und nimmt zuweilen bizarre Formen an.

Mammatusstrukturen △▽
Mammae an der Basis einer durchgehenden Schicht Altocumulus können vielfältige Strukturen bilden.

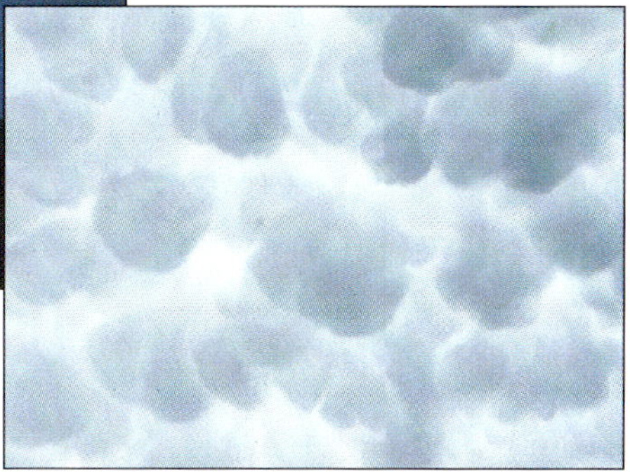

△ **Altocumulus mammatus**
Mammae – die euterähnlichen Ausstülpungen, die zuweilen an der Basis einer Wolke hängen – bilden sich auch unter Altocumuli. Ihre Anwesenheit deutet auf instabile Luft hin – dickere Cumulusschauerwolken werden sich nahen oder entfernen.

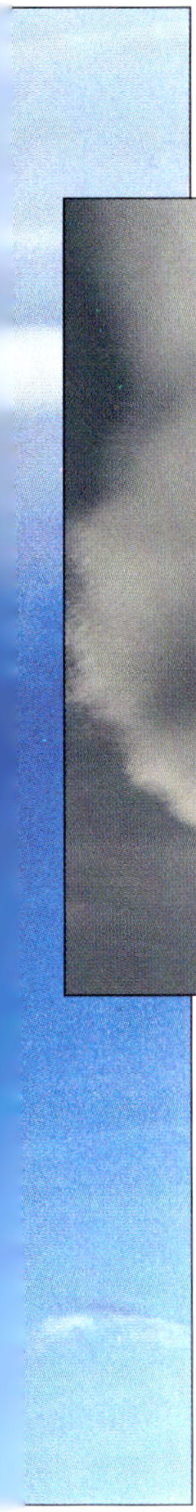

◁ △ **Linsenwelle**
Dieser »Tellerstapel« (links) hat sich in Windrichtung über einer Erhebung gebildet. Die andere Wolke (oben) bildet Wellenberge und -täler, die sich vom Beobachter wegbewegen.

Altocumulus floccus ▷
Altocumulus kann auch in Form von zerzupften Bäuschchen auftreten, die »floccus« heißen. Manchmal gehen sie einem Gewitter voraus.

Hohe Wolken

Hohe Wolken bilden sich zwischen 5 und 14 km Höhe, in höheren Breiten gewöhnlich tiefer als in den Tropen, weil die Tropopause (S. 18) dort höher ist. Die hohen Wolken – deren Namen alle mit »Cirr-« beginnen, weil sie Haarlocken (lateinisch *cirrus*) ähneln – sind Cirrus, Cirrocumulus und Cirrostratus. Sie sind genauso dünn und faserig, wie sie aussehen, und entstehen infolge der Umwandlung von Wasserdampf in Eiskristalle in sehr großer Höhe.

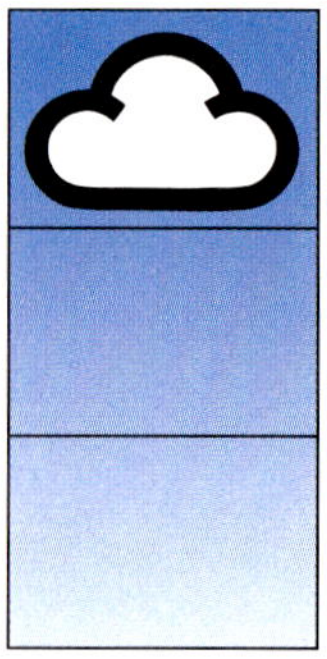

Hohe Wolken
Über 5 km
Aufgrund der Schwankungen der unteren Grenze der Tropopause, der geographischen Breite, der Lufttemperatur und der vorherrschenden Luftmassen können sich hohe Wolken in den einzelnen Regionen in unterschiedlicher Höhe bilden.

Cirrus

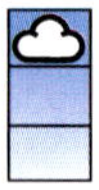

Wenn man Cirruswolken sieht, kann man sicher sein, daß die Luft sehr trocken ist, denn wenn sie feucht wäre, würden sich andere Wolkentypen in geringerer Höhe bilden. Bei einem ansonsten klaren Himmel können Cirruswolken anhaltend schönes Wetter bedeuten – aber Cirren können auch am vorderen Rand einer Warmfront auftauchen (S. 76). Nehmen Cirruswolken zu und bedecken den Großteil des Himmels, und bilden sie auch noch eine durchgehende Schicht namens »Cirrostratus«, können bald Wind und Regen folgen, wobei man sich vielleicht außerhalb der direkten Vorstoßlinie der Front befindet (und darum das schlimmste Wetter nicht abbekommt). Cirrus besteht aus fallenden Eiskristallen, die vom Wind zu Fäden auseinandergezogen werden, wie sie auf dem Bild links zu sehen sind. Je länger die Fäden, desto stärker der Wind: Seeleute sahen früher in Cirruswolken eine Sturmwarnung.

Cirrus über Norwegen ▷
Diese langen Cirrusbänder scheinen aufgrund ihrer Höhe zusammenzulaufen – aber in Wirklichkeit bilden sie parallele Linien.

△ ***Cirrus-Virga***
Fallende Eiskristalle bilden Streifen, sogenannte »Virga«. Zieht der Wind sie nicht zu Fäden auseinander, können Cirren faserig aussehen.

Cirrusformen △ ▷
Diese Cirrusformen haben viele Namen: »Federwolken«, »Büschelwolken« und »Hakenwolken«. Ihre Haken zeigen die Windrichtung in großer Höhe an.

◁ **Cirrus fibratus**
Diese Cirrusart, bei der die Fäden glatt sind, heißt »fibratus«, also »faserig«. Wegen der Perspektive scheinen diese Bänder in der Ferne zu einer durchgehenden Schicht zu verschmelzen.

Cirrus spissatus △
Cirrus spissatus ist eine dichte, kompakte Wolkenmasse. Eigentlich ist sie ein Cumulonimbusamboß (S. 102 – 105), der sich ablöste, als der Hauptkörper der Wolke zerfiel. Nun überlebt er für sich. Wegen seines Ursprungs lautet sein voller Name Cirrus spissatus cumulonimbogenitus oder »falscher« Cirrus. Das Gewitter hat sich verzogen, und dieser Cirrusrest markiert die Wetterbesserung.

◁ **Cirrus floccus**
Hier ziehen verstreute Cirrusfetzen Schwänze aus fallenden Eiskristallen hinter sich her. Der Himmel ist durch Lücken in den Wolken sichtbar, so daß die Wolke zerrissen aussieht, wie Baumwolle, die zu »Flocken« zerzupft ist – daher der Name Cirrus floccus. Sie sehen zuweilen wie kleine Cumuluswolken aus.

Cirrocumulus

Ein Feld oder eine Schicht von Wolken, die aus winzigen Einzelwölkchen in großer Höhe bestehen, heißt Cirrocumulus. Solche Wölkchen können ein regelmäßiges gesprenkeltes oder welliges Muster bilden. Diese hohen »Schäfchenwolken« bedeuten meist, daß unbeständiges Wetter im Anzug ist. Wie alle hohen Wolken bestehen auch Cirrocumuli aus Eiskristallen. Sie bilden sich, wenn Cirrus- oder Cirrostratuswolken sanft von unten erwärmt werden. Das bewirkt, daß Luft in der Wolke aufsteigt und absinkt. Einige Eiskristalle verwandeln sich in Wasserdampf, und es entstehen Lücken. Cirrocumuli sind nicht immer von Altocumuli (S. 108) zu unterscheiden. Sie haben keine Schattierung (wie Altocumuli normalerweise), und wegen ihrer großen Höhe sind ihre Wölkchen viel kleiner als die von Altocumulus.

◁ ***Cirrocumulus und Cirrostratus***
Dieses kleine Cirrocumulusfeld liegt unter einem Cirrostratusfeld. Der Cirrocumulus wird vom Wind zu Mustern auseinandergezogen. Diese Wolke ist sehr zerrissen und kann bald verschwinden.

Falsche Cirrocumuli △
Kondensstreifen von Flugzeugen bilden sich, wenn sich der Wasserdampf der Abgase in Eis verwandelt, und sich allmählich ausbreitet.

Wellen am Himmel △
Dieser Cirrocumulus bedeckt einen Teil des Himmels. Dieser Typus unterscheidet sich von Cirrostratus (S. 115) durch die Wellenstruktur und von Altocumulus durch die Größe der Wellen.

Cirrostratus

Cirrostratus kann den Himmel als durchgehende, gleichförmige Schicht bedecken, sieht aber oft faserig aus. Die Wolke ist so dünn, daß sie fast durchsichtig ist. Man kann die Sonne oder den Mond durch sie sehr viel klarer erkennen als durch Altostratus (S. 107), und auf diese Weise lassen sich beide Wolkentypen am leichtesten voneinander unterscheiden. Auch wenn die Sonne oder der Mond von einem Halo (S. 183) umgeben ist, dann ist die Wolke fast sicher eine Cirrostratus. Es lohnt sich, sie zu beobachten, da sie oft wechselhaftes Wetter signalisiert. Bildet sie sich aus einer zunehmend dicker und zusammenhängender werdenden Cirruswolke, kann sie von Altostratus abgelöst werden, gefolgt von tiefer Bewölkung und feuchtem Wetter. Treten in Cirrostratuswolken Lücken auf, so daß sie sich langsam in Cirrocumuli verwandeln, wird es vermutlich schön und für mehrere Tage trocken bleiben.

◁ ***Cirrostratus in der Abenddämmerung***
Hier eine typische Cirrostratuswolke. Sie bildet einen dünnen, faserigen Schleier, durch den die Sonne klar zu erkennen ist. Darunter befindet sich ein kleines Feld Stratocumulus. Stellt euch ein riesiges Brett vor, das vor euch auf dem Boden liegt. Hebt den euch zugewandten Rand um 1° an. In diesem Winkel nähert sich eine Warmfront (S. 76). Warme Luft steigt über einer kälteren Luftmasse auf. Der Stratocumulus ist in der kalten Luft unter und vor der Front, Cirrostratus in der warmen Luft dahinter. Der Steigungswinkel der Front ist so flach, daß der Cirrostratus erst nach mehreren Stunden von nachfolgenden Altostratus-, Nimbostratus- und tiefen Stratuswolken abgelöst wird.

Halo um die Sonne ▷
Ein Halo wie dieser, der häufig bei Cirrostratus auftritt und oft Regen ankündigt, wird durch Brechung oder Beugung von Licht in oder an Eiskristallen verursacht. Wie bei einem Regenbogen, wenn auch weniger stark, wird das Licht in einzelne Farben zerlegt.

Atmosphärische Phänomene I

Ganz selten tauchen merkwürdige Lichter oder Formen am Himmel auf. »Luftschlösser« schweben hoch oben dahin, ein riesiges, schimmerndes Kreuz hängt weit über dem Boden, oder zwei Sonnen scheinen in gleicher Höhe, aber ein wenig voneinander entfernt zu stehen. Diese Phänomene werden durch die Reflexion oder Brechung oder Beugung von Licht (S. 20) an oder in Wassertröpfchen oder Eiskristallen verursacht, oder durch Lichtstrahlen, die Luftschichten von unterschiedlicher Dichte passieren. Der Schatten eines Flugzeugs, den die Sonne auf Wolken wirft, oder eines Menschen auf einer Nebelbank kann von farbigen Ringen wie von einem Regenbogen umgeben sein. Dies ist ein Kranz. Für all diese Phänomene gibt es eine Erklärung.

Dampfstreifen △ ▷
Dampf- oder Kondensationsstreifen (kurz Kondensstreifen) werden durch Flugzeuge erzeugt, die in großer Höhe fliegen. In sehr kalter Luft wird der Wasserdampf in Flugzeugabgasen zu Eiskristallen, ehe er sich auflösen kann, so daß sich eine Wolkenlinie über den Himmel hinzieht. Der niedrige Druck in kleinen Wirbeln an den Flügelspitzen des Flugzeugs kann ebenfalls Wasserdampf kondensieren oder gefrieren lassen, so daß die rechts gezeigten Formen entstehen.

Sich ausbreitende Streifen △
Kondensstreifen können sich oft weit über den Himmel ausbreiten.

◁ ***Dämmerungsstrahlen***
Steht die Sonne tiefer am Himmel als die Wolken, können Lichtstrahlen durch Lücken in den Wolken dringen. Werden diese Lichtbänder von Rauch- oder Staubteilchen oder Wassertröpfchen reflektiert, sehen sie wie riesige Sonnenstrahlen aus. Diese Strahlen heißen Dämmerungsstrahlen.

◁△ ***Nebensonne***
Nebensonnen oder Nebensonnenhalos treten häufiger in sehr hohen Breiten als anderswo auf. Sie entstehen bei der Brechung von Licht durch Eiskristalle und sind oft gleichzeitig mit einem Halo zu sehen. Aus dem gleichen Grund gibt es zuweilen auch Nebenmonde.

△ ***Eisbogen vor Nordkanada***
Ein Eisbogen entsteht auf die gleiche Weise wie ein Regenbogen (S. 36), aber durch Eiskristalle statt durch Wassertröpfchen. Die kleinen Teilchen lassen die Farben ineinander übergehen, so daß der Bogen weiß ist.

Halo um die Sonne ▷
Halos um Sonne oder Vollmond werden durch Brechung von Licht an Eiskristallen erzeugt.

△ ***Kränze über Wolken***
Kränze werden durch die Beugung von Sonnenlicht in Richtung des Beobachters durch kugelrunde Wolkentröpfchen erzeugt.

Atmosphärische Phänomene II

◁ △ ***Fallstreifen***
Niederschlag, der aus einer Wolke fällt, aber verdunstet, bevor er den Boden erreicht, heißt Virga oder Fallstreifen. Er sieht aus wie Haarsträhnen im Wind. Virga aus Altocumulus (oben) oder Cirrus (links) besteht aus winzigen Eiskristallen. In der Cirruswolke brechen sie das Sonnenlicht, so daß die Wolke hell erstrahlt. Dies ist eine Nebensonne.

Nebensonne ▷
Die durch die Schleier aus dieser cirriformen Wolke gebrochenen Wellenlängen haben eine orangefarbene Nebensonne erzeugt.

◁ ***Virga aus tiefen Wolken***
Auf dem Meer kann man schlechtes Wetter oft lange, bevor es da ist, aufziehen sehen. Hier wirft eine tiefe Cumuluswolke ihren Schatten übers Meer, und ein Schauer fällt aus ihr. Der Regen erreicht jedoch nicht die Oberfläche, weil unter der Wolke die Taupunkttemperatur so niedrig ist, daß der Regen verdunstet. Aufsteigende Luft kann den Wasserdampf wieder nach oben befördern, wo er dann verdunstet und neue Wolken bildet.

△ ***Irisierende Wolke***
Die winzigen Teilchen in der Oberschicht dieses Cumulonimbus capillatus fangen das Sonnenlicht ein und beugen es, so daß die Wolke leicht gefärbt aussieht. Dieses »Irisieren« tritt ziemlich häufig bei mittelhohen Wolken auf.

◁ △ ***Farbige Wolken***
Das Irisieren ruft wunderschöne Effekte hervor. In diesen Altocumuluswolken ist es vermutlich durch Beugung von Sonnenlicht durch unterkühlte Wassertröpfchen entstanden. Die Farben hängen teils von der Tröpfchengröße, teils vom Winkel, der Wolke, Sonne und dem Standpunkt des Beobachters ab. Am häufigsten sieht man Rot und Grün, aber zuweilen – wie hier – sind Teile der Wolke blau oder gelb.

Purpurdunst △
Ist die Sonne direkt unter den Wolken, bildet sich ein purpurfarbenes irisierendes Band.

KLIMA

Eisblumen und Schlammlabyrinthe
Wasser kann in allen geographischen Breiten zu Eis werden – selbst am Äquator, wo hohe Berge von Schnee bedeckt sein können. Diese an einem Fenster fotografierten Eisblumen (oben) entstanden dadurch, daß feuchte Luft in Kontakt mit kaltem Glas kam. In den Subtropen erzeugt sinkende trockene Luft Wüsten. Hier das Death Valley in Kalifornien, wo anhaltende Dürre und hohe Temperaturen den Boden ausgetrocknet haben, so daß er geschrumpft ist und Risse bekommen hat.

Das Wetter, das die meiste Zeit in einem großen Gebiet der Erde herrscht, heißt Klima. Auf der Erde gibt es viele verschiedene Klimate – von den Äquatorregionen, wo heftiger Regen fällt und die Temperatur ständig hoch ist, bis zu den sehr trockenen und extrem kalten Polargebieten. Zwischen diesen entgegengesetzen Klimatypen liegen jene, die Grasländer, sommergrüne Laubwälder – wie in Europa oder im Osten der USA – sowie den riesigen Nadelwaldgürtel, die sogenannte Taiga, entstehen lassen, der Nordkanada, Nordeuropa und das nördliche Asien bedeckt. Außerdem gibt es noch subtropische Wüstenklimate und Gebirgsklimate.

KLIMATE DER WELT

Klima ist das Wetter, das im Durchschnitt über einen langen Zeitraum herrscht. Die Wissenschaft vom Klima nennt man Klimatologie. Klimatologie und Meteorologie überschneiden sich, weil eine Wissenschaft auf der anderen aufbaut. Wenn ihr euer Klima und das anderer Orte versteht, erfahrt ihr gleichzeitig etwas über die Gründe für das Wetter, das ihr täglich erlebt. Klimate unterscheiden sich voneinander durch spezifische Eigenschaften, die ziemlich extrem sein können.

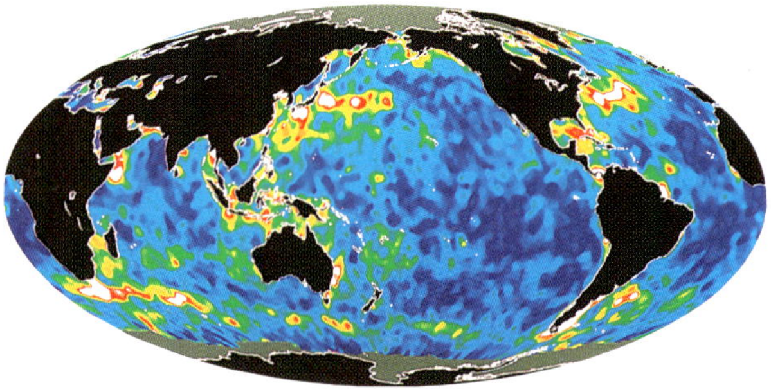

Meeresströmungen
Auf diesem Satellitenfoto sehen die Meeresströmungen (S. 132) rot, gelb oder weiß aus. Der Kuroschiostrom vor Japan und der Golfstrom im Nordatlantik befördern warmes Wasser nach Norden.

Die ganze Welt läßt sich auf der Basis verschiedener Pflanzengruppen in große Regionen einteilen. Was dort wächst, hängt großenteils vom Klima ab, so daß die Vegetationszonen den Klimazonen sehr ähnlich sind (ohne jedoch identisch mit ihnen zu sein, da Pflanzen auch von den Gesteinsarten beeinflußt werden, aus denen der Boden besteht). Wenn man weiß, welche Pflanzen in einer Region wachsen, weiß man auch etwas über ihr Klima.

Klimazonen

Sambia im tropischen Afrika südlich des Äquators ist größtenteils eine Graslandschaft, die Savanne heißt. Die Savanne ist nicht überall gleich. An manchen Orten wachsen die Bäume dichter beieinander, so daß der Eindruck eines recht offenen Waldes entsteht. Andernorts können nur Sträucher und verkümmerte Bäume den langen, trockenen Winter überstehen. Hier und da haben kleine Akazien ihre Blätter behalten. Akazien gedeihen am besten in sehr heißem Wetter. Von ihren Blättern verdunstet kaum Wasser, so daß sie eine Dürre gut überstehen. Wenn im November der Sommer beginnt, fängt die Regenzeit an. Leere Wasserlöcher füllen sich, tiefliegendes Land wird überschwemmt, und im Boden ruhende Samen keimen. Für kurze Zeit ist der Boden mit Blüten übersät. Dann welken sie, und Gräser nehmen ihren Platz ein und wachsen bald sehr hoch. Große Tierherden tauchen auf ihrer jährlichen Wanderung auf, um die reichliche Nahrung abzuweiden, begleitet von den Raubtieren, die Jagd auf sie machen. Nördlich der sambischen Savanne liegt das Kongobecken, wo es das ganze Jahr regnet und die Vegetation aus tropischem Regenwald besteht. Südlich der Savanne ist die Kalahariwüste, und noch weiter südlich – an der Spitze von Südafrika – herrscht ein Klima mit nassen Wintern und trockenen, warmen Sommern, etwa wie in den Mittelmeerländern. Dieses Klima- und Vegetationsmuster wiederholt sich nördlich und südlich des Äquators auf der ganzen Erde. In Afrika und Asien sind die Wüsten der Nordhalbkugel die Sahara, die Arabische Wüste und die Gobi. In Nordamerika befinden sich Wüsten in Mexiko und im Südwesten der USA. Jenseits der Wüsten liegen Wälder und Grasländer – in Nordamerika heißen sie Prärien und in Zentralasien Steppen. Weiter nördlich erstreckt sich ein breiter Gürtel von Nadelwäldern über Teile von Kanada, Europa und Asien. Jenseits davon liegen die Tundra und die hohe Arktis, wo die Oberfläche ständig von Eis und Schnee bedeckt ist. Auf der Südhalbkugel gibt es kaum Nadelwald oder Tundra, weil nur die Spitze von Südamerika und ein paar kleine Inseln im Südmeer in den geographischen Breiten liegen, wo sie vorkommen, und die Antarktis ist von dicken Eisschichten bedeckt.

Regenmesser
Mit diesem Regenmesser wird die tägliche Regenmenge gemessen. In einem feuchten Klima kann es an einem Tag genauso viel regnen wie in einem trockenen Klima in einem Jahr.

Psychrometer
Dies ist ein altes Psychrometer, mit dem man die Luftfeuchtigkeit mißt. Feuchtigkeit ist wichtig für das Klima, weil die Wasserdampfmenge in der Luft die Bildung von Wolken und Niederschlägen regelt.

Warum das Klima verschieden ist

Die Entfernung vom Äquator ist nicht der einzige Faktor, der das Klima und damit die Vegetation einer bestimmten Region beeinflußt. So ist etwa Hannover genauso weit vom Äquator entfernt wie die Goose Bay in Labrador und der Baikalsee in Sibirien, so daß alle drei Orte vielleicht ein ähnliches Klima haben könnten. Aber Hannover hat ein viel wärmeres Klima als die anderen beiden Gegenden. Der Baikalsee liegt viel höher als Hannover oder die Goose Bay, die beide nicht viel über Meereshöhe liegen, doch das allein erklärt noch nicht den Unterschied. Labrador liegt ein wenig näher am Äquator als Norddeutschland, aber Labrador ist viel kälter als Norddeutschland. Dies liegt daran, daß eine warme Meeresströmung – der Golfstrom – an der Küste von Nordwesteuropa vorbeifließt, während eine kalte Strömung an der Nordostküste von Nordamerika südwärts fließt. Warme Strömungen lassen die Temperatur der Luft über ihnen ansteigen, was wiederum die Lufttemperaturen über dem Land am Ozean ansteigen läßt, wenn die vorherrschenden Winde über das Land wehen. Auf die gleiche Weise kühlen kalte Strömungen das Land ab.

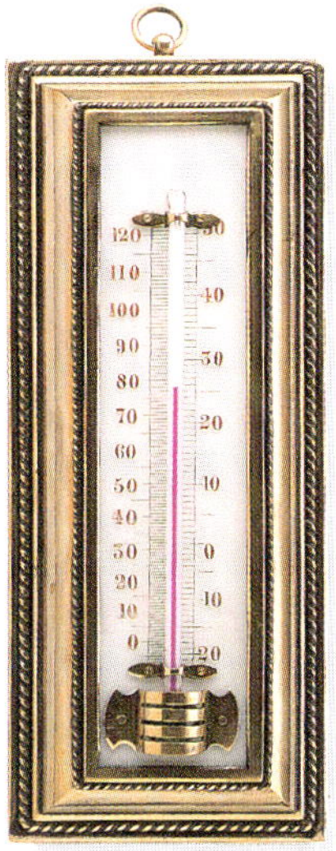

Temperaturen messen
In einzelnen Klimazonen können die Temperaturen gewaltig schwanken.

Globale Windsysteme

Das Klima wird von diesen Meeresströmungen ebenso beeinflußt wie von den herumwandernden Luftmassen und von den unterschiedlichen Mengen an Feuchtigkeit, die sie enthalten. Einer der ersten Autoren, die erklärten, wie diese »Maschine« funktionieren könnte, war der normannische Philosoph Wilhelm von Conches (um 1080–1154). Er behauptete, die Winde würden durch Kollisionen zwischen Meeresströmungen, die sich in entgegengesetzter Richtung bewegten, sowie zwischen den Strömungen und den Landmassen hervorgerufen. Tatsächlich treiben die Winde die meisten Strömungen an, statt umgekehrt, aber Wilhelm von Conches hatte recht, als er erklärte, daß die Atmosphäre und die Ozeane insgesamt zirkulieren würden, angetrieben von physikalischen Kräften statt von Geistern oder Dämonen, und diese Zirkulation erzeugt das Klima.

In den Zeiten, als man die Welt mit Segelschiffen erkundete und mit ihnen Handel trieb, waren Winde und Strömungen äußerst wichtig. Die Winde am Äquator, die auf der Nordhalbkugel von Nordosten und auf der Südhalbkugel von Südosten wehen, heißen englisch »trade winds« – die Passatwinde (S. 130). Der englische Astronom Edmund Halley (1656–1742) versuchte diese Winde damit zu erklären, daß warme Luft am Äquator aufsteige und durch kühlere Luft aus höheren Breiten ersetzt werde. Er hatte zum Teil recht, aber die von ihm beschriebene Zirkulation würde nördliche und südliche Winde erzeugen, doch die Passatwinde wehen von Nordost und Südost. Erst George Hadley (1685–1768), nach dem die Konvektionszellen benannt sind, die die Passatwinde antreiben, mutmaßte, daß die Erdrotation für die Richtung der Passatwinde verantwortlich sei.
Das Klima verändert sich die ganze Zeit. Das subtropische Klima wie das Klima in mittleren Breiten wird stark beeinflußt von den Strahlströmen – starken Westwinden in großer Höhe auf beiden Halbkugeln. El Niño, eine Richtungsänderung der Passatwinde und der Pazifikströmungen, tritt alle paar Jahre auf und beeinflußt das Wetter und das Klima über einem großen Teil der Erde. Die Wissenschaft sucht noch nach einer vollständigen Erklärung dafür, warum El Niño auftritt.

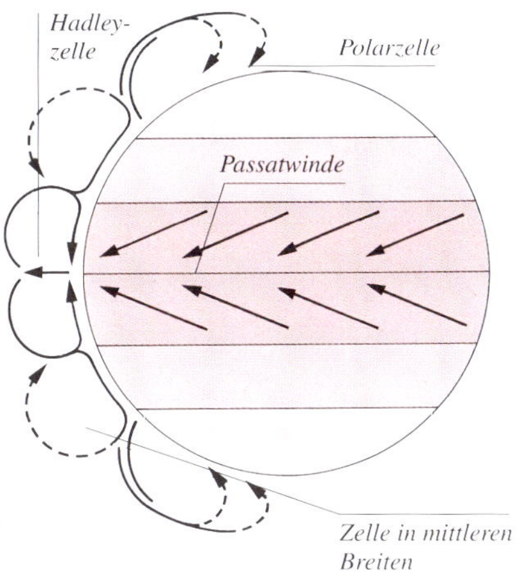

Das Dreizellenmodell
Die Hadley-Konvektionszelle in den Tropen treibt die Passatwinde an (S. 130). Kaltluft fließt von den Polen ab und wird durch wärmere Luft ersetzt. Diese Luftbewegungen beeinflussen das Klima.

Langfristige Veränderungen

Das Klima ändert sich auch langfristig. Gegenwärtig befinden wir uns in einer Zwischeneiszeit, einer Pause zwischen dem Ende einer Eiszeit und dem Beginn einer neuen. Überall hat es früher ein Klima gegeben, das sich von unserem heutigen stark unterschied. Eiszeiten bewirken langfristige Veränderungen, aber geringe Klimaveränderungen können durch die riesigen Mengen von Staub und kleinen Teilchen verursacht werden, die bei Vulkanausbrüchen und Meteoriteneinschlägen hoch hinauf in die Atmosphäre gelangen. So brachte etwa der Ausbruch des philippinischen Vulkans Pinatubo im Jahre 1991 einem Großteil der Erde 1992 kühleres Wetter. Einige Klimate werden bereits durch die Umweltverschmutzung beeinflußt, und viele Wissenschaftler befürchten, daß sich dadurch einmal das Klima auf der ganzen Welt ändern kann. Auch eine globale Erwärmung der ganzen Erdatmosphäre durch das Verbrennen von Öl und Kohle und das dabei entstehende Kohlendioxid wird befürchtet – der sogenannte Treibhauseffekt.

Die Umweltverschmutzung *stellt eine ernste Bedrohung der meisten Klimazonen dar. Fabriken wie diese müssen so umgerüstet werden, daß ihr Schadstoffausstoß nachläßt.*

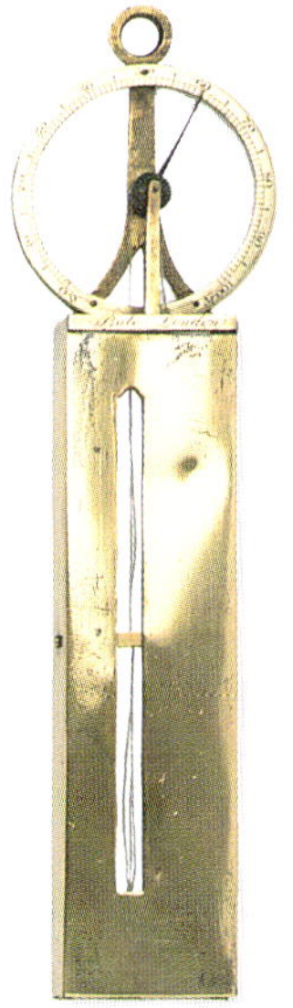

Haarhygrometer
Das Haarhygrometer wie das oben abgebildete wurde im 17. Jahrhundert erfunden und wird noch heute verwendet. Und so funktioniert es: Wenn die relative Luftfeuchtigkeit steigt, dehnt sich ein Menschenhaar aus. Bei Klimaänderungen kann die durchschnittliche Feuchtigkeit rapide schwanken.

Globale Konvektion und Konvektionszellen

1735 stellte der englische Wissenschaftler George Hadley (1685 – 1768) die Theorie auf, daß am Äquator die Luft durch den Kontakt mit der Erdoberfläche stark erhitzt wird und daher aufsteigt, sich vom Äquator fortbewegt und in sehr großer Höhe abkühlt. An ihrer Stelle fließe subtropische Luft zum Äquator hin, und diese Bewegung erzeuge die Passatwinde. Hadley bemerkte selbst, daß nach dieser Erklärung die Winde genau aus Süden oder Norden wehen müßten. Er erklärte die Abweichung nach Ost richtig mit der Erdrotation, obwohl er den Corioliseffekt (S. 75) noch nicht kannte. Die aufsteigende Luft verliert ihre Feuchtigkeit, kühlt ab und sinkt über den Subtropen ab, wobei sie sich durch Kompression erwärmt. Dies ist eine Hadley-Zelle. Luft- und Meeresströmungen transportieren Wärme vom Äquator weg und bringen Kaltluft und kaltes Wasser zum Äquator.

Hadley-Zellen

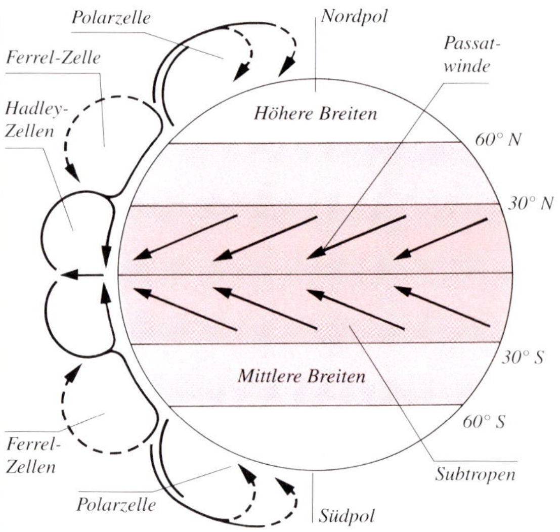

Dieses Dreizellenmodell zeigt das allgemeine Muster der Luftzirkulation. Auf der Nord- wie der Südhalbkugel steigt Luft am Äquator auf und sinkt in den Subtropen ab. Diese Konvektionszellen heißen Hadley-Zellen. Die subtropische Luft kehrt teils zum Äquator zurück, teils wandert sie in höhere geographische Breiten ab. In den Polarzellen sinkt kalte Luft ab und fließt vom Pol weg. Diese Luft trifft auf subtropische Luft aus den mittleren Breiten, die als Warmluft die sogenannten Ferrel-Zellen antreibt.

EXPERIMENT

Eine Hadley-Zelle erzeugen

Bei diesem Experiment sollte ein Erwachsener mithelfen.

Hadley-Zellen sind zwar sehr groß, aber ihr könnt in kleinem Maßstab demonstrieren, wie sie funktionieren. Erhitzt eine Schüssel Wasser an den Rändern und kühlt sie in der Mitte ab. Es bilden sich Konvektionszellen, wenn warmes Wasser aufsteigt, sich zur Mitte der Schüssel bewegt, gekühlt wird und dann zu den Seiten zurückkehrt, wo sie erneut erwärmt wird.

IHR BRAUCHT

Blechdose • feuerfeste Glasschüssel • Kartoffelmehl • Lebensmittelfarbe • Kerzen • Eis • Ziegelstein

1 Stellt die Schüssel auf den Ziegel, und füllt sie mit gefärbtem Wasser, das mit dem weißen Kartoffelmehl kontrastiert.

2 Füllt die Dose mit Eis, und stellt sie in die Mitte der Schüssel. Streut Kartoffelmehl ins Wasser.

3 Stellt die Kerzen gleichmäßig um den Rand der Schüssel auf, und bittet einen Erwachsenen, sie anzuzünden. Das Mehl bewegt sich, wenn das Wasser erhitzt und dann abgekühlt wird. Es nimmt Wasser auf und quillt, so daß der Effekt deutlicher zu sehen ist.

EXPERIMENT

Zirkulierende Luft

Wenn warme Luft aufsteigt, wird kühlere Luft nach unten gezogen, um sie zu ersetzen, so daß eine ständige Luftbewegung entsteht. Dies ist eine Konvektionszelle. Die Bewegung einer solchen Zelle könnt ihr leicht mit Hilfe von Rauch demonstrieren.

IHR BRAUCHT: • Pappe • Räucherstäbchen • Klebeband • Kerze • Schere • Modelliermasse • durchsichtigen Behälter

Bei diesem Experiment sollte ein Erwachsener mithelfen.

1 Schneidet zwei 5 x 5 cm große Quadrate aus zwei Ecken der Pappe aus. Klebt die Pappe in die Mitte des Behälters.

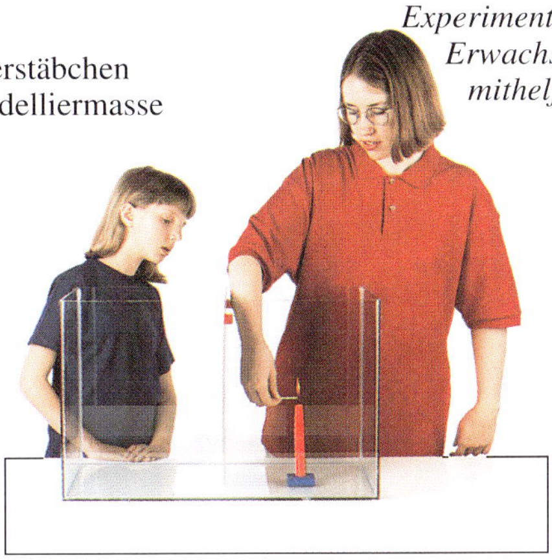

2 Der Behälter ist nun in zwei Abteile geteilt, die unten an der Trennwand Öffnungen haben. Stellt die Kerze auf eine Seite, und bittet den Erwachsenen, sie anzuzünden.

3 Bittet den Erwachsenen, das Räucherstäbchen anzuzünden. Haltet es ins Abteil ohne Kerze, und beobachtet, was mit dem Rauch passiert. Er wird bald nach unten durch die Löcher ins »kühle« Abteil fließen und dann aufsteigen, da er erwärmt wird.

EXPERIMENT

Dichten verändern

Öl und Wasser vermischen sich nicht. Da Öl leichter ist, schwimmt es auf dem Wasser. Wird Wasser erhitzt, nimmt seine Dichte ab. Wird die Dichte geringer als die des Öls, wird das Wasser durch das Öl aufsteigen und abkühlen, so daß seine Dichte wieder größer wird als die des Öls, und dann sinkt es wieder. Dies demonstriert, wie Luft sich in der Atmosphäre verhält, wenn sie durch Konvektion erhitzt wird.

IHR BRAUCHT
• Kerze • Salatöl • hitzebeständiges Gefäß • Modelliermasse • Lebensmittelfarbe • 2 Ziegelsteine

Bei diesem Experiment sollte ein Erwachsener mithelfen.

1 Füllt das Gefäß bis etwa 7 cm unter dem Rand mit Wasser. Färbt es. Erhöht den Wasserspiegel etwa um 5 cm mit Öl.

2 Stellt die Kerze zwischen die beiden Ziegel, und bittet einen Erwachsenen, sie anzuzünden. Stellt das Glas mit dem Wasser und Öl vorsichtig auf die Ziegel und über die Flamme, ohne das Öl zu bewegen.

3 Laßt das Gefäß ein paar Minuten stehen, so daß die Kerze den Inhalt erwärmen kann. Was passiert mit dem Öl und dem Wasser?

Strahlströme und Rossby-Wellen

Die Lufttemperatur nimmt vom Äquator zu den Polen hin ab, und die Windgeschwindigkeit in den höheren Luftschichten ist proportional zur Geschwindigkeit, in der sich die Temperatur ändert. Am extremsten ist dies dort, wo polare und tropische Luftmassen aufeinandertreffen: an der Polarfront, und wo sich äquatoriale und subtropische Luftmassen begegnen. In diesen Regionen wehen oft besonders starke schmale Windgürtel, die sogenannten Strahlströme (englisch »jetstreams«). Der Polarfront-Strahlstrom ist weniger konstant als der der Subtropen, aber stärker – zwischen 160 und 240 km/h schnell, zuweilen über 320 km/h.

Wie Rossby-Wellen entstehen

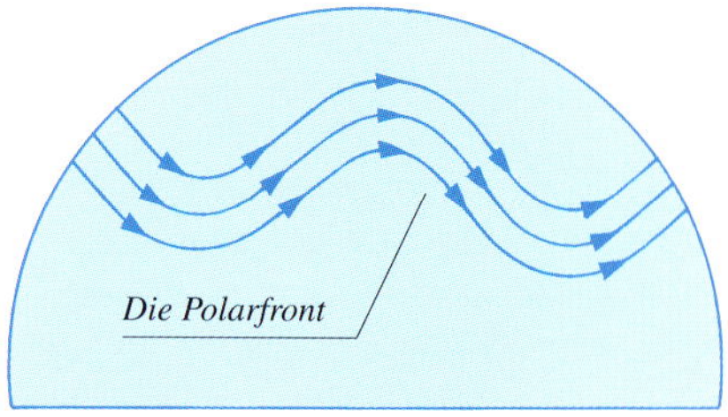

Die Polarfront verändert sich
Auf jeder Halbkugel wehen Winde in großer Höhe von West nach Ost. Entlang der Strahlströme bilden sich Wellen in den Winden.

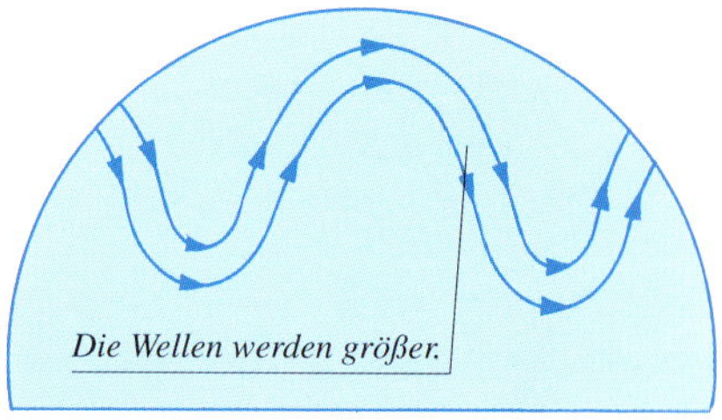

Die Front schwankt
Allmählich werden diese Wellen ausgeprägter, und an der Front bilden sich Wirbel. Die Luft dreht sich um eine Achse.

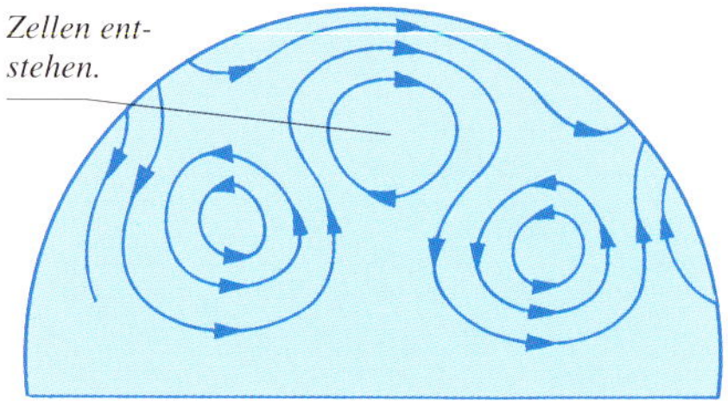

Zellen bilden sich in der oberen Atmosphäre
Schließlich werden die Wellen rotierende Zellen, die einige Zeit bestehen und Wettersysteme in geringer Höhe unter ihnen blockieren. Diese Rossby-Wellen wurden 1940 von dem Meteorologen Carl-Gustav Rossby (1898–1957) entdeckt.

EXPERIMENT

Schnelle Strahlströme

Außer am Äquator neigen Luft und Wasser, die sich horizontal bewegen, zur Bildung eines Wirbels oder Strudels. Das liegt teils am Coriolis-Effekt (S. 74), teils an der Eigenbewegung im Verhältnis zur Erdoberfläche. Wegen dieser Wirbelbildung entwickeln sich in einem vom oder zum Äquator abgelenkten Strahlstrom oft Wellen, die kreisförmige Muster bilden, wie etwa Tief- und Hochdruckgebiete auch. Laßt einen Wasserstrom durch einen Behälter mit Wasser fließen, und beobachtet, wie dies geschieht.

IHR BRAUCHT
- Lebensmittelfarbe • Wasser • Schüssel • Plastikschlauch • 2 Waschschüsseln

1 Stellt die Waschschüsseln nebeneinander. Dreht eine verkehrt herum, und füllt die andere zur Hälfte mit Wasser. Stellt eine Schüssel mit gefärbtem Wasser auf die umgestülpte Schüssel.

2 Legt ein Ende des Plastikschlauchs auf den Boden der Glasschüssel. Saugt das Wasser sacht durch das andere Schlauchende an, um es aus der Schüssel zu heben.

3 Haltet nun das Schlauchende horizontal etwa 1 cm unter die Wasseroberfläche. Schwenkt es sacht an einem Ende der Schüssel hin und her, damit das Muster sichtbar wird.

EXPERIMENT

Wellen erzeugen

Strahlströme und Rossby-Wellen scheinen weit weg zu sein, da sie 10 km oder höher über der Erdoberfläche in mittleren Breiten auftreten, aber sie beeinflussen unser Wetter sehr. Häufig bilden sich Tiefs unter Rossby-Wellen und werden von ihnen in östlicher Richtung gezogen – besonders im Winter, wenn die Strahlströme am stärksten sind. Bleibt die Zelle stationär, wird sich das Wetter an der Oberfläche erst ändern, wenn das Fließen wieder beginnt. Strahlströme und Rossby-Wellen werden von atmosphärischen Konvektionszellen erzeugt. Diese Bewegung könnt ihr in Wasser demonstrieren.

Das Zentrum eines Strahlstroms in großer Höhe

Strahlströme sind eine Art Zylinder aus schnell bewegter Luft über einer Front, bei der tropische Luft auf Polarluft aufliegt. Da der Luftdruck in kalter Luft mit der Höhe schneller abnimmt als in warmer, bildet die Front eine Art »Stufe«. Parallel zu dieser weht der Strahlstrom.

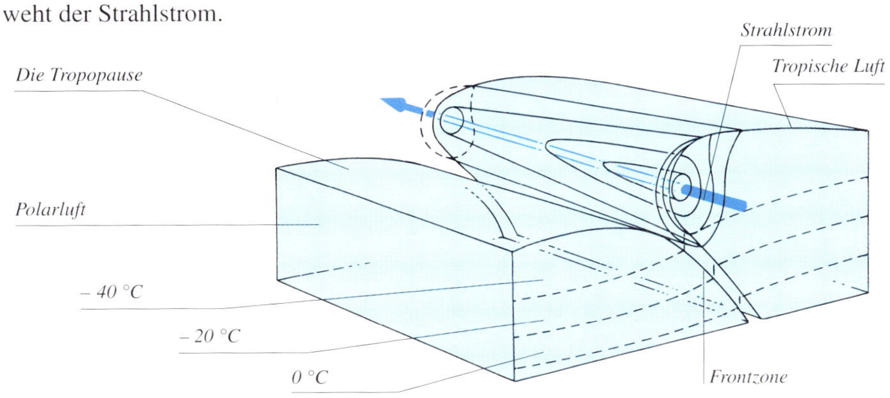

IHR BRAUCHT

- hitzefestes Gefäß mit geraden Wänden
- Töpferscheibe
- Zündhölzer
- Modelliermasse
- Kerzen
- Kartoffelmehl
- Eis
- Lebensmittelfarbe
- Blechdose

Bei diesem Experiment sollte ein Erwachsener mithelfen.

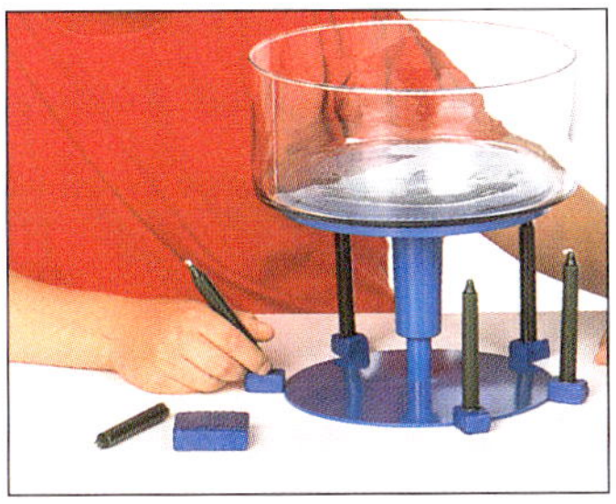

1 Setzt das Glasgefäß auf die Töpferscheibe, und stellt die Kerzen um die Basis auf.

2 Stellt die Dose in die Mitte des Gefäßes, und füllt sie mit Eis. Gießt das gefärbte Wasser ins Gefäß. Streut etwas Kartoffelmehl gleichmäßig in einer dünnen Schicht um die Dose.

3 Bittet einen Erwachsenen, die Kerzen anzuzünden. Sie liefern die Wärme zur Bildung von »Mini-Hadley-Zellen« im Wasser. Die Strömungen im Wasser zeigen sich an den Kartoffelmehlklümpchen.

4 Sobald sich die »Hadley-Zellen« im Wasser zu bilden beginnen, dreht ihr die Schüssel langsam wie die Erde. Was passiert mit den Zellen?

Salz und Meerwasser

Löst sich Salz in Wasser auf, ändert sich das Volumen der Lösung nur wenig – daher nimmt die Dichte zu, weil sich nun im selben Raum mehr Teilchen befinden. Wasser wird auch dichter, wenn es sich abkühlt, weil die Teilchen enger zusammengedrängt sind. Seine größte Dichte erreicht es bei 4 °C. Bei niedrigeren Temperaturen bewegen sich die Moleküle auseinander – die Dichte nimmt ab. Stellt euch nun vor, was passiert, wenn Meerwasser gefriert. Die Salzmoleküle werden hinausgedrängt, so daß das Wasser am Eis salziger wird – somit nimmt die Wasserdichte zu. Gleichzeitig wird das Wasser am Eis gekühlt und darum noch dichter. Dieses dichte Wasser sinkt zum Meeresboden ab und kann Strömungen erzeugen wie das Nordatlantische Tiefenwasser, das zum Äquator hinfließt. Auch diese Strömungen beeinflussen das Wetter (S. 132).

EXPERIMENT

Wasserreiniger

Wenn Salzwasser verdunstet, entweichen nur die Wassermoleküle in die Luft. Das Salz bleibt zurück, und es entsteht daher reines Süßwasser. In manchen Ländern gewinnt man nach diesem Prinzip aus Meerwasser Trinkwasser. Hier könnt ihr selbst reines Wasser erzeugen.

IHR BRAUCHT
• Wasser • Murmel • kleine Schale • Salz • große Schüssel • Rührlöffel • Frischhaltefolie

EXPERIMENT

Leere Räume füllen

Löst sich Kochsalz in Wasser auf, wird sein Kristallgitter zerstört. Die Teilchen, aus denen das Kochsalz besteht, umhüllen sich mit den elektrisch geladenen Wasserteilchen zu einer neuen Struktur, die weniger Platz einnimmt als das kristalline Kochsalz und das Wasser, da die Leerräume im Wassermolekül jetzt ausgefüllt sind. Eine Lösung von Salz in Wasser besitzt also ein kleineres Volumen als das Salz und das Wasser je für sich. Überzeugt euch davon.

IHR BRAUCHT
• Glas • Salz • großes Gefäß • Wasser • Rührlöffel • Krug

1 Füllt das Gefäß mit Leitungswasser und das Glas mit Tafelsalz. Der Raum, der vom Wasser und vom Salz eingenommen wird, gleicht dem der Gefäße.

2 Schüttet das Salz in den Krug, und gebt alles Wasser hinzu. Rührt so lange um, bis sich das Salz aufgelöst hat.

3 Nun gießt ihr die Lösung ins Gefäß. Ist noch genug Flüssigkeit übrig, um auch das Glas zu füllen?

Erbsen und Reis
Wiederholt dieses Experiment mit ungekochtem Reis (das »Salz«) und getrockneten Erbsen (das »Wasser«). Wie passen sie zusammen?

1 Gießt etwas Wasser in die Schüssel, und gebt eine kräftige Prise Salz dazu. Stellt das Schälchen in die Mitte der Schüssel.

2 Deckt die Schüssel mit Frischhaltefolie ab. Legt die Murmel darauf, und stellt den Reiniger in die Sonne.

3 Wenn das Wasser verdunstet, kondensiert es an der Folie und tropft ins Schälchen. Probiert es – schmeckt es salzig?

EXPERIMENT

Sich ändernde Dichte

Salzgehalt und Dichte des Meeres können einige interessante Effekte hervorrufen. So kann man etwa im Meer leichter schwimmen als in Süßwasser. Ihr könnt dies mit einem Ei und einer Schüssel Wasser demonstrieren.

IHR BRAUCHT: • Wasser • Salz • frisches Ei • Schüssel • Rührlöffel

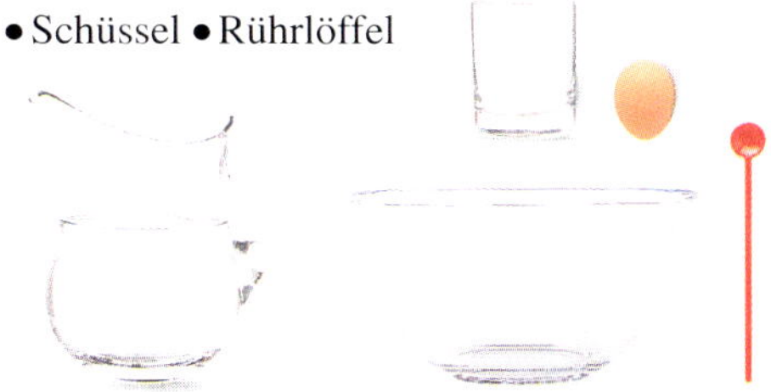

1 Füllt die Schüssel mit kaltem Leitungswasser, und legt behutsam das Ei hinein. Schwimmt es – oder geht es unter?

2 Holt das Ei aus dem Wasser. Gebt Salz hinein, rührt um, damit es sich auflöst, bis am Boden etwas ungelöstes Salz liegenbleibt.

Salzablagerung

Zuweilen ist ein flaches Meer oder im Binnensee isoliert vom Ozean, und alles Wasser verdunstet, so daß nur die gelösten Salze zurückbleiben. Berühmt dafür ist der Große Salzsee im US-Staat Utah. Hier der Bonneville Speedway, eine riesige, ganz ebene Salzfläche, auf der Weltrekorde mit Landfahrzeugen aufgestellt werden.

3 Nun legt ihr das Ei ins Salzwasser. Was passiert diesmal – geht es unter oder schwimmt es?

Windsysteme, Passate und Kalmen

Meeresströmungen an der Oberfläche werden vom Wind angetrieben. Windrichtungen ändern sich zwar, aber in jedem Teil der Erde wehen sie öfter aus einer bestimmten Richtung als aus irgendeiner anderen. Es gibt ein allgemeines Windmuster, das mit den atmosphärischen Konvektionszellen (S. 124) zusammenhängt, die Wärme vom Äquator wegbefördern. In den Tropen herrschen nordöstliche und südöstliche Winde, die auf beiden Halbkugeln zum Äquator hin wehen. Diese Passatwinde werden von den Hadley-Zellen (S. 124) erzeugt. Am Äquator, wo sie zusammenkommen, gibt es windstille Regionen, die Kalmen. In mittleren Breiten wehen Winde vorwiegend aus Westen und in polaren Breiten aus Osten. Die Windmuster sind auf beiden Halbkugeln gleich.

Allgemeine Zirkulation der Atmosphäre

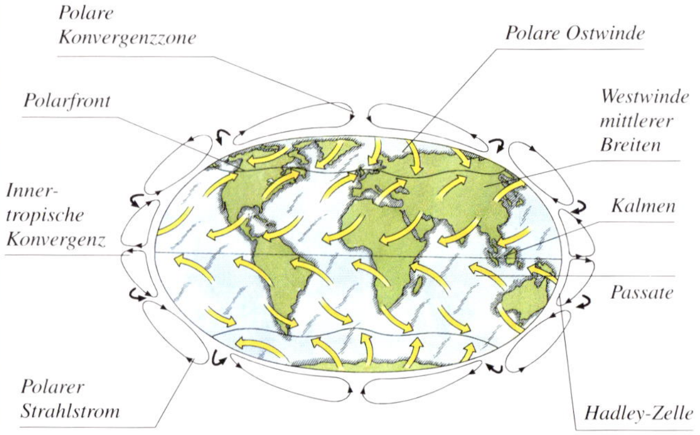

Diese Karte der allgemeinen globalen Zirkulation zeigt die Gebiete, in denen die großräumigen Konvektionszellen Winde erzeugen. Wegen des Coriolis-Effekts (S. 74) weht der Wind nicht direkt vom Hoch- zum Tiefdruck, sondern wird seitlich abgelenkt. Die gelben Pfeile stellen die häufigste oder vorherrschende Windrichtung dar.

EXPERIMENT

Passate erzeugen

Auf der Nordhalbkugel gibt es mehr Land (und damit mehr Wärmekapazität) als auf der Südhalbkugel, so daß die höchsten Durchschnittstemperaturen nicht am Äquator herrschen, sondern bei etwa 5° nördlicher Breite – dem sogenannten Wärmeäquator. Hier treffen die beiden Passatwinde zusammen und es treten die Kalmen auf. Die Roßbreiten bilden die Hochdruckzone zwischen den Passaten und den Westwinden der mittleren Breiten. Ihr könnt in einer Glasschüssel euren eigenen Wärmeäquator und Muster der Passate erzeugen.

IHR BRAUCHT
- Wasser • Modelliermasse
- Kerzen • 2 verschiedene Lebensmittelfarben
- 2 Ziegelsteine
- hitzefeste Schale

Bei diesem Experiment sollte ein Erwachsener mithelfen.

1 Stellt einige Kerzen auf etwas Modelliermasse in eine Reihe zwischen zwei Ziegelsteine, die als Ständer dienen.

2 Stellt die hitzefeste Schale auf die Ziegel. Füllt sie zu drei Vierteln mit Wasser. Bittet den Erwachsenen, die Kerzen anzuzünden.

3 Laßt das Wasser ein paar Minuten heiß werden. Tröpfelt die beiden Lebensmittelfarben am Schalenrand ins Wasser. Die Farben werden von »Passaten« am Schalenboden zur Mitte geführt.

EXPERIMENT

Eine Windrose

Den vorherrschenden Wind kann man als die längste Linie einer Windrose darstellen – Linien, die von einem Mittelpunkt ausstrahlen und die jeweilige Windrichtung an einem bestimmten Tag anzeigen. Ermittelt die Windrichtung jeden Tag zur gleichen Zeit, und zählt die Grade links oder rechts von Norden bis zum nächsten 10°-Winkel ab. Zeichnet eine 1 cm lange Linie, die ihr jedesmal verlängert, wenn sich die Windrichtung wiederholt. Dabei ist N gleich 0°, O gleich 90°, S gleich 180° und W gleich 270° auf dem Winkelmesser. Nach einiger Zeit sollte sich eine längere Linie abzeichnen.

IHR BRAUCHT: • Kompaß • Schreiber • Bleistift mit Radiergummi • kurzes Lineal • Pappe • Winkelmesser • langes Lineal

1 Zieht zwei dünne Bleistiftlinien zwischen den Ecken der Pappe, um die Mitte zu finden. Markiert sie mit einem Punkt und radiert die Linien wieder aus.

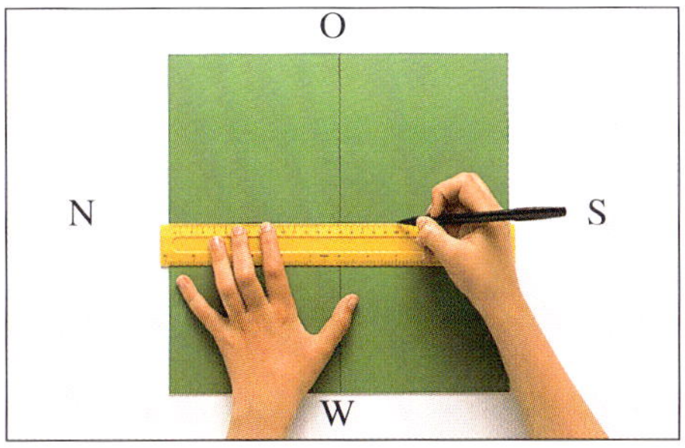

2 Bezeichnet die Ränder der Pappe mit N, O, S und W wie hier. Dann ermittelt ihr die Mitte jeder Kante und teilt die Pappe in 4 Quadranten ein.

3 Ermittelt die tägliche Windrichtung mit dem Kompaß, und zeichnet die Windrichtung als 1 cm lange Linie vom Mittelpunkt aus ein.

4 Wiederholt sich eine Windrichtung, macht ihr diese Linie um 1 cm länger. Bei der fertigen Rose stellt die längste Linie den vorherrschenden Wind dar.

Die Kalmen und die Passate

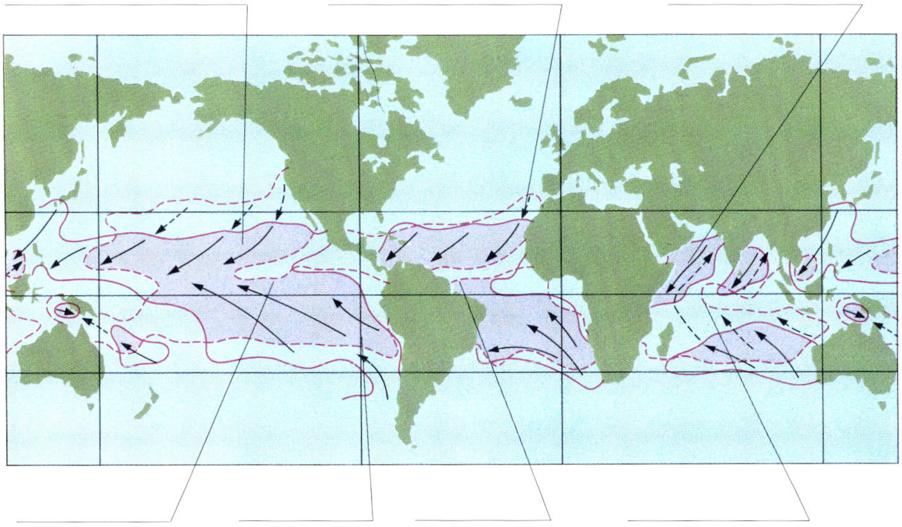

Diese Karte zeigt die Passatwind- und Kalmengebiete der Erde. In dem zu beiden Seiten des Wärmeäquators eingezeichneten Gebiet weht die Hälfte aller Winde auf der Nordhalbkugel von Nordosten und auf der Südhalbkugel von Südosten. Dies sind die Passate (englisch »trade winds«), die den unteren Teil der Hadley-Konvektionszellen bilden und dem Coriolis-Effekt (S. 75) unterliegen. Die Winde in größeren Höhen, die den oberen Teil der Zellen bilden, wehen vom Äquator weg und heißen Antipassate. Die Passatwinde begegnen sich in der Innertropischen Konvergenzzone (ITC), wo die Luft zusammenströmt und aufsteigt und wo sanfte Ostwinde vorherrschen. Die aufsteigende Luft kann auf der Oberfläche für Windstille sorgen, und diese Regionen nennen die Seeleute Kalmen oder Doldrums. Die aufsteigende Luft in der Konvergenzzone ist oft mit Gewittern verbunden. Wie die Westwinde der mittleren Breiten sind die Passate im Winter am stärksten.

Meeresströmungen und Klima

Warme und kalte Meeresströmungen können das Klima von Küstenregionen verändern – aber nur wenn die vorherrschenden örtlichen Winde vom Meer aufs Land wehen. Warme Strömungen bringen höhere Temperaturen und mehr Niederschlag, kalte Strömungen können die Temperaturen senken und die Vegetationszeit verkürzen. Die meisten Meeresströmungen werden von vorherrschenden Winden angetrieben, aber die Erdrotation lenkt sie ab, so daß sie einen etwa kreisförmigen Weg nehmen und sich auf der Nordhalbkugel im Uhrzeigersinn, auf der Südhalbkugel gegen den Uhrzeigersinn bewegen. Die stärksten dieser kreisförmigen Strömungen befinden sich in den größten Ozeanen: im Nord- und Südatlantik und im Pazifik. Die nordatlantische Strömung verläuft von der warmen Nordküste von Südamerika über Florida östlich über den Ozean bis südlich von Portugal.

Ein einfacher Strudel

Dieser Strudel wurde durch Lebensmittelfarbe deutlich gemacht. Er bildet einen bis zum Abfluß reichenden Trichter.

Wegen der Erdrotation werden Luft und Wasser, die sich bewegen, abgelenkt und beginnen daher eine Drehbewegung. Ist diese kräftig und zum Äquator hin- oder von ihm weggerichtet, wird sie vom Coriolis-Effekt (S. 74) abgelenkt. Aber auch kleine Bewegungen bilden Strudel, weil sich auch die Erde unter ihnen bewegt. Wenn ihr den Stöpsel aus dem Waschbecken zieht, bildet sich gewöhnlich ein Strudel – nicht infolge des Stöpselziehens, sondern aufgrund der Wirbelbewegung. Sie ist zu gering, um vom Coriolis-Effekt beeinflußt zu werden, und kann daher im oder gegen den Uhrzeigersinn ablaufen.

EXPERIMENT

Windgetriebene Strömungen

Der Wind, den wir jeden Tag erleben, scheint sich oft zu drehen und einmal aus dieser, dann aus jener Richtung zu wehen. Die verläßlichsten Winde herrschen auf den Ozeanen, wo es keine Landmassen gibt, die sie ablenken könnten. Auf beiden Halbkugeln wehen die vorherrschenden tropischen Winde aus Osten, die Winde der mittleren Breiten aus Westen und die Polarwinde aus Osten. Diese Winde treiben die Oberflächenströmungen an, und folglich bewegen sich die Strömungen in der gleichen Richtung wie die Winde. Dies könnt ihr hier demonstrieren.

IHR BRAUCHT

- Korken
- Wasser
- Waschschüssel

1 Füllt die Waschschüssel mit Wasser. Wartet, bis es ganz ruhig ist, und setzt dann eine Handvoll Korken darauf – alle am Rand der Schüssel.

2 Blast sacht in einer Richtung übers Wasser. Die Korken bewegen sich in der gleichen Richtung wie das Wasser, das dem Weg der Strömung folgt, die euer »Wind« erzeugt hat. Blast weiter, und beobachtet, ob die Ströme ein Muster in der Schüssel bilden.

Die Hauptmeeresströmungen

Diese Karte zeigt die wichtigsten Meeresströmungen. Westliche Strömungen wie der Golfstrom und der Kuroschiostrom fließen schneller als die an den Ostseiten der Ozeane. Vor der Küste von Florida etwa ist der Golfstrom 50 – 75 km breit und fließt mit einer Geschwindigkeit von 4 – 11 km/h. Der Kuroschiostrom ist 80 km breit und fließt mit etwa 11 km/h. Der Benguelastrom fließt nach Norden entlang der Westküste von Afrika mit nur etwa 0,9 km/h. Am konstantesten ist der Antarktische Zirkumpolarstrom, der ungehindert durch Landmassen durch die südlichen Ozeane fließt.

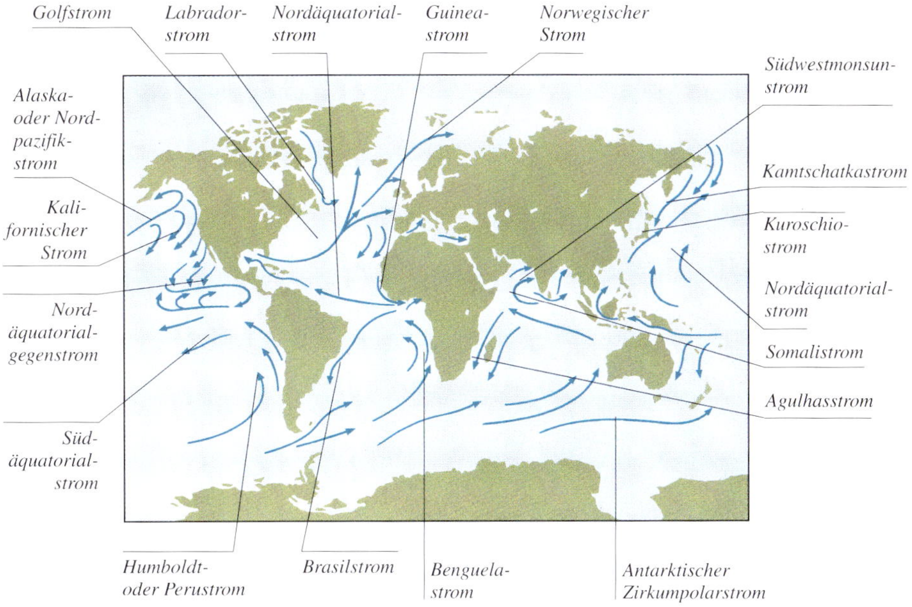

EXPERIMENT

Tiefenwasserströme

Die allgemeine Wasserströmung in Atlantik und Pazifik wird von tiefen, langsamen Strömen von kaltem Wasser angetrieben, die von den Polen zum Äquator fließen. Wenn Meerwasser gefriert, wird sein Salz ausgeschieden. Meereis ist Süßwasser, aber das Wasser in seiner Umgebung ist salziger als anderes Wasser, weil es das Salz enthält, das beim Gefrieren ausgeschieden wurde. Dadurch ist es auch dichter. Wasser nahe am Eis ist auch kalt, und dieses dichte Wasser sinkt zum Meeresboden ab, fließt vom Eis weg und wird durch wärmeres Oberflächenwasser ersetzt, das sich dann abkühlt und sinkt. Diese Tiefenwasserströme bewegen sich nur um 1 – 2 m am Tag. Ihr könnt einen Tiefenwasserstrom in einer Schale erzeugen.

IHR BRAUCHT

• Eis • Lebensmittelfarbe • Pipette
• Wasser • Glasschale • Alufolie

1 Füllt die Schale mit warmem Wasser, und laßt es stehen, bis es ganz ruhig ist. Dies ist ein warmer Ozean wie der mittlere Pazifik.

2 Wickelt einige Eiswürfel sorgfältig in Alufolie, so daß kein Schmelzwasser herausdringen kann. Dann gebt ihr das Folienpäckchen an ein Ende der Schale und wartet, bis das Wasser wieder ruhig ist. Das Eis beginnt das warme Wasser zu kühlen.

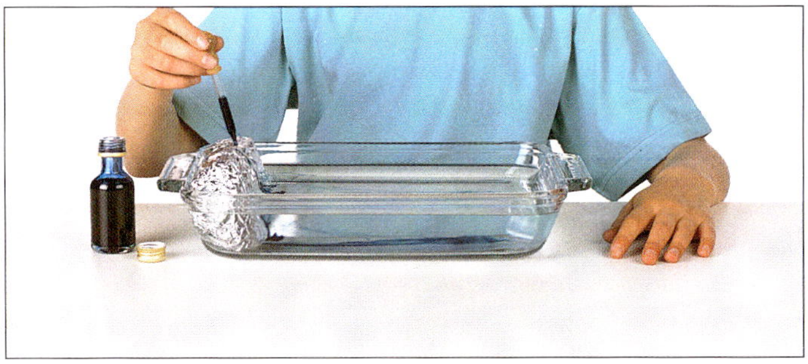

3 Gebt ein paar Tropfen Lebensmittelfarbe über die Folie, so daß sie ins Wasser laufen. Was passiert mit der Farbe, wenn sie auf den Boden der Schale absinkt? Genauso transportieren Tiefenwasserströme Wasser von den Polen zum Äquator.

El Niño und die Südliche Oszillation

Die Passatwinde (S. 130) treiben den südpazifischen Äquatorialstrom an, der Oberflächenwasser nach Westen transportiert und relativ kühles Wasser vor Südamerika sowie eine viel tiefere Schicht vor Indonesien hinterläßt. Alle paar Jahre ändert sich dieses normale Muster jedoch. Die Passate werden schwächer, und sowohl die Temperaturen wie die Niederschläge verändern sich in einem riesigen Bereich, der von der südamerikanischen Pazifikküste bis zum Indischen Ozean reicht. Dies nennt man Südliche Oszillation, und wenn sie auftritt, kehrt sich der Äquatorialstrom im Pazifik um. Warmes Wasser fließt nach Osten und dann nach Süden entlang der Küste von Peru. Diese Strömung heißt El Niño. Die beiden Veränderungen nennt man zusammen ein El-Niño-Südliche-Oszillation(ENSO)-Ereignis. Es beeinflußt das Wetter und das Klima im Pazifikraum ebenso wie in anderen Teilen der Erde.

Wie es zu einem ENSO-Ereignis kommt

ENSO-Ereignisse treten gewöhnlich im Dezember auf – das stärkste zuletzt 1982/83. Es löste eine Reihe von ungewöhnlichen Phänomenen in den Ozeanen aus, die sich immer weiter vom Äquator wegbewegten und klimatische Veränderungen bewirkten, die noch 1994 zu spüren waren. Ein weiteres ENSO-Ereignis dauerte zwei Jahre, von 1991 bis 1993. El Niño bringt Peru schwere Regenfälle, Nordamerika ungewöhnliches Wetter und kann Ernten in Sambia und anderswo beeinflussen.

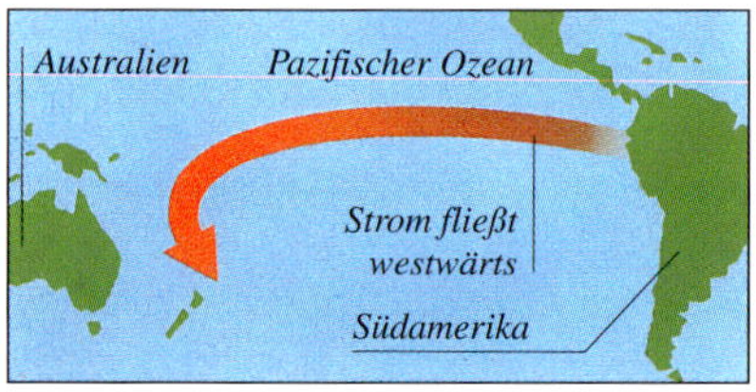

Normale Verhältnisse im Südpazifik
In den meisten Jahren treiben die Passatwinde den Äquatorialstrom in den Südpazifik. Er fließt westwärts und transportiert warmes Wasser über den Ozean.

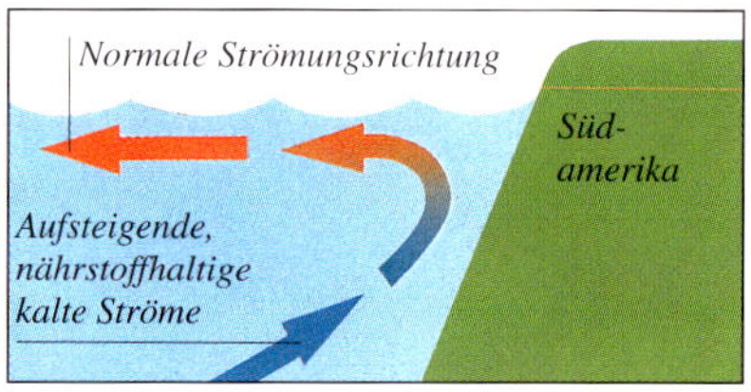

Kaltes Wasser steigt auf
Normalerweise wehen die Passatwinde westwärts. So bildet sich eine dicke Schicht warmes Wasser im Westen und relativ kühles Wasser vor Südamerika.

Verhältnisse bei einem ENSO-Ereignis
Ein ENSO-Ereignis kehrt das normale Muster um. Die Passatwinde werden schwächer, warmes Oberflächenwasser fließt ostwärts, und die Meerestemperatur vor Südamerika steigt.

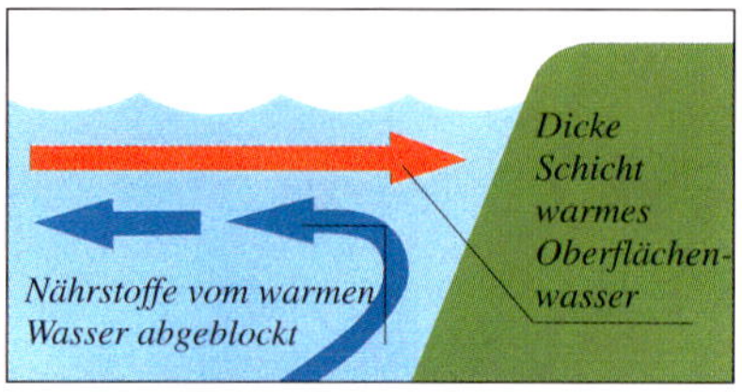

Warmes Oberflächenwasser
Die Schicht von warmem Meerwasser im Westen bewegt sich ostwärts. Dies blokkiert das kalte Wasser, das vom Meeresboden aufsteigt, und Lebewesen an der Oberfläche bekommen keine Nährstoffe.

EXPERIMENT

Temperaturvergleich

Bei einem ENSO-Ereignis steigt die Meerestemperatur vor Südamerika um 10 °C. Kaltes, nährstoffreiches Wasser kann die tiefreichende Warmwasserschicht nicht durchdringen. Dadurch geht die Menge des Phytoplanktons, der winzigen Pflanzen im Oberflächenwasser, zurück und damit die Zahl der Tiere, die sich davon ernähren, auch der Fische, und das wirkt sich auf die peruanische Fischindustrie aus. Erzeugt einmal einen Mini-ENSO.

IHR BRAUCHT
• 2 Waschschüsseln • Wasser • Klebeband
• Schere • 2 Thermometer

1 Klebt innen in jede Waschschüssel ein Thermometer, wie hier gezeigt. Füllt die Schüsseln zur Hälfte mit kaltem Leitungswasser.

2 Gießt solange heißes Wasser in eine der Schüsseln, bis das Thermometer um 10 °C gestiegen ist. Dies geschieht bei einem ENSO-Ereignis – spürt ihr den Unterschied?

Im Pazifik

Zu ENSO-Ereignissen kommt es im Südpazifik am Äquator, doch manche Wissenschaftler glauben, daß ähnliche, aber viel schwächere Vorgänge zuweilen auch im Südatlantik stattfinden. Diese Karten zeigen die normalen Verhältnisse und die ENSO-Verhältnisse. Bei einem ENSO ändert der pazifische Südäquatorialstrom die Richtung und hinterläßt einen viel schwächeren Kreisel im Südpazifik. Eine Zunahme der Winde und der Äquatorialströme heißt La Niña.

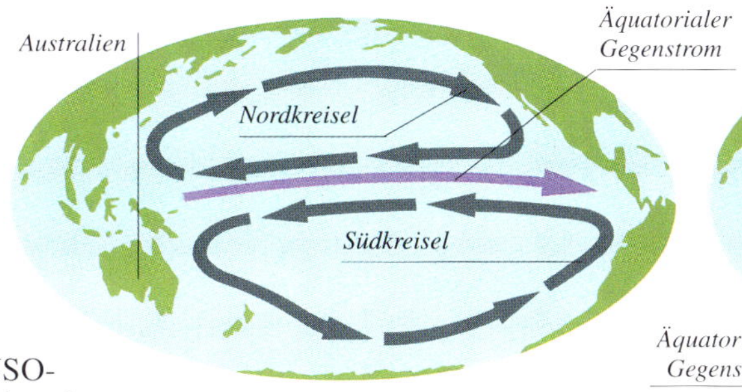

Übliche Verhältnisse im Pazifik
Ein Hochdruckgebiet über dem Ostpazifik und ein Tief über dem Westpazifik erzeugen die Passate, die warmes Wasser westwärts nach Australien schieben.

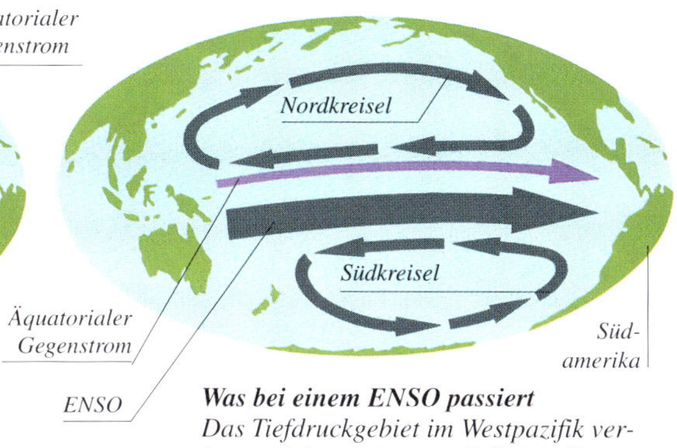

Was bei einem ENSO passiert
Das Tiefdruckgebiet im Westpazifik verlagert sich ostwärts, so daß sich die Passatwinde umkehren und die Äquatorialströme an der Oberfläche gegenläufig werden. Dadurch staut sich warmes Wasser vor der Küste von Südamerika.

EXPERIMENT

Einen El Niño erzeugen

Die Passatwinde blasen warmes Oberflächenwasser über den Ozean, so daß es sich auf einer Seite staut und auf der anderen nur eine dünne Schicht bildet. Bei einem El Niño kehrt sich die Strömung um. Dies geschieht in großem Maßstab quer über den Pazifik, doch das Prinzip ist einfach. Mit Hilfe eines Freundes könnt ihr leicht demonstrieren, wie es funktioniert.

IHR BRAUCHT

- Lebensmittelfarbe
- Wasser
- Lineal
- großen Glasbehälter

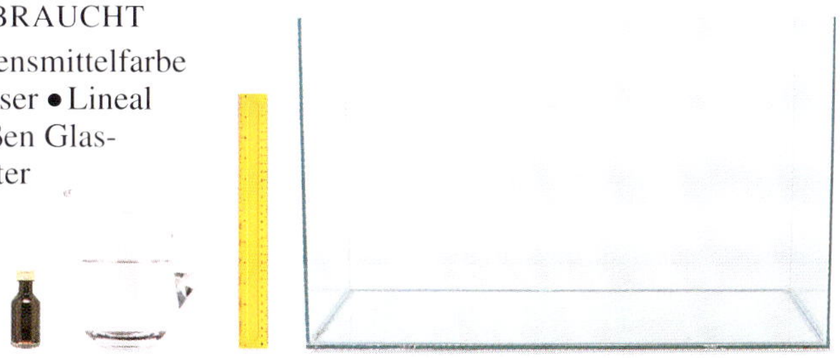

1 Füllt den Behälter bis etwa 10 cm unter dem Rand mit kaltem Wasser. Wenn es ganz ruhig ist, tröpfelt ihr gefärbtes heißes Leitungswasser hinein, so daß sich eine Oberflächenschicht bildet.

2 Meßt mit dem Lineal die Stärke der farbigen Warmwasserschicht an beiden Enden des Behälters – sie sollte jeweils gleich sein.

Vergleicht die Tiefe der farbigen Schicht mit der Tiefe vor dem Blasen.

3 Bittet den Freund, auf das Wasser zu blasen, um einen »Passatwind« zu erzeugen, der das farbige Wasser zu einem Ende hintreibt. Ein »El Niño« entsteht, wenn der »Passat« aufhört, und warmes Wasser ans andere Ende fließt.

Klimaverteilung und Vegetation

Die verschiedenen Klimate auf der Erde beruhen auf etlichen Faktoren: der Verteilung von Land und Meer, von Gebirgen und Ebenen, der großen Windsysteme in der Atmosphäre und der Meeresströmungen darunter. Jede Region des Globus hat ihr eigenes Klima, und die Wissenschaftler haben dafür viele Klassifikationssysteme entwickelt. Der deutschrussische Meteorologe Wladimir P. Köppen (1846 –1940) stellte sein System 1918 auf. Es beruhte auf der Vegetationsverteilung, die eng mit der Niederschlagsmenge und der Temperatur zusammenhängt. 1931 empfahlt der amerikanische Meteorologe C. Warren Thornthwaite eine andere Methode, die er 1948 nochmals verbesserte. Sie beruht auf dem Verhältnis zwischen Niederschlag, Verdunstung und Pflanzentranspiration (S. 40). Heute sind dies die beiden gebräuchlichsten Systeme.

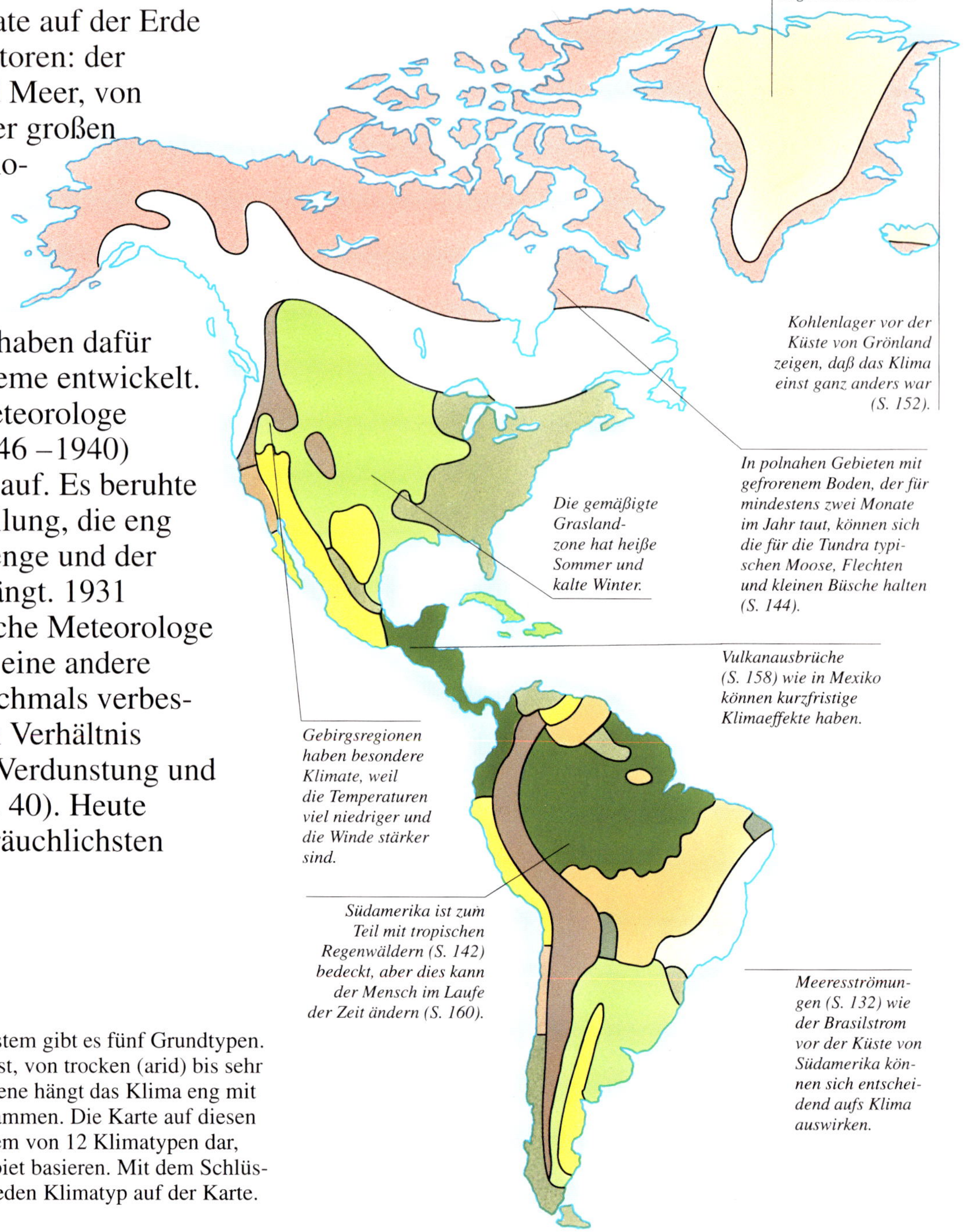

Klimaklassifikation

In Köppens Klimaklassifikationssystem gibt es fünf Grundtypen. Thornthwaite legte neun Klassen fest, von trocken (arid) bis sehr feucht (perhumid). Auf globaler Ebene hängt das Klima eng mit dem Boden und der Vegetation zusammen. Die Karte auf diesen Seiten stellt ein Klassifikationssystem von 12 Klimatypen dar, die auf der Vegetation in jedem Gebiet basieren. Mit dem Schlüssel unten findet ihr die Namen für jeden Klimatyp auf der Karte.

Schlüssel zur Klimaverteilungskarte

- *Mediterranes Waldland und Buschzone*
- *Wüstenzone*
- *Gemäßigte Graslandzone*
- *Tropische Regenwaldzone*
- *Polarzone*
- *Gebirgszone*
- *Gemäßigte Laub- und Regenwaldzone*
- *Tropische Buschwaldzone*
- *Tundrazone*
- *Nördliche Nadelwaldzone*
- *Tropische gemäßigte Waldzone*
- *Tropische Grasland- und Savannenzone*

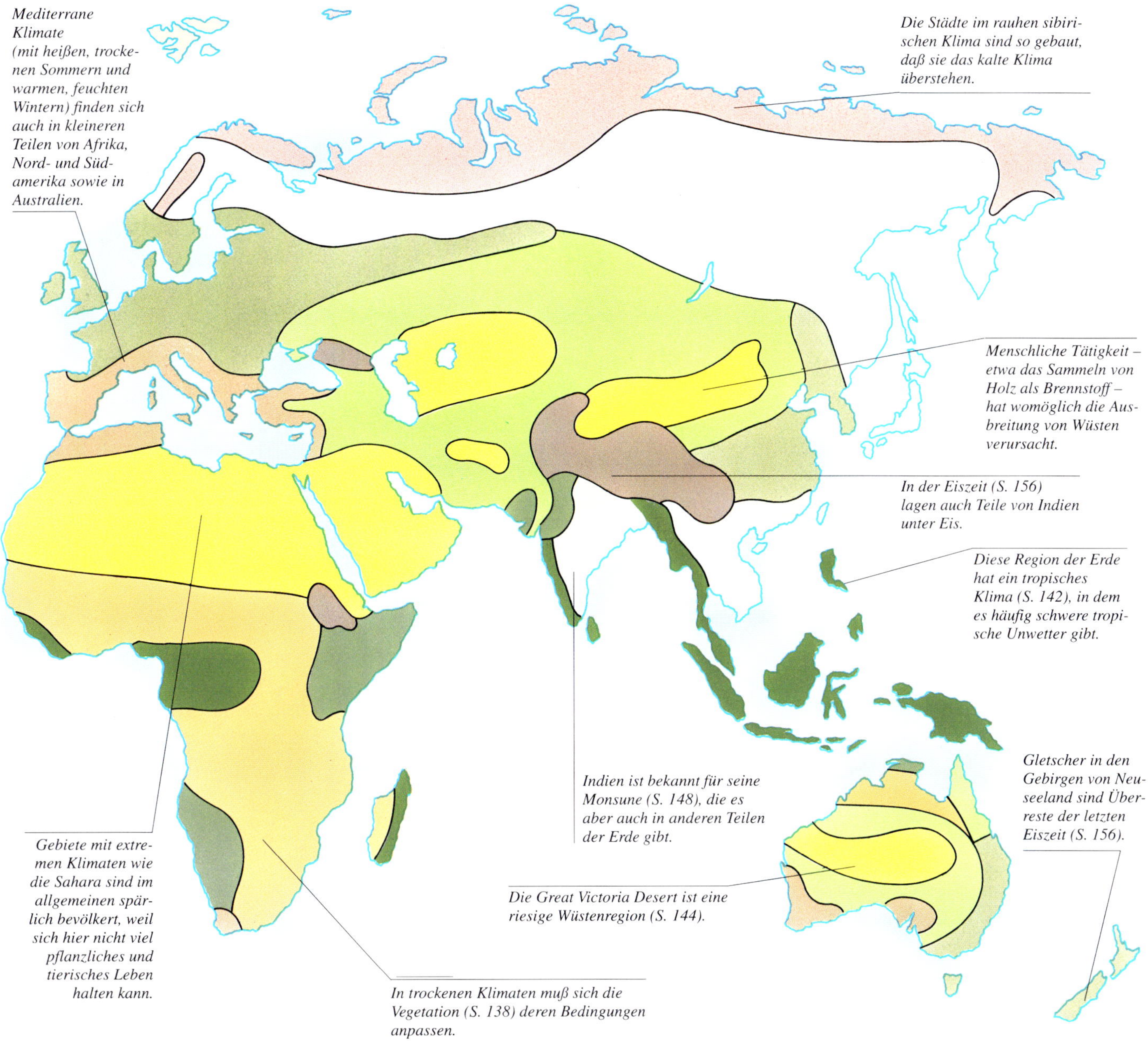

Globale Temperaturen im Januar
Diese Computerkarte zeigt die globale Temperaturverteilung im Januar. In diesem Monat ist auf der Südhalbkugel Sommer, und die wärmsten Regionen (auf der Karte orangefarben) liegen gleich südlich vom Äquator (im Juli werden sie dann auf die Nordseite des Äquators wandern). Die blauen Gebiete sind relativ kühler.

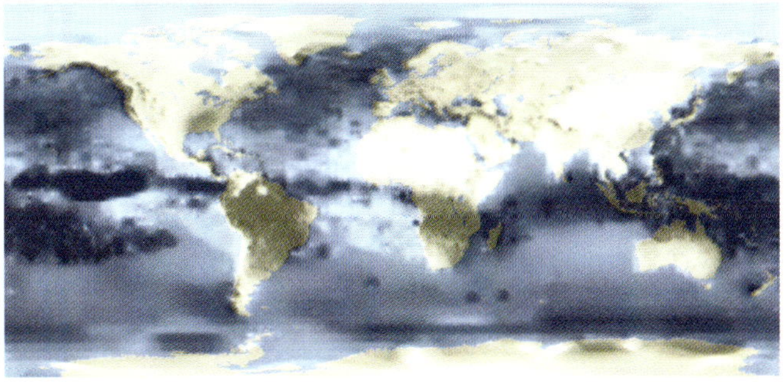

Globaler Niederschlag im Januar
Die Niederschlagsverteilung auf der ganzen Welt weist extreme Unterschiede auf, wie diese Computerkarte zeigt. Die feuchtesten Gebiete liegen am Äquator (dunkelgrün) und empfangen über 10 m Regen im Jahr, während es in den ariden (trockenen) Regionen viele Jahre lang überhaupt keinen Niederschlag gibt.

Wie sich Pflanzen klimatisch anpassen

Pflanzen brauchen Sonnenlicht zur Photosynthese, dem Verfahren, mit dem sie ihre Nahrung erzeugen. Sie benötigen Wasser, um Nahrung zu erzeugen, Mineralien zu transportieren und ihren Zellen die Steifigkeit zu vermitteln, der sie ihre Form verdanken. Schließlich brauchen sie eine Reihe von Mineralien, die sie aus dem Boden beziehen. Die Erde versorgt sie mit allen diesen Dingen, aber diese sind nicht gleichmäßig verteilt. Einige Orte sind zu heiß, zu kalt oder zu trocken für Pflanzen, aber abgesehen von diesen extremen Klimaten haben sich Pflanzen den meisten Verhältnissen auf der Erde angepaßt. Meist ist die für eine Region typische Vegetation auch typisch für das Klima dieser Region, so daß eine Karte der Vegetationstypen einer Karte der Klimatypen sehr ähnlich sieht. (S. 136).

Trocknen durch Osmose

Sind zwei Lösungen von unterschiedlicher Stärke durch eine Barriere voneinander getrennt, die nur Wassermoleküle durchdringen können, bewegt sich Wasser von der schwächeren zur stärkeren Lösung, bis beide gleich stark sind. Dies heißt Osmose, und weil dabei Wasser von einer Seite der Barriere entfernt wird, bewirkt sie ein Trocknen.

Ihr könnt mit diesem Verfahren herausfinden, wie gut verschiedene Blattarten Wasser zurückhalten. Legt ein Tablett mit Zeitungspapier aus, streut Salz gleichmäßig darauf, und verteilt einige sommergrüne und immergrüne Blätter darüber. Das Salz löst sich in Flüssigkeit auf, die es durch Osmose aus den Blättern gezogen hat.

Feuchte Blätter
Drückt die Blätter aufs Papier. Laßt sie mehrere Stunden liegen, und entfernt sie dann. Das Papier ist unterschiedlich feucht. Welcher Blattyp verliert am meisten Wasser?

EXPERIMENT

Von Licht leben

Pflanzen benötigen Licht, das auf ihre Blätter fällt und Energie für die Photosynthese liefert. Einige suchen selbst das Licht, indem sie groß werden, und alle Pflanzenblätter sind so angeordnet, daß sie möglichst viel Licht einfangen und sich dabei gleichzeitig möglichst wenig beschatten. Probiert mit dieser künstlichen »Pflanze« verschiedene Blattpositionen aus, und beobachtet, wie effektiv sie sind.

IHR BRAUCHT
- Taschenlampe
- Papier • Holzspieß
- Schere
- Modelliermasse

1 Steckt den Spieß senkrecht in die Modelliermasse. Schneidet aus Papier 8 gleich große Blätter.

2 Befestigt die Blattenden beliebig mit Modelliermasse am Stamm. Leuchtet mit der Lampe von oben.

3 Ordnet die Blätter so lange neu an, bis sie alles von oben scheinende Licht auffangen, kein Blatt ein anderes beschattet und der Tisch im Schatten liegt.

EXPERIMENT

Das Keimen von Samen messen

Wo das Klima die meiste Zeit im Jahr sehr trocken oder so kalt ist, daß Wasser gefriert, können einige Pflanzen als Samen überleben. Sobald es regnet oder das Eis schmilzt, keimen diese, und bald ist der Boden mit Pflanzen übersät, die blühen und neue Samen produzieren, bevor Wasser verschwindet. Überprüft, welche Wasserverhältnisse am besten fürs Keimen sind.

IHR BRAUCHT: • Löschpapier • Schachtel • vier Untertassen • Schere • Kressesamen • Trinkhalm • Pappe • Nadel

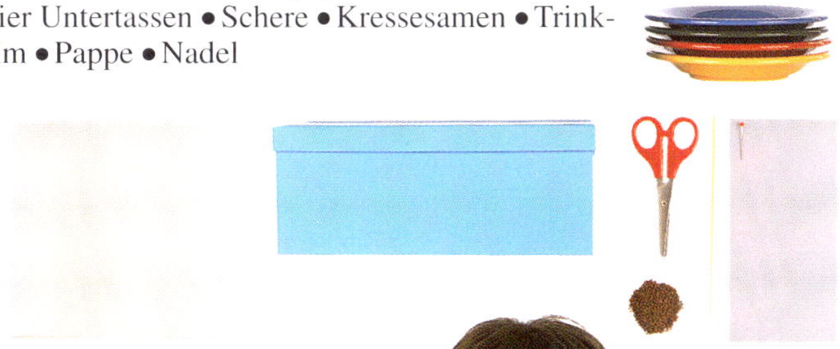

1 Legt vier gleich große Löschpapierquadrate in die gleich großen Untertassen. Dann befeuchtet ihr zwei Quadrate reichlich mit Wasser.

2 Streut Kressesamen auf alle vier Teller. Stellt einen trockenen und einen feuchten Teller kalt und die anderen warm. Kein Teller sollte starkem Licht ausgesetzt sein.

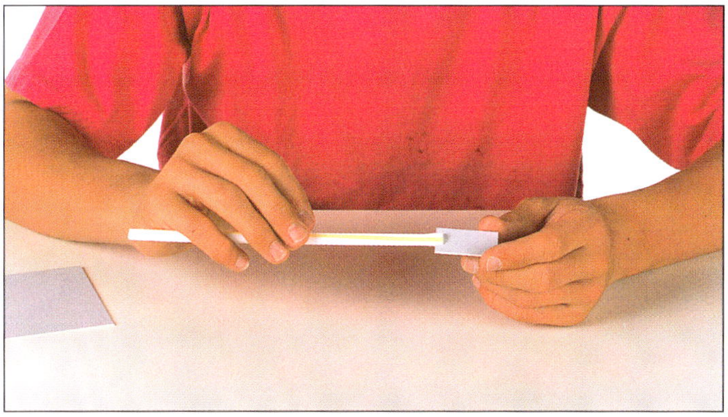

3 Nun baut ihr eine Halmwaage. Schneidet einen kleinen Schlitz in beide Enden des Trinkhalms, und steckt je ein 1 x 2 cm großes Stückchen Pappe hinein.

4 Stecht die Nadel durch die Mitte des Halms, und befestigt ihn damit an der Schachtel, die als Ständer dient. Die Enden des Halms sollten genau ausgewogen sein. Diese Strohwaage zeigt nur an, daß ein Ding schwerer ist als ein anderes, nicht, wieviel.

5 Nach 7–10 Tagen schneidet ihr die Kresse von jedem Teller möglichst dicht über dem Löschpapier ab. Vergleicht die Proben miteinander. Ermittelt mit der Strohwaage, welcher Teller die besten Bedingungen fürs Keimen bot.

Gemäßigte Klimate

Einige der am dichtesten bevölkerten Gebiete der Erde liegen in der gemäßigten (oder milden) Zone, die sich auf der Nordhalbkugel von den nördlichen Rändern von Nordamerika, Europa und Asien bis zum Golf von Mexiko, zur Südküste des Mittelmeers und zu den Wüsten von Zentralasien und China erstreckt. Auf der Südhalbkugel gibt es weniger Land, und die gemäßigte Zone beschränkt sich auf Neuseeland und Teile von Südamerika, Südafrika und die Südküste von Australien. Die Klimate in diesem Gebiet unterscheiden sich, vor allem im Hinblick auf das vorhandene Wasser: Die natürliche Vegetation schwankt, je nachdem ob Regen das ganze Jahr über fällt oder vorwiegend in einer Jahreszeit.

EXPERIMENT

Wasserversorgung

Alle gemäßigten sommergrünen Pflanzen erhalten ihre Struktur mit Hilfe von Wasser – sind die Pflanzenzellen voller Wasser, sind sie steif, fehlt ihnen Wasser, werden sie schlaff, und die Pflanze welkt. Sommergrüne Pflanzen verlieren Wasser durch ihre Spaltöffnungen (S. 40) und müssen daher ständig über ihre Wurzeln mit Wasser versorgt werden. Beobachtet, was mit einer sommergrünen Pflanze in einer Dürreperiode passiert, und vergleicht dies mit einem Kaktus, einer Pflanze, die aus einem trockenen Klima kommt, wo Wasser knapp ist.

IHR BRAUCHT
- Wasser
- Sand
- Kaktus
- sommergrüne Pflanze

1 Gebt den Kaktus und die sommergrüne Pflanze in kleine Blumentöpfe mit trockenem Sand. Bewässert die Pflanzen nicht.

2 Stellt die Pflanzen für zwei Tage an einen sonnigen Ort. Was passiert mit der sommergrünen Pflanze, wenn sie Wasser verliert? Wie sieht es beim Kaktus aus? Nun wässert beide Pflanzen – ändert sich etwas bei der sommergrünen Pflanze?

Der dicke, fleischige Stamm des Kaktus speichert das Wasser, das er braucht, und die spitzen Stacheln schützen den Stamm vor Tieren, die diesen Vorrat plündern könnten.

Bäume in gemäßigten Breiten

Wenn sich das Klima ändert, sterben die Bäume ab, die nicht an das neue Klima angepaßt sind, und werden allmählich durch andere Arten ersetzt. Als sich die Eisschichten am Ende der letzten Eiszeit zurückzogen, entwickelten sich Nadelwälder auf dem neu freigelegten Land. Weiter im Süden nahmen breitblättrige Arten ihren Platz ein.

Kronenschluß bei Nadelwald
In hohen Breiten ist die Trockenzeit lang wegen des langen Winters, in einigen tieferen Breiten wegen des geringen Niederschlags im Sommer. Dies bedeutet, daß die Vegetationszeit, in der genügend Wasser da ist, kurz ist. Nadelbäume wie Kiefern und Tannen bilden in diesen Regionen große Wälder. Sie haben kleine Blätter, die Nadeln, von denen kaum Wasser verdunstet. Die Bäume können dank ihrer Form leichter Schnee abwerfen, der Zweige brechen könnte.

Kronenschluß bei Laubwald
Sommergrüne Bäume wie Eiche, Buche und Esche wachsen dort, wo die Trockenzeit kürzer und die Vegetationszeit länger ist. Diese Bäume beugen einem Wasserverlust vor, indem sie ihre Blätter vor der Trockenzeit abwerfen. Sie bilden neue Blätter im Frühjahr. Diese haben eine größere Oberfläche als Nadeln und können rascher Nahrung erzeugen. Junge Bäume und Büsche können unter ihnen wachsen, weil sie nicht ständig im Schatten sind.

EXPERIMENT

Austrocknen durch den Wind

Wind kann Blätter austrocknen und das Pflanzenwachstum durch Austrocknen der nachwachsenden Spitzen hemmen. Von Wind in Mitleidenschaft gezogene Pflanzen sind klein, und wenn der Wind meist aus einer Richtung kommt, kann das Austrocknen der nachwachsenden Spitzen auf der dem Wind zugewandten Seite die Pflanzen so aussehen lassen, als ob sie sich vor dem Wind ducken. Die Windaustrocknung ist besonders stark an der Küste, wo der Wind Salz enthält, welches Wasser aus den Pflanzenzellen zieht. Dagegen schützen Pflanzen einander, indem sie dicht beieinander wachsen. Bäume in einem Wald sind daher gleich groß. Ihr könnt die Windaustrocknung an Blättern demonstrieren.

IHR BRAUCHT

- Schere • Schnur
- 2 Laubzweige vom selben Baum

Wie Frost gemäßigten Pflanzen schaden kann

Einige Pflanzen der gemäßigten Zone sind winterhart, andere aber recht empfindlich. Die Vorfahren vieler Gartenpflanzen stammten aus wärmeren Klimaten, und daher vertragen diese keinen strengen Frost. Gärtner schützen sie gegen Kälte, aber dennoch können sie durch einen Spätfrost im Frühjahr oder durch frühen Frost im Herbst Schaden leiden oder eingehen. Testet die Empfindlichkeit gegen Kälte bei zwei verbreiteten Pflanzen.

Tiefgekühlt
Gebt eine empfindliche Pflanze (etwa einen Kopfsalat) und eine winterharte Pflanze (wie Gras) für 10 Minuten in den Gefrierschrank. Vergleicht nun ihren Zustand. Was ist mit dem Salat passiert?

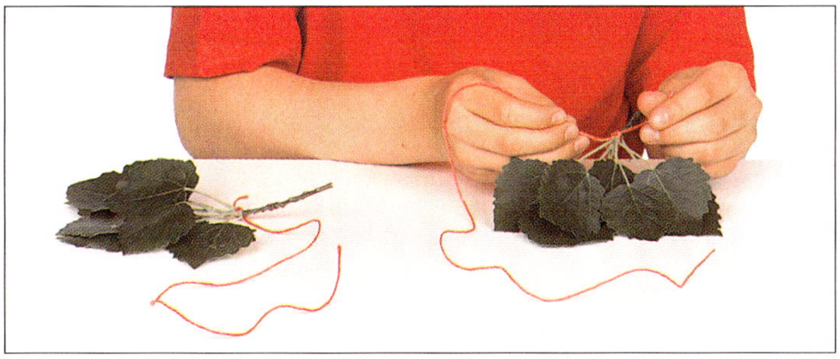

1 Bindet ein Stück Schnur fest um jeden Zweig. Geht an einem windigen Tag hinaus. Bindet einen Zweig an der windigsten Stelle an, den anderen an einem windgeschützten Ort.

2 Überprüft die Zweige zweimal täglich über mehrere Tage. Fahrt damit fort, bis die Blätter an einem Zweig trocken und verwelkt sind. Welche Blätter trocknen zuerst aus?

Frostalarm

Diese Karte zeigt die durchschnittlichen Temperaturen und entsprechend auch die Frostgrenzen in Nordamerika im Januar (links) und im Juli (rechts). Die Durchschnittstemperaturen bestimmen letztlich auch, welche Nutzpflanzen angebaut werden können. Einjährige Pflanzen wie etwa Weizen müssen ihre Samen zwischen Frühjahr und Frühherbst erzeugen, aber wenn der Frost Pflanzen vor der Samenbildung beschädigt, können sie sich nicht fortpflanzen. Samen leiden normalerweise nicht unter Frost.

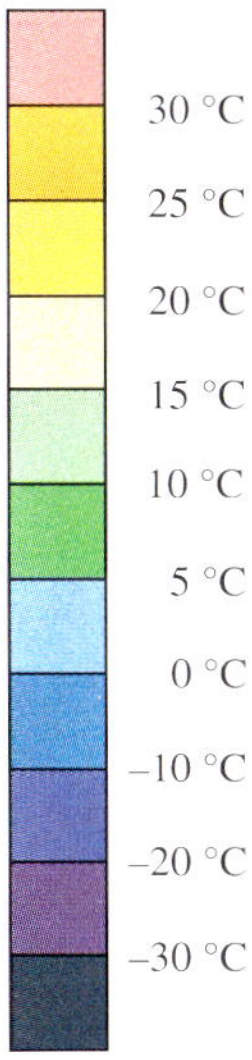

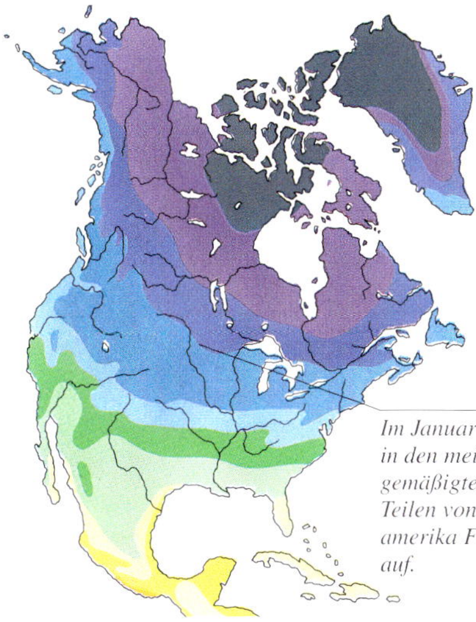

Im Januar tritt in den meisten gemäßigten Teilen von Nordamerika Frost auf.

Januar-Oberflächentemperaturen

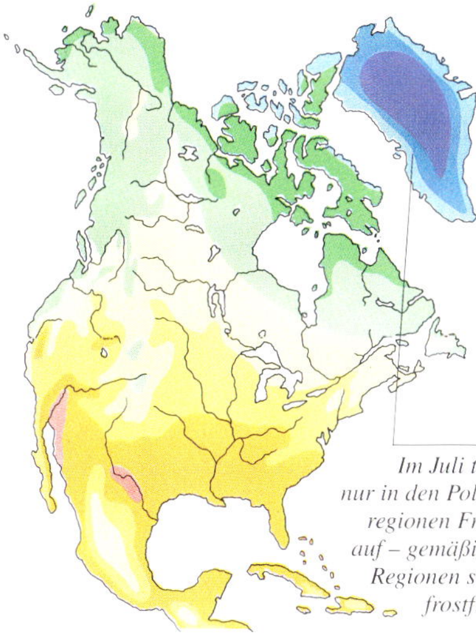

Im Juli tritt nur in den Polarregionen Frost auf – gemäßigte Regionen sind frostfrei.

Juli-Oberflächentemperaturen

Tropisches Klima

Die Tropen liegen zwischen dem Wendekreis des Krebses (bei 23° 30' nördlicher Breite) und dem Wendekreis des Steinbocks (bei 23° 30' südlicher Breite). Diese Wendekreise markieren die Grenzen des Gebietes, in dem die Sonne an mindestens einem Tag im Jahr senkrecht vom Himmel scheint. Der Temperaturunterschied zwischen Tag und Nacht am Äquator ist immer noch größer als der zwischen Juli und Januar beispielsweise; es gibt also keine Jahreszeiten wie Sommer und Winter im üblichen Sinne – obwohl in einigen Teilen der Tropen Regen- und Trockenzeiten herrschen. In den feuchten Niederungen am Äquator strahlt die Wolkendecke bis zur Hälfte des Sonnenlichts in die Atmosphäre zurück. Dort wachsen tropische Regenwälder, mit üppigen immergrünen Bäumen und Pflanzen, die das ganze Jahr blühen und Früchte liefern. An tropischen Orten, wo es eine relativ trockene Jahreszeit gibt, sowie in den Gebirgen ist der Wald weniger dicht.

Übereinander leben

In vielen Klimaten wachsen Pflanzen übereinander. In tropischen Regionen ist dies sehr häufig der Fall – wegen des ganz raschen Wachstums, Verfalls und der Erneuerung der Vegetation. Diese Orchideenart wächst hoch oben in einem Baum.

EXPERIMENT

Mit zuviel Wasser fertig werden

Sind Pflanzenblätter ständig naß, kann die Wasserschicht die Sonnenstrahlen bündeln und die Blätter zu sehr erhitzen. Die Spaltöffnungen (S. 40) können durch Wasser und Schmutz blockiert werden, so daß Gase nur mühsam durch die Pflanze gelangen und die Photosynthese reduziert wird. An den Blättern vieler tropischer Pflanzen gibt es daher Träufelspitzen, die Wasser ableiten, an anderen befinden sich Löcher, durch die Wasser fällt. Bastelt einmal unterschiedlich geformte Blätter, um zu sehen, welche am besten mit einem sehr feuchten Klima fertig werden.

IHR BRAUCHT: • Holzspieß • Alufolie • Sprühflasche • Schere • Klebeband

1 Schneidet drei Blattformen aus Folie aus: ein kreisförmiges und flaches, eines mit einer Mittelrippe und einer Tropfspitze und eines mit mehreren ovalen Löchern.

2 Klebt die Blätter an den Spieß, und haltet sie wie hier gezeigt. Sprüht sie mit Wasser ein. Welches Blatt gibt am besten Wasser ab? Könnt ihr eine Blattform entwerfen, die überschüssiges Wasser noch besser los wird?

Wurzelformen

In tropischen Regionen sind Böden gewöhnlich sehr tief, während alle Nährstoffe, die Pflanzen zum Wachsen brauchen, an der Oberfläche oder dicht darunter sind; außerdem steht der Boden oft unter Wasser. Daher benötigen Bäume flache Wurzeln, um Nährstoffe und Wasser zu erhalten. Die Wurzeln müssen die Pflanze aber auch stützen und selbst atmen können.

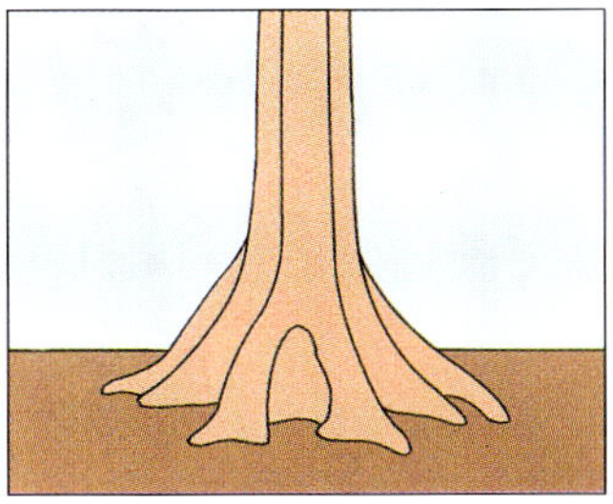

Stützwurzeln
Stützwurzeln wachsen aus dem Hauptstamm, sind mit ihm aber bis zum Boden verbunden. Sie verhindern, daß der Baum umfällt.

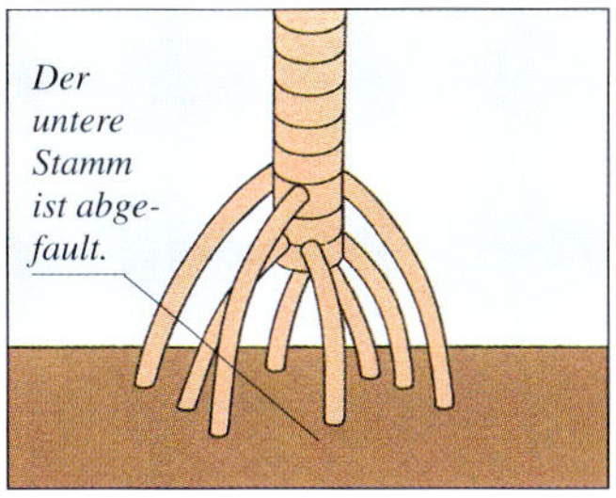

Stelzwurzeln
Stelzwurzeln wachsen aus dem Stamm, trennen sich aber von ihm, und jede einzelne Wurzel hat eigene kleinere Wurzeln im Boden.

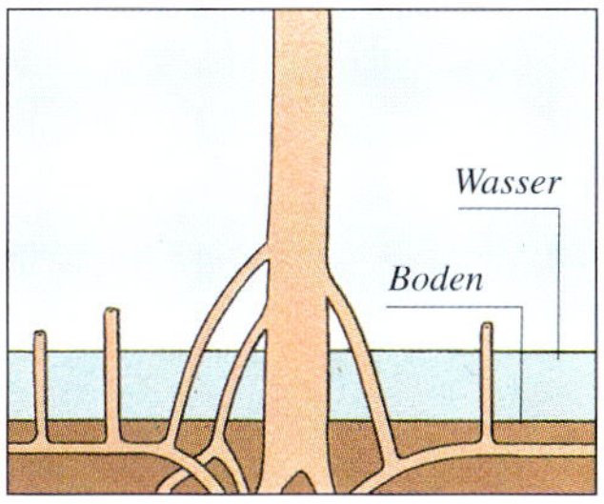

Atemwurzeln
In nicht belüfteten Sumpfböden wachsen Pfahlwurzeln von den Hauptwurzeln nach oben, um die Luft zu erreichen.

EXPERIMENT

Rasche Zersetzung

Bei hohen Temperaturen (im Jahresdurchschnitt etwa 25 °C) und viel Wasser verfaulen in den feuchten Tropen tote Blätter, Pflanzen und andere Überreste lebender Organismen sehr rasch und setzen Nährstoffe frei, die sofort von den Pflanzen aufgenommen werden. Die Pflanzen wachsen das ganze Jahr über, so daß sich die Nährstoffe nicht im Boden ansammeln. Die meisten tropischen Böden liefern den Pflanzen wenig Nahrung. Ihr könnt demonstrieren, wie sich Temperaturunterschiede auf die Zerfallsgeschwindigkeit von organischem Material im Boden auswirken.

IHR BRAUCHT

- Watte • 2 Gläser • Blätter
- Obstschalen • Frischhaltefolie
- Zahnstocher

1 Gebt eine Schicht Watte auf den Boden jedes Glases. Befeuchtet sie ausreichend mit Wasser. Die Watte liefert Feuchtigkeit, sonst nichts – wie tropischer Boden.

2 Legt in jedes Glas gleich viele Blätter und Obstschalen. Bakterien und Pilze zersetzen sie, indem sie sie chemisch in ihre Bestandteile zerlegen.

3 Bedeckt die Gläser mit Folie. Stecht mit dem Zahnstocher Löcher hinein. Stellt ein Glas in den Kühlschrank, das andere in die Wärme. Wo verläuft die Zersetzung am schnellsten?

Wüste und Tundra

Ist die jeweils fallende Regenmenge geringer als die Menge Wasser, die andauernd vom Boden verdunstet, ist der betreffende Landstrich eine Wüste. Jedes Gebiet, in dem weniger als 250 mm Regen im Jahr niedergehen, ist fast zwangsläufig eine Wüste, besonders wenn der Regen nur unregelmäßig fällt. In der Sahara beträgt die Regenmenge im Durchschnitt weniger als 50 mm im Jahr, und in manchen Gegenden fällt jahrelang kein Regen. Wüsten müssen nicht heiß sein. Im Innern der Antarktis gibt es im Jahr etwa 50 mm Niederschlag, so daß dieser Kontinent die größte Wüste der Welt ist. Tundra ist der Name der Klimaregion zwischen dem ewigen Eis der Polarregion und der Baumgrenze.

Tundravegetation

In den nördlichen arktischen Regionen, wie hier in Alaska, gedeiht eine Tundravegetation von Sträuchern, Grasfluren, Riedgräsern und anderen Pflanzen, die im kurzen Sommer blühen und den rauhen Winter überleben.

EXPERIMENT

Die Wüste aufhalten

Gibt es in einem an eine Wüste angrenzenden Gebiet jahrelange Dürre, dehnt sich die Wüste aus. Wenn es dann wieder regnet, zieht sich die Wüste erneut zurück. Ist es eine Sandwüste, können die vorherrschenden Winde Sand transportieren, der das angrenzende trockene Land unter sich begräbt. Bäume, die bei Trockenheit überleben, können eine Barriere bilden und den Sand aufhalten. Dies verhindert die vorübergehende Ausbreitung der Wüste und beschleunigt die Erholung der Pflanzen, wenn es wieder regnet. Ihr könnt demonstrieren, wie eine solche Barriere die Bewegung von windgetriebenem Sand verlangsamt. Dieses Experiment solltet ihr draußen durchführen.

IHR BRAUCHT
- Pappe • Schere • Modelliermasse • Klebeband • Holzspieße • Bleistift • Pinsel • Sand

Zieht eine Linie am hinteren Rand des Sandhaufens – hier beginnt eure Wüste.

1 Macht aus Pappe einen dreiseitigen Schirm. Gebt in die offene Seite auf Pappe einen Sandhaufen, und markiert mit einer Bleistiftlinie den Sandrand gegenüber dem Schirm.

2 Erzeugt mit einem Stück Pappe als Fächer Wind, der zum Schirm hin weht. Markiert den neuen Sandrand mit einer weiteren Linie. Kehrt den Sand zur ursprünglichen Position zurück.

3 Errichtet am Rand des Sandes eine Windbarriere aus Holzspießen, die dicht nebeneinander in Modelliermasse stehen. Beobachtet, wie weit sich der Sand nun fächeln läßt.

EXPERIMENT

Eine Oase bauen

Unter einer Sandwüste gibt es manchmal Wasser über einer Felsschicht. Liegt diese nahe der Oberfläche, kann sich Wasser so ansammeln, daß Pflanzenwurzeln es erreichen und Brunnen angelegt werden können – dies ist eine Oase. Baut euch so eine Oase.

Bei diesem Experiment sollte ein Erwachsener mithelfen.

IHR BRAUCHT

- Modelliermasse
- 2 Plastikflaschen
- wasserdichtes Tablett
- Grassamen
- Schere
- Sand
- Klebeband
- Holzleiste
- Holzklotz
- Nägel
- Plastikschlauch
- Hammer
- Teigrolle

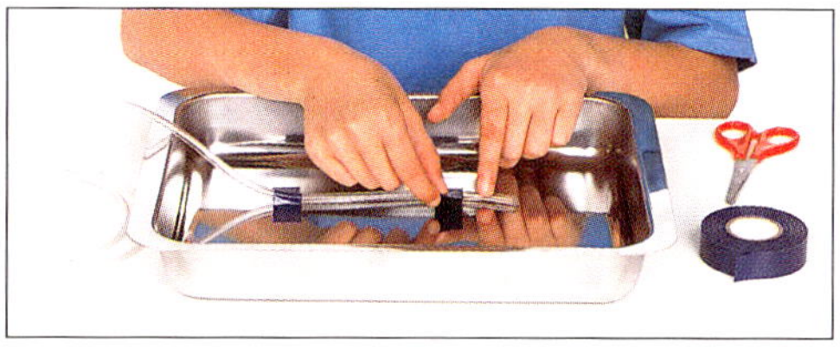

1 Klebt den Schlauch auf den Boden des Tabletts. Das Schlauchende soll an einem Ende des Tabletts liegen.

2 Bildet einen kleinen Ring aus Modelliermasse um das Schlauchende. Dies ist die Oase. Füllt das Tablett mit Sand.

3 Bittet den Erwachsenen, ein Löchlein in den Boden einer Flasche zu machen und das Oberteil der andern abzuschneiden.

4 Klebt das Oberteil auf den Boden der anderen Flasche. So kann Wasser langsam herauströpfeln.

5 Befestigt das lose Ende des Schlauchs mit Modelliermasse wasserdicht an der Flaschenöffnung.

6 Bastelt einen Ständer für die Flasche. Bittet dazu einen Erwachsenen, ein Ende der Holzleiste an den Klotz zu nageln.

Der Ständer muß so stabil sein, daß er die Flasche hält, wenn sie voll Wasser ist.

7 Klebt die Flasche nun am Holzständer fest. Sie sollte frei aufrecht stehen können. Jetzt ist eure Oase fast fertig.

Wo, meint ihr, wird Gras wachsen? Laßt die Versuchsanordnung mehrere Tage an einem sonnigen Ort stehen, und seht dann nach.

8 Gießt Wasser in die Flasche, so daß es langsam aus der Flasche durch den Schlauch bis zur Oase sickert. Verstreut Grassamen gleichmäßig über das ganze Tablett.

Kontinente, Inseln und Küstenregionen

Je weiter Land vom Meer entfernt liegt, desto trockener ist das Klima. Überquert eine maritime Luftmasse (S. 70) einen Kontinent, verliert sie ihre Feuchtigkeit. Wenn sie Gebirge überquert, fällt Niederschlag auf der dem Wind zugewandten Seite, aber wenig oder keiner auf der anderen – dieses trockene Gebiet liegt im Regenschatten. Bis die Luft das Zentrum des Kontinents erreicht hat, ist sie eine trockene, kontinentale Luftmasse. In einem kontinentalen Klima gibt es heißere Sommer und kältere Winter als in den maritimen Klimaten von Inseln und Küstenregionen. Küstenklimate sind feucht, und der Niederschlag verteilt sich übers ganze Jahr. Meeresströmungen bringen kühles oder warmes Wasser und beeinflussen ebenfalls das Küstenklima.

Erst ist sie da – dann ist sie weg

Die Stadt New York liegt eingeklemmt zwischen zwei großen Luftmassengebieten, die abwechselnd das Wetter bestimmen. Einmal erhält New York maritime Luft vom Atlantik, dann wieder kontinentale Luft aus Nordwest. Einem Wechsel der Luftmassen entspricht eine Wetteränderung. Diese beiden Fotos der Stadtsilhouette zeigen den Unterschied. Links hat kontinentale Luft aus Nordkanada trockenes, kaltes Wetter und einen schönen, klaren Himmel, rechts hat maritime tropische Luft Nebel gebracht.

EXPERIMENT

Kontinente und Ozeane

Wasser hat eine höhere Wärmekapazität als Land und braucht daher länger, um sich zu erwärmen oder abzukühlen. Der Sommer endet, ehe das Meer sich bis zur Temperatur des Landes erwärmt hat, und der Winter endet, ehe es sich auf die Temperatur des Landes abgekühlt hat. Meßt das unterschiedliche Tempo von Abkühlen und Erwärmen von Sand (Kontinent) und Wasser (Ozean).

IHR BRAUCHT
- Wasser
- 4 Gummiringe
- Sand
- 2 Thermometer
- Schreiber
- 2 Schalen
- Notizblock

1 Füllt eine Schale zur Hälfte mit trockenem Sand, die andere mit Wasser. Spannt je zwei Gummibänder über jede Schale, und legt ein Thermometer darüber. Stellt beide Schalen in den Schatten, bis sie die gleiche Temperatur haben.

Wenn ihr die Schalen aus dem Kühlschrank holt, notiert ihr euch, welche die Zimmertemperatur zuerst erreicht hat.

2 Notiert die Temperaturen und die Zeit. Stellt die Schalen nebeneinander in den Kühlschrank, und notiert die Temperaturen alle 15 Minuten, bis sie gleich sind. Welche Schale brauchte am längsten, um Kühlschranktemperatur zu erreichen?

Ins Land ziehen

Nordkalifornien erhält vorwiegend maritime Polarluft aus dem Norden und maritime tropische Luft aus dem Süden. So entsteht ein feuchtes Klima an der Küste, aber wenn die Luft ins Landesinnere zieht, überquert sie zwei gebirgige Regionen. Bis sie nach Nevada gelangt, ist sie bereits sehr trocken.

Gemäßigt im Westen
Am schmalen Küstenstreifen von Nordkalifornien erzeugen maritime Luftmassen warme Sommer und milde Winter mit wenig Schnee. Regen fällt vorwiegend in den Wintermonaten.

Wüste im Osten
Die Luft verliert ihre Feuchtigkeit über den Gebirgen und wird durch Kompression erwärmt, wenn sie auf der Ostseite absinkt. Im Death Valley beträgt der Niederschlag etwa 50 mm p. a.!

Vordringende Luftmassen

Nordamerikanische Klimate werden von sechs Arten von Luftmassen erzeugt. Maritime polare und maritime tropische Luftmassen bringen dem Westen feuchte Pazifikluft und dem Osten Atlantikluft. Kontinentale Polarluft sorgt in Zentralkanada und im Norden der USA für trockenere, kühlere Verhältnisse, und kontinentale tropische Luft bringt dem Süden heiße Sommer.

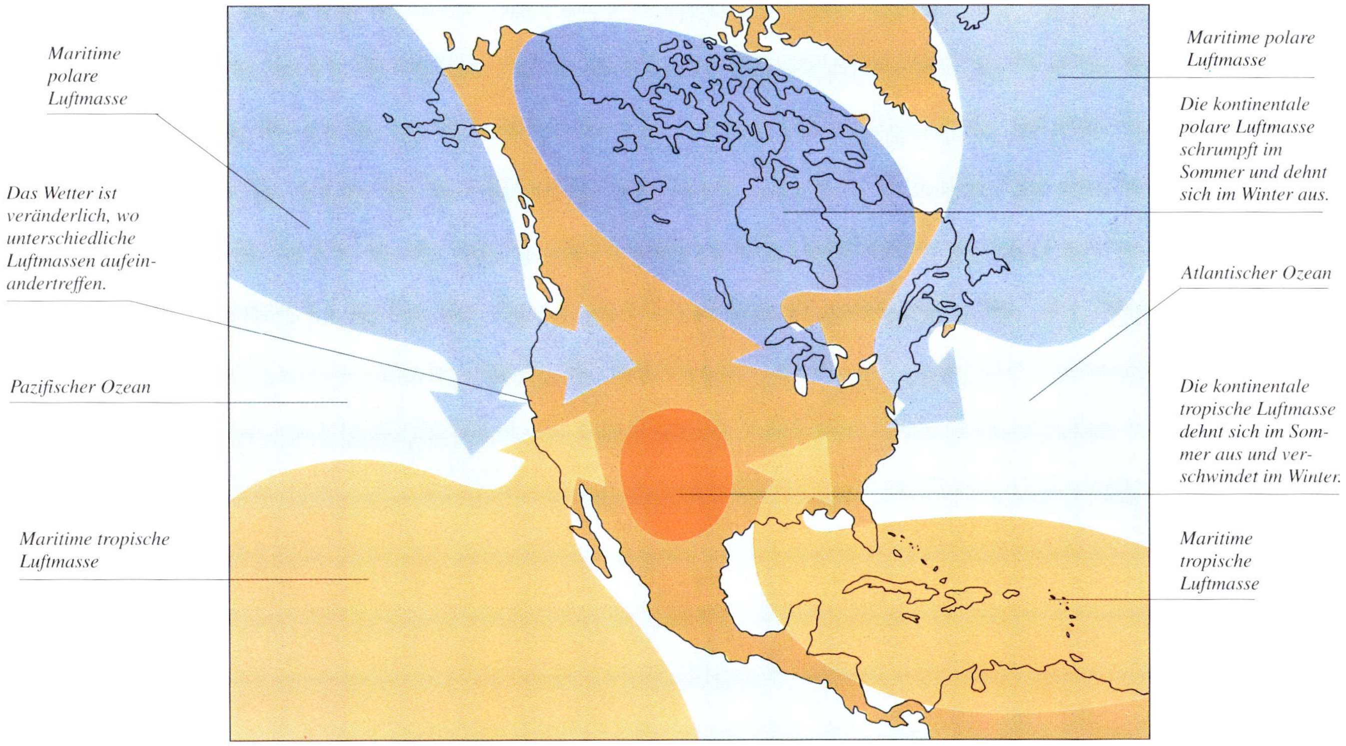

Monsune

Monsune sind Land- und Seewinde (S. 64) von sehr großem Ausmaß. Sie entstehen infolge von Veränderungen in Luftdrucksystemen. Am bekanntesten ist der asiatische Monsun. Im Winter bildet trockene, absinkende Luft ein großes Hochdruckgebiet über Asien. Das Wetter ist trocken, und Wintermonsunwinde wehen ablandig. Im Sommer erwärmt sich das Land schneller als das Meer. Das Hochdrucksystem schwächt sich ab, und die Winde wechseln die Richtung – sie bringen feuchte Meeresluft auf den trockenen Kontinent. Der Beginn des Sommermonsuns erfolgt meist plötzlich und dramatisch und bringt heftigen Regen.

Wo es Monsune gibt

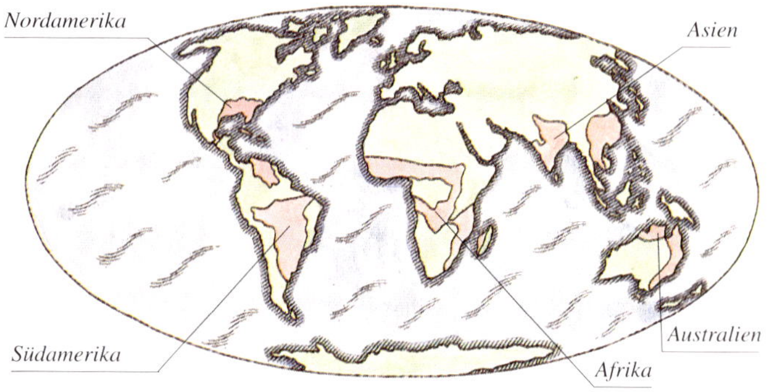

Auf dieser Karte sind die Gebiete herausgehoben, die von Monsunwinden und Regen betroffen sind (rosa Flächen). Aufgrund der Größe der Landmasse Asiens ist der asiatische Monsun am intensivsten. Er erfaßt ganz Süd- und Südostasien sowie Teile von Nordaustralien. Auch große Teile von Afrika und Nord- und Südamerika sind von Monsunen unterschiedlicher Intensität betroffen.

EXPERIMENT

Regenreiche Winde

Nordwinde aus dem Hochdruckgebiet in Zentralasien bringen dem indischen Subkontinent im Winter trockene Luft. Im Januar beträgt die durchschnittliche Regenmenge in Cherranpunji 18 mm. Im Juli verschwindet der kontinentale Hochdruck, über dem Meer steigt der Luftdruck, und während des Monsunhöhepunkts lassen feuchte Winde vom Meer die Regenmenge auf bis zu 2 446 mm steigen. Ihr könnt demonstrieren, wie ein Wechsel der Windrichtung trockene oder feuchte Luft bringt.

Bei diesem Experiment sollte ein Erwachsener mithelfen.

IHR BRAUCHT
- 2 Waschschüsseln
- Hygrometer (S. 43)
- Ventilator
- Wasser

1 Füllt eine Schüssel mit Wasser. Stellt die andere verkehrt herum daneben. Stellt das Hygrometer darauf, nahe dem Wasser.

2 Stellt gemeinsam den Ventilator so auf, daß er übers Hygrometer bläst und dann übers Wasser. Dies ist der Winterwind. Lest die Feuchtigkeit ab. Die Luft ist recht trocken.

3 Vertauscht die Positionen der Schüsseln, so daß der Ventilator zuerst übers Wasser bläst. Lest die Feuchtigkeit ab. Euer Monsunwind sollte entsprechend feuchter sein.

EXPERIMENT

Fruchtbare Überschwemmungen

Monsunregen lassen die Wassermassen in den Flüssen ansteigen. In den Niederungen überschwemmen Flüsse angrenzendes Ackerland. Wenn die Fluten zurückweichen, bleiben winzige Schlickteilchen aus dem Wasser zurück. Schlicksand macht den Boden fruchtbar und deshalb ist die Landwirtschaft von den Monsunregen begünstigt.

IHR BRAUCHT
- großes Brett
- Ziegelsteine
- Erde
- Wasser
- Löffel

1 Legt ein Ende des Brettes auf die Ziegelsteine. Bedeckt das Brett mit etwa 5 cm Erde, und drückt diese gut fest.

Achtung: Führt dieses Experiment im Freien durch, damit es im Haus nicht schmutzig wird.

2 Höhlt mit dem Löffel im oberen Bereich des Brettes einen »See« aus, und legt von ihm aus einen »Fluß« an. Etwa ab der Mitte des Brettes sollte dieser Kanal sich sanft dahinschlängeln.

3 Gießt Wasser in den See. Wenn es in den Fluß gelangt, gießt ihr schneller, bis es über die Ufer tritt, und hört auf. Wo hat sich nach dem Trocknen der Schlick abgelagert?

Monsune in Asien

Im Sommer (linkes Bild) erwärmt sich das Land schneller als das Meer. Der Luftdruck fällt über Zentralasien und steigt über dem Indischen Ozean. Feuchte Luft weht landeinwärts, steigt am Gebirge auf und bringt Indien heftigen Regen. Dies ist der Sommermonsun. Im Winter (rechtes Bild) kühlt sich das Land rasch ab, und absinkende Luft bildet ein großes Hochdruckgebiet über dem Kontinent. Jetzt ist der Luftdruck über dem Land höher als über dem Meer, und nördliche Winde bringen Indien trockene Luft. Dies ist der Wintermonsun.

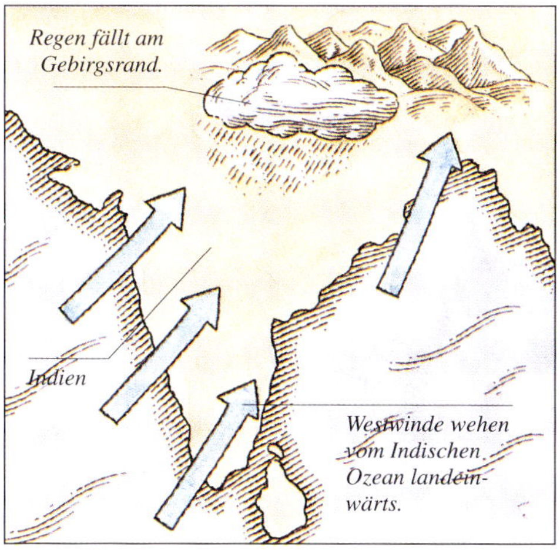

Sommermonsunwinde

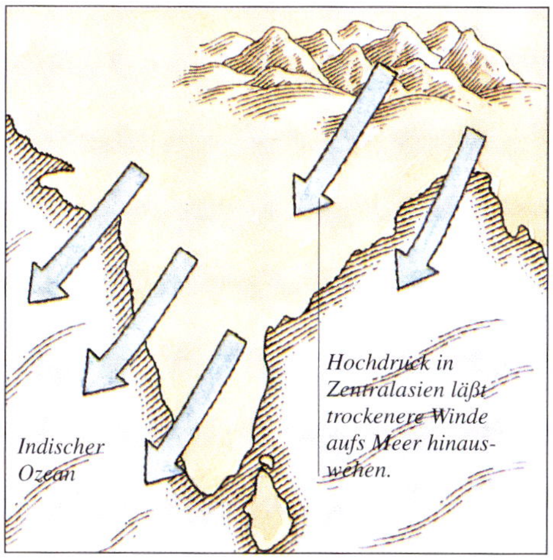

Trockene Winterwinde

Klima und Erdoberfläche

Boden ist ein Gemisch aus mineralischen Bestandteilen sowie Pflanzen- und Tierüberresten. Die Mineralien können von Wind, Wasser oder Eisschollen abgelagert werden, aber normalerweise stammen sie aus dem darunterliegenden Gestein. Doch erst das Wetter macht aus Gestein Boden, und die unterschiedlichen Klimate der Erde lassen in jeder Region bestimmte Böden entstehen. Frost sprengt das Gestein in Trümmer, und der Regen löst diese Trümmer weiter auf und liefert so Nährstoffe für Pflanzen. Pflanzen brauchen auch Sonnenschein und Feuchtigkeit zum Wachsen. Sterben sie ab, zersetzen sich ihre Überreste und bilden Humus. In kalten oder trockenen Klimaten gehen diese Prozesse langsam vor sich. Ändert sich das Klima, dauert es einige Zeit, bis der Boden reagiert.

EXPERIMENT

Versalzung

Bei diesem Experiment sollte ein Erwachsener mithelfen.

In manchen heißen Klimaten können aus dem C-Bodenhorizont gelöste Salze langsam zur Erdoberfläche hochgezogen und dort abgelagert werden, wenn das Wasser verdunstet, das sie transportiert. Dies nennt man Versalzung – ein Vorgang, der Pflanzen absterben läßt. Ihr könnt diesen Prozeß selbst vorführen.

IHR BRAUCHT

• Tischlampe • 2 Plastikbehälter • Erde • Klebeband • Schere • Salz • Spitzbohrer

EXPERIMENT

Boden bilden

In einem milden, feuchten Klima leben wirbellose Tiere im Boden von toten Pflanzenmaterialien, vermischen sie gründlich mit den mineralischen Bestandteilen und erzeugen so einen reichhaltigen, fruchtbaren Boden. Regenwürmer sind die größten wirbellosen Bodenbewohner – in jedem Quadratmeter Boden eines Graslandes oder Waldes können sich Hunderte befinden. Ihre Gänge sind wichtig für die Durchlüftung des Bodens. Ihr könnt sie dabei beobachten, wie sie Materialien von der Oberfläche hinabziehen und mit der Erde vermischen.

IHR BRAUCHT

• Erde • Sand • großes Glas • Sprühflasche • groben Kies • Blätter • Regenwürmer

Unter der Oberfläche

Macht man von der Erdoberfläche einen gedachten senkrechten Schnitt bis zum Grundgestein, ergibt dies ein sogenanntes Bodenprofil. In vielen Profilen gibt es getrennte Lagen, sogenannte Horizonte. Jeder Horizont wird mit einem Buchstaben bezeichnet, von O über A, B, C bis D. Manche Böden haben mehr Horizonte, andere weniger.

1 Füllt das Glas mit einer 5 cm dicken Schicht Kies, dann zu drei Vierteln mit Sand und schließlich mit einer 2 cm dicken Schicht Erde.

2 Bedeckt die Oberfläche der Erde mit toten Blättern und kleinen Zweigen. Grabt ein paar Regenwürmer aus, und setzt sie zwischen die Blätter auf der Oberfläche.

3 Besprüht die Blätter aus der Flasche, bis sich am Boden des Glases 1 cm Wasser befindet. Stellt das Glas an einen warmen, dunklen Ort, und seht, was passiert.

1 Bittet den Erwachsenen, 20 Löcher in einen Behälter zu bohren, der mit Erde gefüllt wird; der andere mit Salzwasser.

2 Stellt den Erdbehälter auf den Wasserbehälter, und klebt beide zusammen. Gießt Wasser hinein.

3 Beleuchtet die Behälter mit der Lampe, und wartet, bis die Erde trocknet und der Wasserspiegel fällt. Was ist das weiße Pulver?

EXPERIMENT

Dürre

Bei diesem Experiment sollte ein Erwachsener mithelfen.

Wenn Regen fällt oder Schnee schmilzt, gelangt das Wasser teils in Flüsse, teils verdunstet es, und teils läuft es durch den Boden ab und sammelt sich über einer undurchdringlichen Schicht wie Lehm oder Gestein. Dies ist Grundwasser, und seine Oberfläche ist der Grundwasserspiegel. Wasser, das an der Erdoberfläche verdunstet, wird durch Wasser ersetzt, das aus dem Grundwasser durch winzige Gänge zwischen Erdpartikeln hochgezogen wird. Ihr könnt diesen Effekt an Böden in eurer Umgebung demonstrieren.

IHR BRAUCHT

- Tischlampe • Erde
- 2 Plastikbehälter
- Schreiber • Notizblock • Klebeband
- Spitzbohrer • Schere

1 Bittet den Erwachsenen, in den Boden eines Behälters Löcher zu bohren. Füllt ihn mit Erde, und drückt sie an.

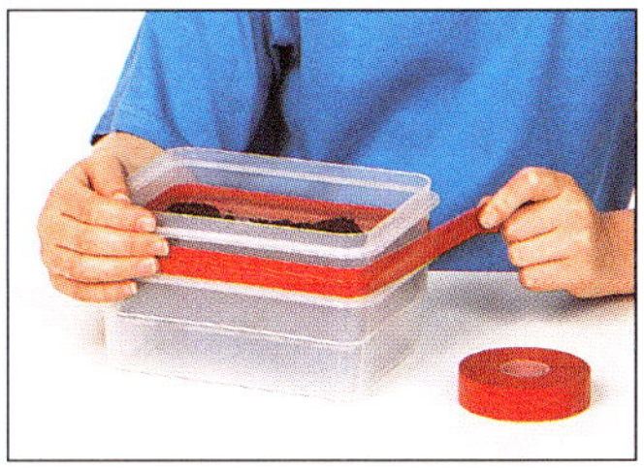

2 Stellt den Erdbehälter in den leeren. Klebt beide Behälter zusammen, so daß kein Wasser herausdringt.

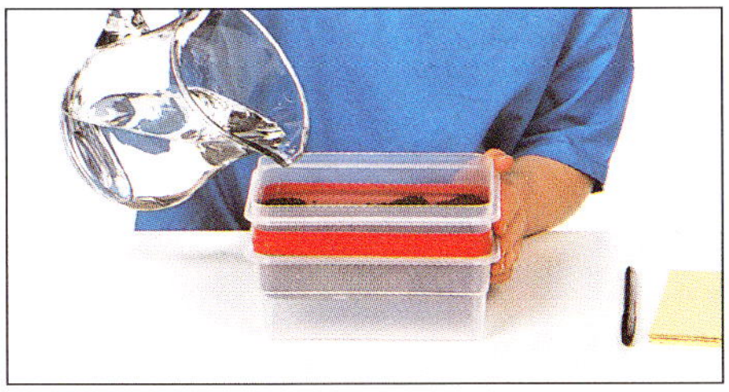

3 Gießt eine abgemessene Menge Wasser in die Erde, bis Wasser auf der Oberfläche und im unteren Behälter steht.

4 Stellt die Lampe etwa 5 cm über der Erde auf. Laßt sie (eventuell mehrere Tage) so stehen, bis die Erde trocken ist.

5 Die Differenz zwischen der hineingegossenen und der im unteren Behälter verbliebenen Wassermenge ist die Verdunstungsmenge während eurer »Dürre«.

Das Klima vor unserer Zeit

Klimate ändern sich ständig. Dies liegt zum Teil daran, daß die Kontinente sich andauernd, wenn auch sehr langsam, bewegen und auch die Ozeane allmählich ihre Form und Größe ändern. Es gibt viele Anzeichen dafür, daß sich Klimate dauernd ändern. Kohle entsteht nur dort, wo einst tropische Sümpfe existierten, aber man findet sie in vielen Teilen der Erde. Da es Kohle in der Antarktis gibt, wissen wir, daß dort einst tropisches Klima geherrscht haben muß. Das Himalajagebirge wird höher, weil Indien mit Asien zusammenstößt und Felsen, die auf dem Meeresgrund entstanden sind, hoch in die Luft hinaufschiebt. Das Mittelmeer ist der Rest eines alten Ozeans namens Tethys, der während früherer Eiszeiten, als die Meeresspiegel fielen, nur eine Kette von Seen war. Paläoklimatologie ist eine Wissenschaft, die das vergangene Klima erforscht. Dank ihrer Entdeckungen können wir die Funktionsweise des Wetters verstehen und vorhersagen, wie es sich in der Zukunft ändern könnte.

GROSSE ENTDECKUNGEN

Der Boxgrove-Mensch

Ende 1993 wurde in Sandablagerungen bei Boxgrove in Westsussex eine menschliche Tibia (Schienbein) entdeckt. Dieses Schienbein ist etwa 500 000 Jahre alt und stammt – was aufgrund seiner Größe feststeht – von einem Mann. Das Bild zeigt eine wissenschaftliche Rekonstruktion des »Boxgrove-Menschen«. Er lebte zusammen mit heute ausgestorbenen Arten von dickfelligen Nashörnern, Bären und kleineren Säugetieren in einer Zwischeneiszeit. Damals war Großbritannien mit dem europäischen Festland verbunden und hatte möglicherweise ein viel wärmeres Klima als heute.

EXPERIMENT

Die unruhige Erde

Die Erdkruste besteht aus riesigen Gesteinsstücken, genannt Platten, die sich gegeneinander bewegen. Es gibt sieben große Platten, darunter die nordamerikanische, die afrikanische und die eurasische Platte, sowie viele kleinere wie die karibische und die arabische Platte. Wo sich Platten voneinander entfernen, dringt neues Gestein aus der Erdkruste hervor. Wo sie zusammenstoßen, sinkt eine Platte unter die andere in den Erdmantel zurück. Einige Platten bewegen sich entlang von Verwerfungen aneinander vorbei. Ihr könnt demonstrieren, wie diese Plattenbewegung Kontinente verschiebt und neues Krustenmaterial unter der Oberfläche hervorholt.

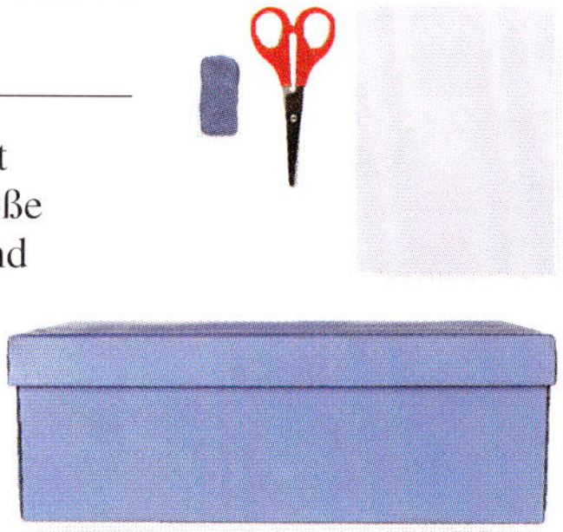

IHR BRAUCHT
- Papier
- Modelliermasse
- Schere
- Schuhschachtel

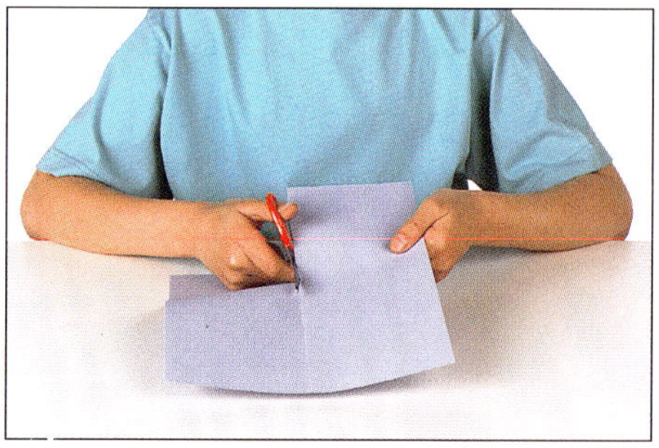

1 Schneidet das Papier in zwei Hälften. Dies sind Platten, die die Kontinente schieben.

2 Schneidet in die Mitte der Schachtel einen Schlitz, und entfernt ihre beiden Längsseiten, so daß sie wie ein Tisch aussieht.

3 Rollt zwei Stück Modelliermasse mit den Händen aus. Diese Gewichte stellen Kontinente dar.

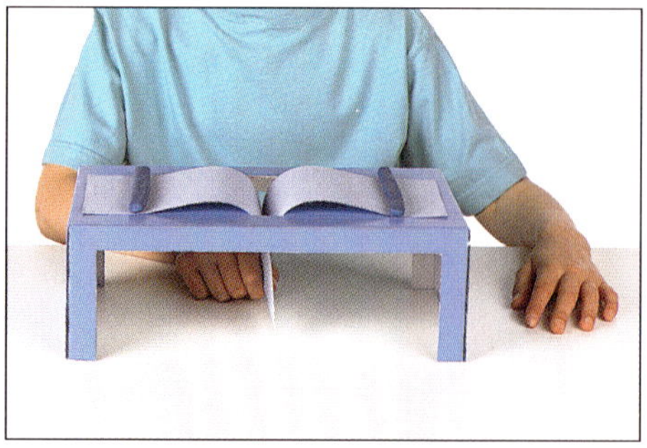

4 Haltet die Papierstreifen (Platten) unter der Schachtel fest. Schiebt oder zieht ihr an ihnen, bewegen sich die »Kontinente«.

EXPERIMENT

Bodenspuren

In einem Sandboden sind mehr als ein Drittel der mineralischen Bestandteile Sandkörner. Findet einmal heraus, ob der Boden bei eurem Haus sandig ist. Ist er es, könnte die Gegend einst eine Wüste gewesen sein. Untersucht den Sand mit einer Lupe: Enthält er winzige Muschelstückchen, dann wißt ihr, daß eure Umgebung früher ein Teil des Meeresbodens gewesen ist.

IHR BRAUCHT
- Erde • Notizblock
- Schreiber • Lineal
- Wasser • großes Glas mit Deckel

Alte Flüsse
Spezialsatellitenfotos wie dieses enthüllen Flußläufe unter dem Sand der Sahara. Als das Klima vor Jahrtausenden trockener wurde, verwandelte sich diese Region in eine Wüste. Die Flußläufe und die alte Gestalt der Flüsse wurden von Sanddünen verschüttet.

1 Holt etwas unberührte Erde aus der Umgebung eures Hauses. Füllt das Glas zur Hälfte damit, ohne die Erde zusammenzudrücken. Füllt dann mit Wasser auf.

2 Schraubt den Deckel fest zu, und schüttelt das Glas heftig, bis das Wasser schlammig ist. Laßt das Glas stehen, damit sich die Teilchen im Wasser absetzen.

3 Die Erde wird sich in Schichten setzen. Meßt sie und den Sand. Multipliziert dessen Dicke mit 3. Ist dies größer als die Gesamtdicke, ist die Erde sandig.

Alte Kontinente

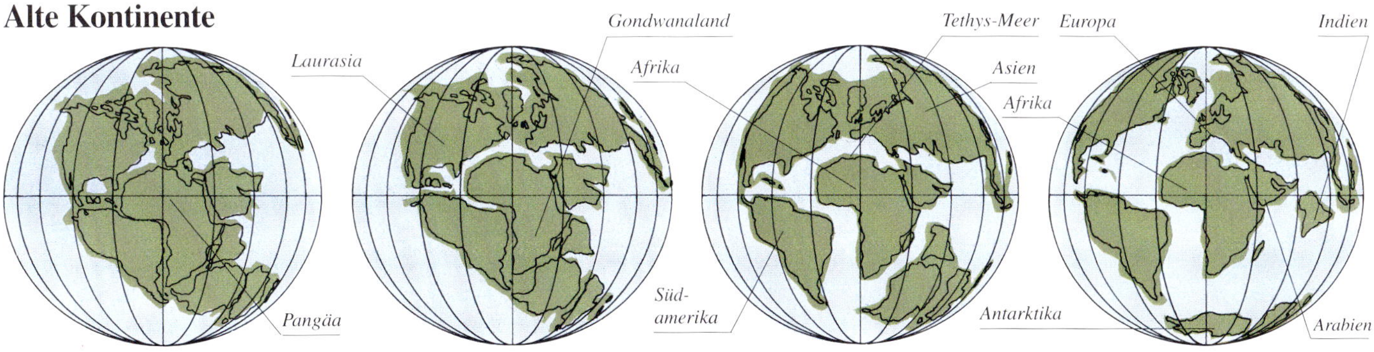

Eine Landmasse
Vor etwa 248 Millionen Jahren gab es nur einen Kontinent namens Pangäa, umgeben vom Weltmeer Panthalassa. Das Innere von Pangäa war sehr trocken.

Neue Kontinente
Vor 200 Millionen Jahren zerbrach Pangäa in zwei Teile: Laurasia im Norden und Gondwanaland im Süden, die aber noch durch Landbrücken verbunden waren.

Trennende Meere
Der Atlantische Ozean tat sich vor 135 Millionen Jahren auf, als Afrika und Südamerika sich trennten. Das Tethys-Meer schied Afrika und Südamerika von Asien.

Neue Ozeane
Australien und Antarktika trennten sich vor 40 Millionen Jahren, dann Nordamerika von Europa. Indien erreichte den Äquator, und Arabien brach von Afrika ab.

Pollen-, Käfer- und Eisanalyse

Das Klima ändert sich ständig. Wir sind umgeben von Beweisen, daß es früher anders war, auch wenn diese nicht immer leicht zu finden sind. So treten beispielsweise Korallenriffe nur in ganz klaren Meeren in 10 – 60 m Tiefe auf, wo die Temperatur nie unter 20 °C sinkt. Tote Korallen sind hart und daher oft erhalten – findet man ein fossiles Riff, ist dies der Beweis, daß dieser Ort einst unter einem warmen, seichten Meer lag. Pflanzenpollen überleben Jahrtausende. Alpenpflanzenpollen in Regionen, die heute ein mildes Klima haben, sind ein Hinweis darauf, daß es dort früher viel kühler war. Auch Käfer leben in besonderen Verhältnissen, und ihre harten Flügeldecken sind oft in der Erde erhalten. Neuerdings untersucht man auch Tausende oder gar Hunderttausende von Jahren alte Luftblasen in den Polareisschichten.

Hinweise aus eisiger Vergangenheit

In Grönland und in der Antarktis bohren Forscher tief nach Eiskernen. Die Anteile von zwei Formen von Sauerstoff in Wasser und Gase, die in winzigen Blasen gefangen sind, verweisen auf früher herrschende Temperaturen und umfassende Veränderungen lokaler Klimate im Laufe der Zeit.

EXPERIMENT

Bohrlöcher in die Zeit

Es gibt zwei wichtige Formen von Sauerstoff: ^{16}O und ^{18}O. Je kälter es ist, desto größer der Anteil von ^{18}O in Wasser, so daß Wissenschaftler anhand einer Analyse des ^{18}O in Schichten von altem Eis Sommer und Winter unterscheiden und Temperaturen messen können. Bohrungen durch jahrtausendealte Schichten geben Aufschluß über das damalige Klima. Ihr könnt vorführen, wie das Kernbohren funktioniert.

IHR BRAUCHT
- Backblech • Schere
- Modelliermasse in 3 Farben
- Trinkhalm • Teigroller

1 Macht mit den Händen die Modelliermasse weich, und rollt jede Farbe mit dem Teigroller zu einer 1 cm dicken Scheibe aus.

2 Legt die Scheiben übereinander aufs Backblech – dieser Stapel stellt die Eisschichten dar, die sich gebildet haben.

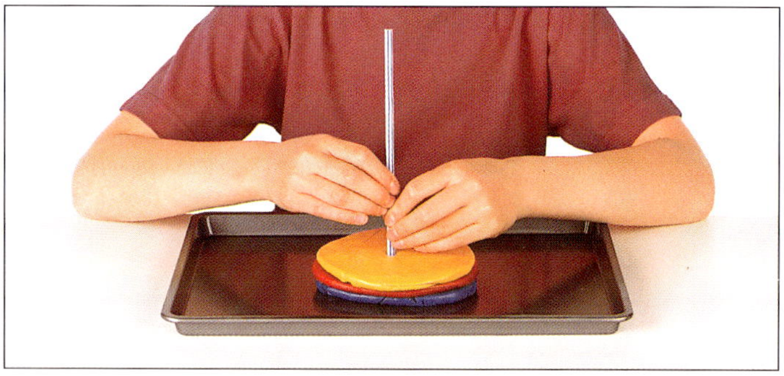

3 Bohrt einen Kern aus, indem ihr den Halm vorsichtig durch den Modelliermassenstapel senkrecht schiebt und dreht. Dreht ein letztes Mal, damit sich der Halm von der Masse löst, und zieht ihn behutsam heraus.

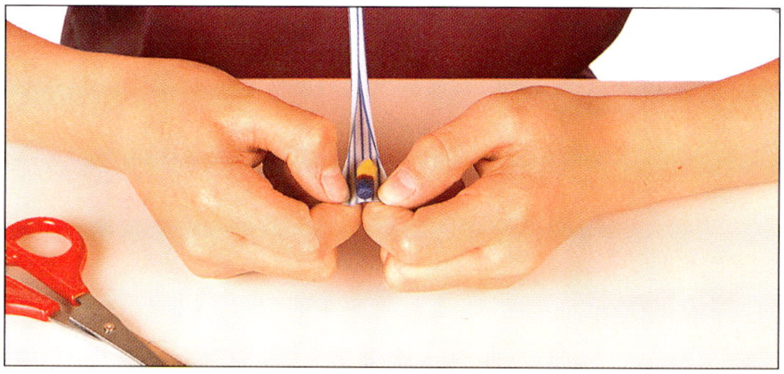

4 Eis, Torf und andere Kerne werden in einem Metallzylinder gesammelt, den man öffnet, um die Probe zu entnehmen. Ihr müßt den Halm mit der Schere aufschneiden und dann die Seiten auffalten. Nun habt ihr eure Kernprobe vor euch.

EXPERIMENT

Pflanzen aus der Vergangenheit

Pollenkörner sind winzig, doch ihre zähe Hülle widersteht fast völlig der Zersetzung, so daß sie in Torf und Erde Jahrtausende überleben können. Man weiß, daß manche Regionen, die heute Ackerland sind, und einige Gegenden mit karger Heide einst bewaldet waren. Die dort gefundenen Baumpollen ermöglichen es, die Baumarten der damaligen Wälder zu bestimmen. Alle Blütenpflanzen erzeugen Pollen, so daß diese Art der Klimaaufzeichnung noch heute andauert. Ihr könnt Pollen ganz leicht sammeln und die einzelnen Körner sehen, die bei der Erforschung vergangener Klimate untersucht werden.

IHR BRAUCHT
- weißes Papier
- Blütenpflanzen • starkes Vergrößerungsglas
- Schreiber • Notizblock
- kleine Umschläge oder Plastiktütchen

1 Sammelt wild wachsende, Pollen erzeugende Blumen in eurer Gegend. Wenn ihr ihre Namen nicht kennt, identifiziert ihr sie mit einem Naturführer. Gebt sie in einen beschrifteten Umschlag.

Die Geschichte eines Baumstamms

Im Stammzentrum sind unterschiedliche Ringstärken zu erkennen – in manchen Jahren gab es bessere Vegetationszeiten als in anderen.

Im Frühjahr wachsen Bäume, indem sie neues Holz in einer Schicht unter der Rinde produzieren. Das letzte, im Spätsommer erzeugte Holz dagegen ist dunkler. So entsteht ein Muster aus Ringen – einer für jedes Lebensjahr des Baums. Sie liefern Hinweise auf das Klima, da es bei gutem Wetter ein stärkeres Wachstum gibt und die Ringe breiter als in schlechten Jahren sind.

2 Nehmt eine Blüte, die fast ganz geöffnet ist. Klopft sie in einem Umschlag aus – der Pollen fällt wie feiner Puder ab. Nehmt für jede Pflanze einen eigenen Umschlag.

3 Um die Pollen zu untersuchen, leert ihr jeden Umschlag auf ein sauberes Blatt weißes Papier aus und studiert sie mit der Lupe. Stellt fest, wie viele Pollen von jeder Pflanze stammen und wie viele Arten ihr gefunden habt.

4 Listet die Pflanzenarten in der Reihenfolge der Gesamtmenge der Pollen auf, die ihr von jeder gesammelt habt (»wenig«, »mäßig«, »viel«). Schildert kurz das Klima, das diesen Pflanzen bekommt. Ändert es sich, ändert sich auch die Pollenstatistik.

Eiszeiten

Vor etwa 18 000 Jahren lagen große Teile von Nordeuropa, Asien und Nordamerika unter manchenorts kilometerdicken Eisschichten. Vor etwa 10 000 Jahren zog sich das Eis zurück. Die meisten Wissenschaftler glauben, daß wir in einer sogenannten Zwischeneiszeit leben. Ihrer Ansicht nach kommt es zu einer Eiszeit, wenn die Wärmemenge, die der Planet von der Sonne empfängt, reduziert wird – aufgrund Änderungen der Neigung der Erdachse, Schwankungen der Geschwindigkeit der Erde auf ihrer Bahn um die Sonne und einer leichten Verlängerung und Verengung der Erdumlaufbahn. Die älteste bekannte Eiszeit war vor etwa 290 Millionen Jahren, und seither hat es viele weitere gegeben. Offenbar sind sie in den letzten zwei Millionen Jahren häufiger aufgetreten – da gab es allein vier große Eiszeiten. Sie können rasch beginnen und enden, zuweilen im Laufe von Jahrzehnten.

GROSSE ENTDECKER

Jean Louis Agassiz

Jean Louis Rodolphe Agassiz (1807 – 1873) war ein Schweizer Naturforscher und Fossilienexperte. Auf einem Ausflug in den Alpen bemerkte er, daß eine auf einem Gletscher errichtete Hütte sich über eine Meile (1,6 km) weiterbewegt hatte, seit er sie 12 Jahre zuvor zum erstenmal gesehen hatte. 1836 errichtete er eine Reihe von Pfählen quer über den Gletscher, und als er im folgenden Jahr wiederkam, entdeckte er, daß sie weitergewandert waren. Damit war die Bewegung von Gletschern bewiesen, und er konnte die Lage von Felsen erklären, die offenbar von Gletschern bewegt und abgeschliffen waren, aber weit entfernt von jedem Gletscher lagen. Er schloß daraus, daß Nordeuropa einst großenteils von Gletschern bedeckt war und daß es eine »Große Eiszeit« gegeben hatte.

EXPERIMENT

Frostsprengung

Wasser sickert in kleine Risse in Gestein. Gefriert es, dehnt es sich aus und entwickelt dabei so viel Kraft, daß sich die Risse weiten und ganze Felsbrocken zersprengt werden können. Dies spielt bei der Verwitterung von Gestein eine große Rolle, da so kleine Bestandteile des Bodens entstehen. Demonstriert einmal, wie einfach Wasser einen Stein zersprengen kann.

IHR BRAUCHT
- einen Ziegelstein
- Plastikjoghurtbecher
- Papier
- Plastiktüte

1 Legt den Stein in den Joghurtbecher und bedeckt ihn mit Wasser. Laßt ihn sich über Nacht mit Wasser vollsaugen.

2 Holt den Stein heraus, und legt ihn noch feucht in die Plastiktüte. Leert den Becher, verschließt die Tüte, und legt sie mit dem Stein in den Becher.

3 Stellt den Becher für etwa zwei Stunden in den Gefrierschrank. Holt ihn heraus, und laßt ihn auftauen. Wartet, bis das Eis geschmolzen ist und der Stein Zimmertemperatur angenommen hat. Leert die Tüte auf einem Blatt Papier aus, und seht nach, ob die Frostaktion den Stein irgendwie verändert hat.

EXPERIMENT

Solifluktion

Am Rande eines Gletschers ist der Boden den Großteil des Jahres gefroren, aber für kurze Zeit kann die oberste Schicht im Sommer antauen. Dann wird Wasser freigesetzt, und die Oberfläche verwandelt sich in eine Schicht aus schlüpfrigem Schlamm. Ist der Boden geneigt, lockern sich große Felsbrocken und rutschen langsam bergab. Wenn der Boden erneut gefriert, bleiben sie liegen, aber jedes Jahr wandern sie etwas weiter. Dies nennt man »Solifluktion«. Wissenschaftler erkennen diese am Felsenmuster, das sie auf Hängen erzeugt und das zeigt, daß die Felsen nahe an einer Eisschicht lagen. Dies könnt ihr zu Hause vorführen.

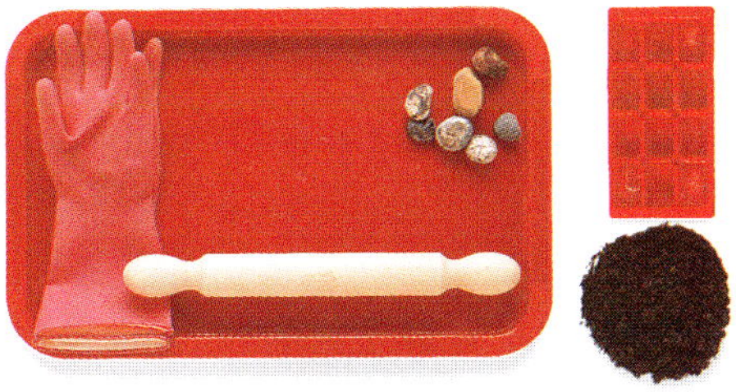

IHR BRAUCHT

- ein mindestens 50 cm langes Tablett • Gummihandschuhe • Teigroller • Steine • Eis • Erde

1 Bedeckt das Tablett mit einer dünnen, gleichmäßigen Schicht Erde, die ihr mit den Gummihandschuhen so fest wie möglich andrückt.

2 Zerstoßt mit dem Teigroller etwas Eis, und verstreut es über der Erde. Dann gebt ihr eine zweite Erdschicht darüber. Dies stellt einen Permafrostboden mit dünner Oberschicht dar.

3 Drückt eure »Felsbrocken« – ein paar etwa 5 cm große Kieselsteine – in die Erde nahe einem Ende des Tabletts.

4 Stellt das Tablett in den Gefrierschrank, und wenn alles gründlich gefroren ist, nehmt ihr es heraus und stellt es in einem Winkel von etwa 30° auf, wobei die Steine am oberen Ende dieses Hangs liegen. Beobachtet, was mit den Steinen passiert, wenn das Eis schmilzt.

Die Steine liegen am oberen Ende des Tabletts.

EXPERIMENT

Eis dehnt sich aus

Weil Eis weniger dicht ist als flüssiges Wasser (S. 128), nimmt Wasser ein größeres Volumen ein, wenn es gefriert, aber vielleicht erkennt ihr nicht, wieviel mehr Raum Eis als Wasser einnimmt. Dies könnt ihr mit diesem einfachen Experiment leicht messen.

IHR BRAUCHT

- Schere • Klebeband
- 2 Gläser • Wasser

1 Füllt die beiden Gläser zur Hälfte mit Wasser. Markiert den Wasserspiegel mit Klebeband an der Außenwand.

2 Stellt ein Glas in den Gefrierschrank, und holt es heraus, wenn das Wasser fest ist. Vergleicht die beiden Wasserspiegel.

Vulkane und Asteroiden

1815 brach der Vulkan Tambora auf der Insel Sumbawa in Indonesien mit solcher Heftigkeit aus, daß in bis zu 500 km entfernten Orten drei Tage lang fast totale Finsternis herrschte. Bei starken Vulkanausbrüchen werden riesige Mengen von Teilchen freigesetzt. In der Troposphäre (S. 18) werden sie zwar rasch durch Regen beseitigt, aber wenn sie die Stratosphäre (S. 18) erreichen, können sie dort monate- oder gar jahrelang bleiben, große Gebiete der Erde einhüllen und das Sonnenlicht reflektieren. Beim Ausbruch des Krakatau (1883) nahm die Sonnenlichtintensität um 10 Prozent ab, und beim Ausbruch des Katmai (1912) sogar um 20 Prozent, und das bis zu drei Jahre lang. In neuerer Zeit hat der Ausbruch des Pinatubo auf den Philippinen die Temperaturen weltweit zurückgehen lassen. Auch Asteroiden- und Kometeneinschläge können gewaltige Mengen von Materie in große Höhen emporschleudern, kommen aber nur ganz selten vor.

Ein Vulkan bricht aus

Der Pinatubo auf den Philippinen brach am 15. Juni 1991 aus, wobei er Teilchen bis in eine Höhe von über 15 km emporjagte und Land bis in 13 km Entfernung unter Asche begrub – an manchen Orten unter einer über 3 m dicken Schicht. Die Teilchen, die in die Stratosphäre gelangten, bestanden vor allem aus Schwefelsäure. Innerhalb von drei Wochen waren sie über 40 Prozent der Erdoberfläche verteilt und umkreisten in einem Gürtel die Erde. Man hat errechnet, daß sie so viel Sonnenlicht reflektierten, daß die Temperaturen in den Tropen um 2 °C sanken. Weltweit sank die Temperatur um 0,5 °C.

EXPERIMENT

Asteroidenaufschlag

Wenn ein Asteroid oder Komet, der mit etwa 72 000 km/h dahinrast, mit der Erde kollidiert, kann die Energie des Aufschlags riesige Materiemengen hoch hinauf in die Atmosphäre schleudern. Winzige Staubteilchen, die die Stratosphäre erreichen, verursachen eine Abkühlung des Klimas, da sie Sonnenstrahlen auffangen und zurück in den Weltraum reflektieren. Ihr könnt dies einfach demonstrieren – aber im Freien, da es Schmutz verursacht.

IHR BRAUCHT
- großes Tablett
- Modelliermasse
- einfaches Mehl

1 Formt mehrere 1 bis 10 cm große »Asteroiden« aus Modelliermasse. Schüttet etwa 200 g Mehl aufs Tablett, und verteilt es gleichmäßig.

2 Werft die Asteroiden ins Mehl. Beachtet, wieviel »Staub« jeder aufwirbelt – je fester ihr sie werft, desto mehr.

EXPERIMENT

Licht streuen

Wärme und Licht von der Sonne dringen durch die Atmosphäre bis zur Oberfläche vor, werden dabei aber durch kleine Teilchen in der Luft absorbiert, gestreut oder reflektiert. Die Streumenge hängt davon ab, wie weit der Himmel durch die Teilchen verdunkelt wird. Stellt euch eine Säule vor, die sich vom Boden bis zur Oberseite der Atmosphäre erstreckt. Strahlung von der Sonne kann die Erdoberfläche nur dann erreichen, wenn sie nicht von Teilchen unterbrochen wird, während sie die Säule in gerader Richtung passiert. Eine Staubwolke, auch mit großem Abstand der Teilchen untereinander, beeinflußt daher die Strahlung erheblich, wenn sie sich vertikal in einem größeren Teil der Säule ausbreitet. Strahlung, die ins Weltall zurück reflektiert wird, erreicht die Erdoberfläche nicht, so daß die Temperatur sinkt.

IHR BRAUCHT

• großes Glas mit Deckel • Taschenlampe • Löffel • Talkumpuder

1 Gebt soviel Talkum ins Glas, daß sich eine dünne Schicht auf dem Boden bildet, und verschließt es. Laßt das Puder sich setzen.

2 Macht das Licht aus, und wartet, bis sich eure Augen an die Dunkelheit angepaßt haben. Richtet das Licht der Lampe aufs Glas, und blickt von der anderen Seite durch. Das Licht sollte ungehindert durchscheinen, wie durch saubere Luft.

3 Dreht das Glas um, so daß die Puderteilchen fallen, und richtet die Lampe wieder aufs Glas. Darin wird es staubig sein, weil die Teilchen einen Großteil des Lichts reflektieren, das das Glas nicht mehr ungehindert durchdringen kann.

Globaler Staub

Kleine Teilchen aus Vulkanen, vorwiegend Schwefelsäuretröpfchen, können in die Stratosphäre gelangen, wo sie durch Winde in großen Höhen (S. 126) um die Erde verteilt werden. Dies dauert nur ein paar Wochen, wirkt sich aber monate- oder gar jahrelang aus. Hier wird die Ausbreitung von Teilchen nach dem Ausbruch des mexikanischen Vulkans El Chichón am 3. April 1982 gezeigt.

Am 5. April bedeckten die Teilchen ein Gebiet von der Größe Nordamerikas.

Am 15. April hatte die Asche Asien erreicht.

Am 25. April umgab die Asche den Globus.

Lokale Umweltverschmutzung

Nebel bildet sich, wenn Luft in Bodenhöhe gesättigt ist und keine Feuchtigkeit mehr aufnimmt. In Industriestädten verband sich früher häufig der Rauch von Kohlenfeuern mit natürlichem Nebel zu einem erstickenden, gelblichen Nebel. Dieser Rauchnebel (englisch smoke-fog), kurz »Smog« genannt, schadete der Gesundheit der Bewohner, zerfraß die Gebäude und ließ die Temperatur sinken. Heute hat Smog eine neue Bedeutung. Unter einer Temperaturinversionsschicht – wenn Warmluft über Kaltluft liegt – reagieren Stickoxide (hauptsächlich aus Industrie- und Autoabgasen) und Teilchen aus unverbranntem Treibstoff in starkem Sonnenlicht und erzeugen Ozon und eine Reihe chemischer Verbindungen, die einen unangenehmen gelblichen Dunst bilden: Smog. Auch die großräumige Verbrennung von Pflanzen (Brandrodung) beschattet den Boden, führt zu vorübergehender Abkühlung und kann die Farbe des Bodens verändern sowie die Sonnenenergiemenge, die absorbiert und reflektiert wird. Das lokale Klima wird kühler und trockener, weil die Pflanzentranspiration abnimmt, aber auch windiger, weil schützende Bäume fehlen.

EXPERIMENT

Säure und Baumaterial

Saurer Regen (siehe gegenüber) beschädigt Kalkstein, Marmor und Sandstein. Gebäude wie das Taj Mahal in Indien und der Parthenon in Griechenland haben darunter schwer gelitten. Diese Gesteine enthalten nämlich Karbonate, die mit der Säure reagieren. Ein Produkt dieser Reaktion ist Kohlendioxid, das als Gas freigesetzt wird. Wenn ihr eine saure Flüssigkeit auf ein Material gießt, das Karbonate enthält, wie einige Arten von Beton, seht ihr, wie das Gas heraussprudelt.

IHR BRAUCHT

- Essig
- Backblech
- kleinen Betonbrocken

Sprudelnder Beton
Legt den Beton aufs Backblech, und träufelt etwas Essig darauf. Beobachtet, wie die Säure sprudelt, wenn das Kohlendioxidgas freigesetzt wird.

EXPERIMENT

Luftverschmutzung

Über dem Land enthält die Luft stets Staubteilchen, Pollen, Pilzsporen und andere Materie. Ihr könnt euch davon überzeugen, wie sauber die Luft in eurer Umgebung ist. Entdeckt ihr schwarze Tupfer? Dies sind Rußteilchen von Feuern oder aus Auspuffgasen.

IHR BRAUCHT

- Regenmesser (S. 47)
- weißen Kaffeefilter
- Lupe

1 Leert den Regenmesser, und steckt die Filtertüte in den Trichter. Setzt das Gerät wieder zusammen, stellt es ins Freie, und wartet, bis es sich mit Regen gefüllt hat.

2 Holt die Filtertüte heraus, und legt sie flach unter eine helle Lampe. Sucht mit der Lupe nach Teilchen auf dem Papier. Deuten sie auf Luftverschmutzung hin?

EXPERIMENT

Saurer Regen

Saubere Luft enthält eine geringe Menge Kohlendioxid, eine noch kleinere Menge Sulfate, die von Vulkanen und Bakterien freigesetzt wurden, sowie Stickoxide, die entstehen, wenn Blitzenergie Stickstoff oxidiert. Diese Teilchen lösen sich in Wassertröpfchen, so daß natürlicher Niederschlag leicht sauer ist. Normalerweise hat Regen einen pH-Wert von 5,6. Ist er höher, dann ist der Regen alkalisch. Niederschlag gilt als sauer, wenn sein pH-Wert unter 5,0 liegt – dabei werden Fische und Pflanzen bereits geschädigt. Demonstriert einmal, wie neutrales destilliertes Wasser (pH 7,0) sauer werden kann, indem ihr selbst sauren Regen erzeugt.

IHR BRAUCHT

- Messer • Untertasse • Modelliermasse
- Kerze • Topf • Zündhölzer • Glas
- Essig • Schneidbrett
- 2 Filtertüten • etwas geschnittenen Rotkohl

Bei diesem Experiment sollte ein Erwachsener mithelfen.

1 Bittet den Erwachsenen, den Rotkohl ein paar Minuten in etwas Wasser zu kochen. Das so gefärbte Wasser ist neutral und dient als Indikator.

2 Laßt den Indikator abkühlen. Gebt etwas auf die Untertasse, und fügt den Essig hinzu. Verändert sich die Flüssigkeit?

3 Taucht eine Filtertüte in die Indikatorflüssigkeit. Drückt sie leicht aus, so daß sie feucht, aber nicht naß ist. Legt sie flach auf das Schneidbrett.

4 Stellt die Kerze in Modelliermasse auf die Filtertüte. Bittet den Erwachsenen, sie anzuzünden, und bedeckt sie dann mit dem Glas – es muß luftdicht sein.

5 Entfernt das Glas etwa 2 Minuten, nachdem die Kerze ausgegangen ist. Hat das Kohlendioxid die Farbe des Indikators irgendwie verändert?

EXPERIMENT

Den Säuregehalt von Alltagsgegenständen prüfen

Der Säuregehalt von Regen schwankt erheblich von Ort zu Ort, aber die dafür verantwortlichen Industrieschadstoffe können große Entfernungen zurücklegen – selbst wenn ihr weit von Fabriken entfernt wohnt, kann der Regen bei euch sauer sein und einen pH-Wert unter 5,6 haben. Der Säuregehalt von Regen läßt sich leicht ermitteln: Sammelt in eurem Regenmesser Regenwasser, und meßt es mit einem pH-Set. Dabei wird eure Regenprobe mit einem Indikator vermischt: einer Flüssigkeit, deren Farbe sich ändert, je nachdem, ob etwas sauer oder alkalisch ist. Ein Schlüssel auf der Verpackung gibt an, wie hoch der pH-Wert der von euch gemessenen Substanz ist.

IHR BRAUCHT

- pH-Set (für Schwimmbäder)
- Pipette
- Schreiber
- Notizblock
- Regenwasser
- Essig • destilliertes Wasser

Der Säuretest
Meßt der Reihe nach den pH-Wert jeder Flüssigkeit, und säubert das Gerät zwischen den Proben. Notiert jede Messung, und vergleicht den Säuregehalt.

Globale Umweltverschmutzung

Die von der Sonne ausgestrahlte Wärmeenergie erwärmt die Erdoberfläche. Die Erde strahlt Wärme in die Atmosphäre zurück und ins Weltall ab, aber mit viel längerer Wellenlänge. Ein Teil dieser Wärme wird von Gasmolekülen wie Wasserdampf, Kohlendioxid, Methan, FCKW und Stickoxiden absorbiert. Durch diese Verschmutzung erwärmt sich die Luft und der sogenannte Treibhauseffekt wird verstärkt. Viele Wissenschaftler befürchten, daß sich durch Freisetzen von mehr Gasen das Weltklima verändern wird. Doch es gibt viele Unwägbarkeiten und unterschiedliche Interpretationen der verschiedenen Anzeichen, die für eine globale Erwärmung vorliegen.

GROSSE ENTDECKER

James Lovelock

Als der britische Chemiker und Erfinder James E. Lovelock (*1919) in den sechziger Jahren in Kalifornien am NASA-Weltraumprogramm mitarbeitete, befaßten er und seine Kollegen sich mit der Frage, wie wir die Anwesenheit lebender Organismen auf anderen Planeten nachweisen könnten, ohne uns dorthin zu begeben. Ihre Antwort: Jeder Organismus muß seine Umgebung nachweisbar verändern. Darauf beruht Lovelocks »Gaia-Hypothese« (gaia ist das griechische Wort für »Erde«): Auf jedem Planeten, auf dem Leben möglich ist, erhalten lebende Organismen lebensfreundliche Bedingungen, besonders das Klima, aufrecht. Trifft dies zu, dann tun lebende Organismen alles, um von Menschen verursachte Umweltschäden zu beseitigen.

EXPERIMENT

In Schmelzwasser ertrinken

Wird das Weltklima aufgrund der Umweltverschmutzung sehr viel wärmer, könnte das Eis an den Polen zu schmelzen beginnen. Es ist unwahrscheinlich, daß dies in großem Maßstab geschieht, aber in diesem Fall würde der Meeresspiegel steigen – wie am Ende der Eiszeiten. Hier könnt ihr sehen, was dann mit tief gelegenen Inseln und Küsten geschähe.

IHR BRAUCHT

- Backform • Wasser • Eis
- Modelliermasse

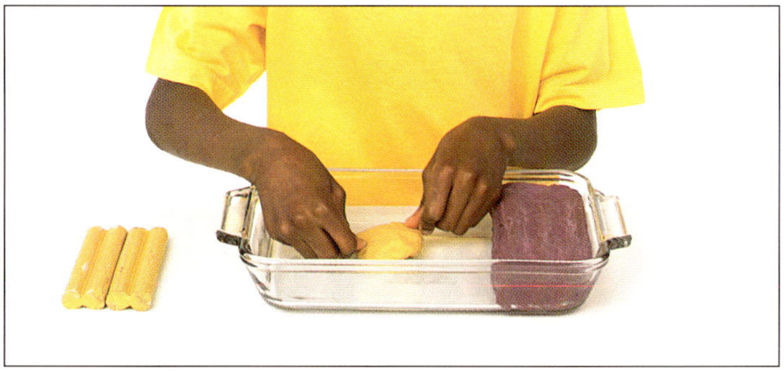

1 Bildet aus Modelliermasse einen »Kontinent« an einem Ende der Form, fast am Rand, und dann eine »Insel« in der Mitte der Form, etwa halb so hoch wie diese.

2 Gießt Wasser in die Form, um ein »Meer« zu erzeugen. Es sollte so hoch sein, daß nur noch die Spitze der Insel herausschaut. Der Kontinent ragt aus dem Wasser und ist trockenes Land.

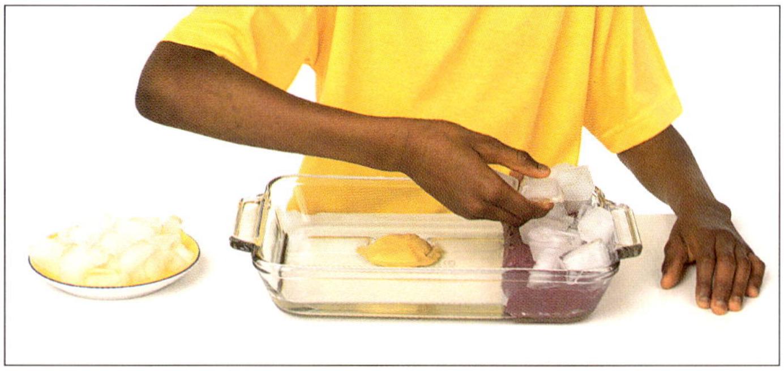

3 Legt möglichst viele Eiswürfel auf den Kontinent, außerhalb des Wassers, und laßt sie schmelzen. Dieses Eis stellt Inlandeis dar, wie das der Antarktis. Was geschieht mit dem Meeresspiegel, wenn das Eis schmilzt? Was passiert mit der Insel, wenn der Wasserspiegel steigt?

EXPERIMENT

CO_2 absorbieren

Ein Teil des Kohlendioxids, das in die Luft gelangt, wenn wir Brennstoffe verbrennen, löst sich in den Ozeanen auf, ein anderer Teil wird von Grünpflanzen absorbiert, so daß diese schneller wachsen und größer werden. Da Pflanzen aus Kohlendioxid Nahrung erzeugen, bleibt weniger Kohlendioxid in der Luft zurück, so daß sich das Klima weniger stark erwärmen kann. Bislang ist die globale Erwärmung gering, aber es gibt bereits Vorschläge, wie man der Luft Kohlendioxid entziehen und einer weiteren globalen Erwärmung vorbeugen könnte – etwa durch Anpflanzen schnell wachsender Bäume auf nicht genutztem Land. Mit diesem einfachen Experiment könnt ihr beweisen, daß Pflanzen Kohlendioxid absorbieren und Sauerstoff freisetzen – wie ein natürlicher Luftfilter.

IHR BRAUCHT

• 2 Kerzen • frische Blätter • Zündhölzer • Modelliermasse • Wasser • 2 Gläser mit Deckel

Bei diesem Experiment sollte ein Erwachsener mithelfen.

1 Befestigt mit Modelliermasseklümpchen auf dem Boden jedes Glases eine Kerze. Stellt beide Gläser an einem warmen, sonnigen Tag draußen nebeneinander in die Sonne.

2 Gießt etwa 5 cm frisches Wasser in ein Glas, und gebt frisch gepflückte grüne Blätter darauf, bis die Oberfläche von schwimmenden Blättern bedeckt ist. Je mehr Blätter ihr nehmt, desto besser. Vorsicht, die Blätter nicht zerdrücken!

3 Bittet den Erwachsenen, beide Kerzen anzuzünden. Schraubt die Deckel auf beide Gläser. Die Flammen setzen Kohlendioxid frei und verbrauchen Sauerstoff, bis beide Kerzen ausgehen – doch die Blätter absorbieren Kohlendioxid und setzen Sauerstoff frei. Welche Kerze geht zuerst aus?

Ressourcen nützen

In den meisten Pflanzen beginnt die Photosynthese (das Verfahren, mit dem Pflanzen ihre eigene Nahrung – sogenannte Kohlehydrate – erzeugen), wenn aus Kohlendioxid, Wasser und anderen Stoffen eine chemische Verbindung hergestellt wird. Auf der ersten Stufe der Photosynthese werden drei Kohlenstoffatome verarbeitet. Pflanzen, die dieses Verfahren anwenden, heißen »C_3-Pflanzen« – sie gehen verschwenderisch mit dem Kohlendioxid um. »C_4-Pflanzen« stellen eine Verbindung mit vier Kohlenstoffatomen her, und am Ende des Photosynthesezyklus wird Kohlendioxid wiederverwendet. C_4-Pflanzen verwenden Kohlendioxid viel effizienter als C_3-Pflanzen und haben sich vielleicht entwickelt, weil die Atmosphäre sehr wenig Kohlendioxid enthält. C_4-Pflanzen wie Mais und Zuckerrohr wachsen schneller als C_3-Pflanzen wie Weizen. Gelangt mehr Kohlendioxid durch Umweltverschmutzung in die Luft, nutzen C_3-Pflanzen dies vielleicht besser als C_4-Pflanzen und könnten dann auch bessere Erträge liefern.

Grüne Bohnen – eine C_3-Pflanze

Mais – eine C_4-Pflanze

WETTER-VORHERSAGE

Blick auf die Erde
Dieses vom Wettersatelliten Meteosat aufgenommene Bild der Erde (oben) zeigt die Wolkenformationen und Landtemperaturen (heiße Gegenden sind rot bis gelb, kühlere Gebiete grün und blau dargestellt). Erdstationen (links) vermitteln ein eher lokales Bild. Diese Fluglotsen in Memphis, Tennessee, stützen sich auf Informationen vom US-Lightning Detection Network (Blitzüberwachung) – die grünen Punkte zeigen Blitzschläge an.

Seit jeher wollen die Menschen wissen, wie das Wetter wird, und bis vor noch nicht allzu langer Zeit richteten sie ihre Vorhersagen nach Naturphänomenen. Die Blüte, das Verhalten der Vögel oder die Farbe des Sonnenuntergangs – dies alles sind Wettervorzeichen. Die heutige Wettervorhersage arbeitet mit der modernsten Technik. Doch sogar ein Amateurmeteorologe kann sich am internationalen Wettervorhersagenetz beteiligen, wenn er genaue Aufzeichnungen vom Wetter anlegt.

ZEICHEN AM HIMMEL

Die Menschen haben immer schon die Windrichtung ermittelt und am Himmel nach Anzeichen für künftiges Wetter Ausschau gehalten. Der Historiker Plinius der Ältere, der in Italien lebte und im Jahre 79 beim Ausbruch des Vesuvs starb, schrieb: »Ein Wind aus Nordwesten bringt kaltes Wetter, vielleicht mit Hagel. Im Winter kann ein Wind aus dem Nordosten Schnee bringen. Wind aus dem Südwesten ist heiß und bringt Regen. Der für die Gesundheit beste Wind kommt aus dem Norden, der schlimmste aus dem Süden.«

Plinius war nicht der erste, der über die Anzeichen schrieb, nach denen wir das Wetter vorhersagen können. Hesiod, ein griechischer Dichter, der um 700 v. Chr. lebte, empfahl Seeleuten, am sichersten sei es, in See zu stechen, wenn die ersten Blätter an der Spitze des Feigenbaums so groß wie Krähenfüße seien. Der griechische Philosoph Theophrast (um 300 v. Chr.) hat viele Wetterzeichen festgehalten, nach denen man sich zu seiner Zeit richtete. So bemerkte er, Blitz und Donner würden stets von starken Winden begleitet, und wenn die Sonnenstrahlen am Morgen geteilt würden, so daß einige nach Norden, andere nach Süden zeigten, dann gebe es Wind oder Regen im Laufe des Tages. Und wenn ein Delphin nahe am Strand auftauche, werde es einen Sturm geben.

Bauern und Seeleute, die wissen müssen, mit welchem Wetter sie zu rechnen haben, und die sich meist im Freien aufhalten, beobachteten zu allen Zeiten den Himmel. Wie die alten Griechen stellten sie fest, daß auf manche Wolkenarten und Winde aus bestimmten Richtungen gewöhnlich schönes oder schlechtes Wetter folgt.

Wetter in Zahlen
Lewis Richardson versuchte das Wetter in den zwanziger Jahren mit dieser Rechenmaschine vorherzusagen.

Bauernregeln

Die meisten Himmelsbeobachter in alter Zeit glaubten, das Wetter würde durch Götter, Geister oder Dämonen verursacht statt durch physikalische Vorgänge, und daher nahmen sie an, daß Pflanzen und Tiere – die in engerem Kontakt mit jenen stünden – besser als Menschen wüßten, welches Wetter kommen würde, so daß die Beobachter Zeit hatten, sich darauf einzustellen. Tatsächlich vermögen offenbar manche Tiere, wie Hunde und Katzen, die mit Gewittern verbundenen elektrischen Störungen zu verspüren. Sie werden eindeutig unruhig, aber sie reagieren einfach auf das, was sie empfinden, und machen keine Vorhersage, und ihr Verhalten ist ein eher dürftiges Indiz für das Wetter. Das Gewitter kann auch vorüberziehen, und wenn es wirklich kommt, sieht der Himmel dann, wenn die Tiere unruhig werden, vermutlich ohnehin schwarz aus, und man hört vielleicht schon den Donner in der Ferne und braucht keine unruhigen Tiere, um zu wissen, was bevorsteht. Pflanzen treiben, blühen und bilden Samen entsprechend den Wetterbedingungen zur jeweiligen Zeit. Sie wissen nicht im voraus, was Monate oder auch nur Minuten später geschehen wird, und die Tatsache, daß der Winter mild, der Frühling warm ist und das Pflanzenwachstum eine oder zwei Wochen früher einsetzt als im Jahr zuvor, sagt nichts darüber aus, wie der Sommer sein wird. Wenn es reichlich Obst und Nüsse gibt und Tiere, die sich für den Winter versorgen, geschäftiger als sonst zu sein scheinen, bedeutet das nicht, daß sie einen langen Winter vorhersehen. Sie nehmen sich eben, was sie finden können, und wenn sie mehr zu horten scheinen, dann liegt dies höchstwahrscheinlich daran, daß das warme Wetter, das bei den Pflanzen so viele Nüsse hervorbrachte, auch mehr Jungtiere überleben ließ, so daß sich mehr von ihnen an der Nahrungssuche beteiligen. Kann man sich auf die alten Wettervorzeichen verlassen? Die scheinbar eindeutigen Bauernregeln, die auf dem Aussehen des Himmels beruhen, müssen nicht unbedingt korrekt sein. Denn die Menschen, die sie vor vielen Jahrhunderten auf-

Admiral Robert Fitzroy
Fitzroy (1805–1865), der Kommandant von Darwins Schiff HMS Beagle, veröffentlichte 1863 sein Wetterbuch für Seeleute.

Sicherheit auf See
Wettervorhersagen im Radio helfen diesen Seeleuten, den besten Wind zu finden und gefährliche Stürme zu meiden.

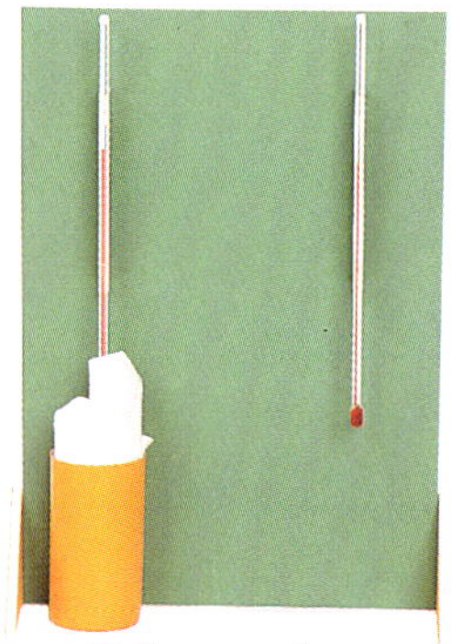

Nasser Kolben, trockener Kolben
Einfache Vorhersagen lassen sich machen, wenn man mit einem Hygrometer die relative Luftfeuchtigkeit mißt.

stellten, ließen sich von einer Vorstellung vom Wetter auf der ganzen Welt leiten, die falsch war. Sie glaubten nämlich, daß das Wetter am Äquator stets heiß und trocken und an den Polen stets kalt und naß sei und daß Winde aus diesen Richtungen entsprechendes Wetter bringen würden.

Wissenschaftliche Methoden

Moderne Methoden der Wettervorhersage sind genauer und nützlicher für heutige Bedürfnisse. Mittlerweile haben wir mehr Informationen über Wettermuster als früher und wissen mehr darüber, wie das Wetter zustande kommt.

Die ersten wissenschaftlichen Wettervorhersagen wurden vor etwa 140 Jahren in England, Frankreich und in den USA nach der Einführung der ersten Telegrafendienste gemacht, über die Wetterzustandsberichte übermittelt wurden. Als Telegrafenleitungen auch in anderen Ländern errichtet wurden, führten auch diese Wettervorhersagen ein.

Als die Anzahl der Wetterstationen zunahm, wurden auch die Vorhersagen immer besser; der größte Fortschritt allerdings wurde kurz nach dem Start der ersten Weltraumsatelliten erzielt, die es Meteorologen auf dem Boden ermöglichten, ständig aktualisierte Bilder von Wolkenformationen über sehr großen Gebieten zu empfangen. Die heutige Wettervorhersage beruht auf moderner und sehr teurer Technik – und dennoch braucht man noch Beobachter auf der Erdoberfläche. Meteorologen können gar nicht genug Informationen bekommen. Je eher genaue Informationen zu einer Wetterstation gelangen, desto genauer kann die Vorhersage sein, besonders für die unmittelbare Zukunft. Die Genauigkeit einer Vorhersage nimmt ab, je größer der Abstand zwischen der Beobachtungszeit und dem Vorhersagezeitraum ist. Fortwährend aktualisierte Informationen bedeuten, daß auch die Vorhersagen laufend aktualisiert und verbessert werden können.

Die Vorhersagen der offiziellen Wetterdienste gelten für eine ganze Region, so daß sie das Wetter beschreiben, mit dem man im Durchschnitt rechnen kann. Dabei können die Verhältnisse in der Umgebung eines einzelnen Hauses durchaus vom Durchschnitt abweichen, je nachdem, ob es sich an einer geschützten oder exponierten Stelle befindet. Ihr könnt in eurer Gegend feststellen, ob die Veränderungen, die im Fernsehen vorhergesagt werden, schneller oder langsamer eintreten als vorhergesagt. Genaue Vorhersagen können nur aufgrund genauer und detaillierter Aufzeichnungen von Beobachtungen und Messungen des gegenwärtigen Wetters gemacht werden.

Natürliche Vorzeichen
In feuchter Luft quillt Seetang auf und wird geschmeidig. In trockener Luft ist er trocken und spröde. Ihr könnt Seetang als natürlichen Feuchtigkeitstester verwenden.

Die Windgeschwindigkeit messen
Über die Schalen dieses alten Anemographen wird die Windgeschwindigkeit auf Millimeterpapier aufgezeichnet. Informationen über die Windgeschwindigkeit sind wichtig für Piloten und Seeleute. Rasche Änderungen der Windrichtung können durch vorüberziehende Fronten verursacht werden.

Eigene Vorhersagen

Das Beobachten und das Aufzeichnen des Beobachteten ist reine Übungs- und Gewohnheitssache und kostet nichts weiter als einen Notizblock, einen Bleistift und jeden Tag ein wenig Zeit. Für Messungen sind Instrumente erforderlich, und wenn die Messungen an ein Zentrum geschickt werden, wo sie von professionellen Meteorologen verarbeitet werden, müssen sie genau sein. Dazu benötigt man also gute Instrumente. Einige kann man selbst basteln, aber bestimmte Instrumente – wie ein Barometer – muß man kaufen. Recht ordentliche Vorhersagen für den persönlichen Gebrauch lassen sich mit einfachen Instrumenten erzielen. Nach der Beaufort-Skala (S. 58) etwa kann man die Windstärke schätzen, ohne die genaue Geschwindigkeit messen zu müssen. Auch ohne eine professionelle Windsonde oder einen Windsack läßt sich die Windrichtung nach einer Windfahne auf einem nahe gelegenen hohen Gebäude am besten ermitteln.

Die Wettervorhersage beginnt mit der Beobachtung, und wenn ihr die in diesem Buch dargestellten Techniken befolgt, könnt ihr damit anfangen, Wettervorhersagen für das Gebiet um euer Haus aufzustellen.

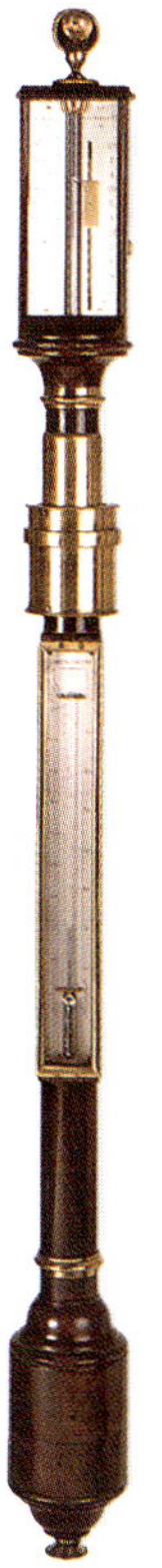

Luftdruck messen
Dieses Barometer mißt den Luftdruck als Höhe einer Quecksilbersäule, die die Luft hält. Luftdruckunterschiede sagen eine Menge über das bevorstehende Wetter aus. Dieses alte französische Instrument ist mit einem Thermometer kombiniert.

Wetterinformationen
Ein moderner Meteorologe verwendet Informationen, die von Wetterstationen und Satelliten gesammelt wurden. Sie werden von Computern verarbeitet, die allgemeine und spezielle Vorhersagen für Bauern, Seeleute und Flugzeugbesatzungen liefern.

Pflanzenverhalten

Bevor es Barometer, Hygrometer und Satellitenfotos gab, beruhten Wettervorhersagen auf dem Aussehen des Himmels und dem Verhalten von Lebewesen. Pflanzen können das Wetter zwar nicht vorhersagen, aber einige reagieren auf Änderungen der Temperatur, Feuchtigkeit oder Elektrizität – daher können sie atmosphärische Verhältnisse anzeigen. So lassen etwa viele Bäume die Unterseiten ihrer Blätter sehen, wenn die Luft feucht ist, weil die Feuchtigkeit die Blattstengel weich macht, so daß sie sich biegen. Es gibt viele Wetterregeln, die auf Pflanzen und deren Aussehen bei unterschiedlichem Wetter und Klima beruhen.

GROSSE ENTDECKER

Theophrast

Theophrast (um 372 – 287 v. Chr.) war ein griechischer Philosoph, der unter anderem ein Buch über Wetterzeichen schrieb. Da heißt es etwa: Wenn die Sonne matt aussieht, wird es Regen oder Wind geben, wenn die Sonne aus Wolken aufsteigt, wird es regnen, der Südwind bringt heißes Wetter, und Blitz und Donner gehen mit starken Winden einher. Der Schüler von Platon und der Freund von Aristoteles wird wegen seiner sehr detaillierten Pflanzenbeschreibungen oft auch als »Vater der Botanik« bezeichnet. Sein richtiger Name lautete Tyrtamus. Theophrastos, wie ihn Aristoteles nannte, bedeutet »göttliche Rede«.

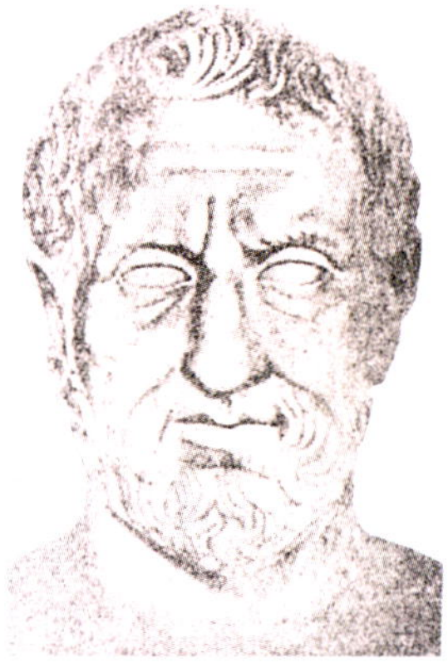

EXPERIMENT

Natürliches Hygrometer

Kiefern produzieren ihre Samen in Zapfen, den weiblichen Teilen ihres Fortpflanzungssystems. Die Samen werden vom Wind verstreut. Wenn der Zapfen trocknet, öffnet er sich und entläßt die Samen. Ist die Luft feucht, schließt er sich. Sind die Samen fort, öffnet und schließt sich ein Kiefernzapfen weiterhin, wenn sich die Luftfeuchtigkeit ändert, so daß er ein natürliches Hygrometer darstellt. Pflückt euch einen großen, reifen Zapfen von einer Kiefer oder Lärche.

IHR BRAUCHT
- Hygrometer (S. 43)
- Schüssel • warmes Wasser • Kiefernzapfen
- Schnur • Schere
- Schreiber • Notizblock

1 Hängt einen möglichst großen Zapfen an einem geschützten Ort im Freien über dem Boden auf. Meßt nach zwei Stunden die relative Luftfeuchtigkeit mit dem Hygrometer, und überprüft, ob der Zapfen geöffnet oder geschlossen ist.

2 An einem trockenen Tag stellt ihr eine Schüssel mit warmem Wasser möglichst nahe unter den offenen Zapfen, aber ohne ihn zu berühren. Lest nach etwa zwei Stunden das Hygrometer ab. Hat sich der Zapfen verändert?

Pflanzenhinweise

Viele Blütenpflanzen reagieren auf Veränderungen der Luftfeuchtigkeit. Da sie Wind ausnutzen, um ihre Samen und Pollen auszustreuen, kämen diese Teilchen bei hoher Feuchtigkeit nicht weit, sondern würden schnell aus der Luft herausgewaschen werden. Daher öffnen sich diese Pflanzen nur bei schönem Wetter. Da auch Insekten trockene Luft bevorzugen, schließen sich auch die von Insekten bestäubten Blüten in feuchter Luft, um ihre Pollen nicht zu vergeuden.

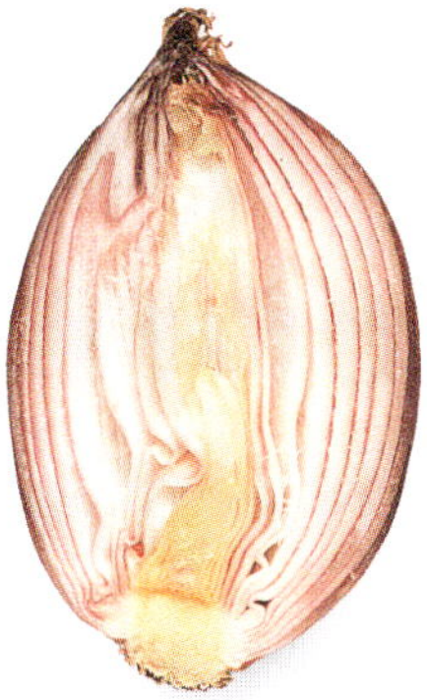

Zwiebeln

Zwiebelschalenmärchen
Manche Leute glauben, daß es einen strengen Winter geben wird, wenn Zwiebeln dicke Außenschalen bilden, aber tatsächlich kann eine Pflanze nicht das Wetter über Monate vorhersagen. Die Stärke der Schale hat eher etwas mit dem Wetter zu der Zeit zu tun, als sich die Knolle bildete.

Rotdorn

Wilder Weißdorn

Weißdorn
Früher glaubte man, daß Wildpflanzen – wie der Weißdorn – mehr Beeren als sonst im Sommer vor einem strengen Winter produzieren würden. Tatsächlich hängt aber die Zahl der Früchte von der im Frühjahr produzierten Zahl der Blüten ab.

Warnkräuter
Löwenzahn und Moosglöckchen öffnen ihre Blüten nur, wenn die Luft trocken ist. In feuchter Luft bleiben sie geschlossen. Trockene Luft bedeutet schönes Wetter, also geben diese Pflanzen mit ihrer Reaktion auf die relative Luftfeuchtigkeit einen Hinweis auf das in den nächsten Stunden zu erwartende Wetter.

Moosglöckchen

Löwenzahn

Ebbe und Flut
Seetang, der nahe der Flutgrenze wächst, muß die Trockenheit bei Ebbe überstehen können. Er wird trocken und spröde, aber sobald er auch nur von wenig Wasser bedeckt wird, absorbiert er es und wird feucht und geschmeidig. Ihr könnt Tangpflanzen mit zähen, flachen Wedeln wie Blasen- und Riementang verwenden, um Veränderungen der Luftfeuchtigkeit zu erkennen. Sehen sie verschrumpelt aus, ist die Luft trocken, sind sie weich, ist die Luft feucht.

Blasentang

Riementang

Tierverhalten und Himmelszeichen

Das Verhalten großer und kleiner Tiere kann sich aufgrund eines Wetterwechsels verändern. Heißes Wetter kann große Tiere, statische Elektrizität kleine Tiere unruhig machen. Bei heißem Wetter tragen Konvektionsströme Insekten oft in große Höhe. Diese könnt ihr nicht sehen, aber ihr seht die Vögel, die Jagd auf sie machen. Anzeichen am Himmel selbst sind im Hinblick auf eine Wettervorhersage oft zutreffender: Was ihr seht, ist nämlich das aktuelle Wetter – und das kann euch eine gute Vorstellung vom künftigen Wetter vermitteln.

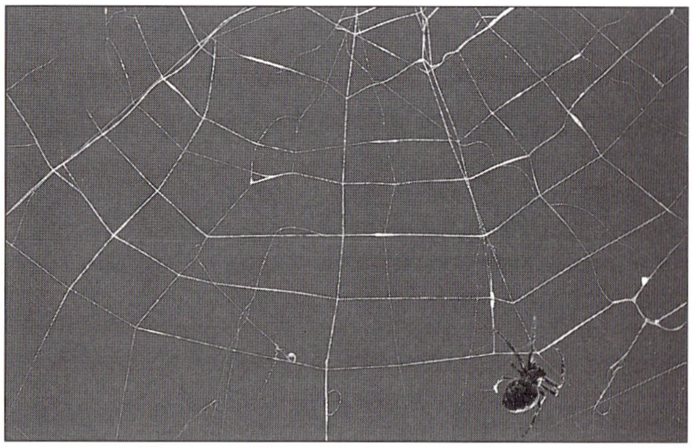

Spinnennetze
Spinnen bauen größere Netze in trockener, nicht in feuchter Luft, und wenn es sehr naß ist, spinnen sie überhaupt keine Netze. Vielleicht sparen die Spinnen nur ihre Energie, wenn wenige Insekten fliegen.
Spinnen kommen lange Zeit ohne Nahrung aus, so daß sie besseres Wetter abwarten können.

Säugetiere und Insekten

Tiere können zwar auf veränderte atmosphärische Verhältnisse reagieren, aber nicht das Wetter vorhersagen. Sie bringen nur zum Ausdruck, welche Empfindungen die Luft um sie herum bei ihnen auslöst. Dies kann natürlich ein Indiz für das bevorstehende Wetter sein. Wenn die Luft trockener oder feuchter wird, nähert sich vielleicht eine Front oder zieht vorbei, und dann kann schöneres oder schlechteres Wetter folgen – aber erst wir Menschen machen aus diesen Beobachtungen Vorhersagen. Nicht alle solche auf tierischem Verhalten beruhenden Vorhersagen sind brauchbar: Tierisches Verhalten kann sich auch aus Gründen ändern, die überhaupt nichts mit dem Wetter zu tun haben.

Unruhiges Schwein
Wenn Schweine unruhig werden, in ihren Ställen herumlaufen und ihre Streu aufwühlen, glauben manche Menschen, daß ein Sturm aufkommt. Angeblich können Schweine den Wind sehen.

Eine Maus im Haus
Feldmäuse sollen Häuser aufsuchen, wenn Regen droht. Hausmäuse können angeblich vor Wetteränderungen warnen: man hört dann, wie sie herumlaufen und piepsen.

Rasende Rinder
Wenn Kühe im Liegen fressen, wird es regnen, meint der Volksmund. Vor einem Gewitter rennen sie herum, den Schwanz aufgerichtet – vermutlich um beißende Insekten abzuwehren, die in warmer, feuchter Luft aktiver sind.

Bienenverhalten
Bienen orientieren sich nach der Sonne und bleiben an Tagen, die wolkig sein werden, im Stock. Dies tun sie auch, wenn starker Wind ansteht. Sie nehmen statische elektrische Ladungen wahr und zeigen daher herannahende Gewitter durch ihre Unruhe an.

Zirpende Grillen
Heimchen zirpen angeblich nur, wenn Regen bevorsteht. Dies liegt vielleicht daran, daß das Grillenzirpen von der Temperatur beeinflußt wird. Manche Menschen können die Temperatur angeben, indem sie die Zirprate der »Thermometergrille« zählen.

Himmelszeichen

Bauernregeln über das Aussehen des Himmels sind vermutlich die bekanntesten Wetterregeln. Eine der bekanntesten steht sogar schon in der Bibel: »Des Abends sprecht ihr: Es wird ein schöner Tag werden, denn der Himmel ist rot. Und des Morgens sprecht ihr: Es wird heute ein Unwetter kommen, denn der Himmel ist rot und trübe.« *(Matthäus 16, 2–3)* Diese Regel ist sehr häufig zutreffend. Nach der Abfolge von Vorgängen am Himmel können sich Himmelsbeobachter zurechtlegen, welches Wetter unter normalen Umständen kommen wird, ohne daß sie wissen, warum.

Abendrot – gut Wetter Bot'
Gewöhnlich zieht das Wetter von West nach Ost, so daß ein roter Himmel bei Sonnenuntergang bedeutet, daß trockene Luft naht und am nächsten Morgen da sein wird – eine rote Morgendämmerung dagegen besagt, daß die trockene Luft bereits vorbeigezogen ist.

Ein Hof des Mondes
Auf dieses atmosphärische Phänomen folgt oft Regen. Es beruht – wie ein Kranz auch – auf der Beugung von Licht durch Eiskristalle in hohen Wolken. Diese Wolken tauchen oft vor einem kräftigen Tief auf. Je größer der Hof, desto eher wird es regnen.

Kranz
Ein Kranz wird durch die Beugung von Licht durch Wassertröpfchen verursacht. Wird er rasch kleiner, regnet es wahrscheinlich. Bei nebligem Wetter bedeutet er, daß sich der Nebel zu lichten beginnt.

Regenbogen
Ein Regenbogen im Westen bedeutet, daß sich ein Schauer naht. Ein Regenbogen im Osten bei Sonnenuntergang bedeutet, daß sich der Schauer entfernt und schönes Wetter kommt.

Eine Wetterhütte bauen

Wenn ihr die Temperatur, die Luftfeuchtigkeit und den Luftdruck meßt und die Messungen für Wettervorhersagen verwendet, müssen sie genau sein und stets unter den gleichen Bedingungen ermittelt werden. Dies geschieht am besten, wenn ihr eure Instrumente in eine Wetterhütte stellt.

EXPERIMENT

Der Bau der Hütte

Eine solche Hütte ist nichts weiter als ein belüfteter Kasten auf Beinen. Den könnt ihr euch selbst bauen. Die unten angegebenen Gesamtlängen der einzelnen Holzteile sind ein wenig aufgerundet – falls euch ein Fehler unterläuft.

IHR BRAUCHT

• 7 m Kiefernleiste 25 x 50 mm (für die Beine) • 3 m Kiefernleiste 30 x 30 mm (für die Jalousieträger) • 1,5 m Kiefernleiste 9 x 9 mm (für die Jalousiestützen) • 3 m Kiefernleiste 12 x 30 mm (für die Querhölzer) • 12,5 m Kiefernleiste 7 x 30 mm (für die Jalousieleisten und Dachabstandhalter) • Schraubzwinge • Bleistift • Spitzbohrer • Schraubenzieher • 24 Holzschrauben 3 x 40 mm • 8 Schrauben 3 x 25 mm • 6 Schrauben 3 x 50 mm • 30 Schrauben 3 x 20 mm • Zeichendreieck • Lineal • Säge • 2,5-mm-Bohreinsatz • Handbohrer • 6 mm Sperrholzplatte 127 x 40 cm (für Dach und Basis) • Türhaken mit Öse 50 mm • 2 Scharniere 40 mm breit • 4 75 – 80 mm lange Messingverbindungsstücke • Brett als Arbeitsunterlage • Holzleim • Pinsel • weißer Außenlack

Bauplan

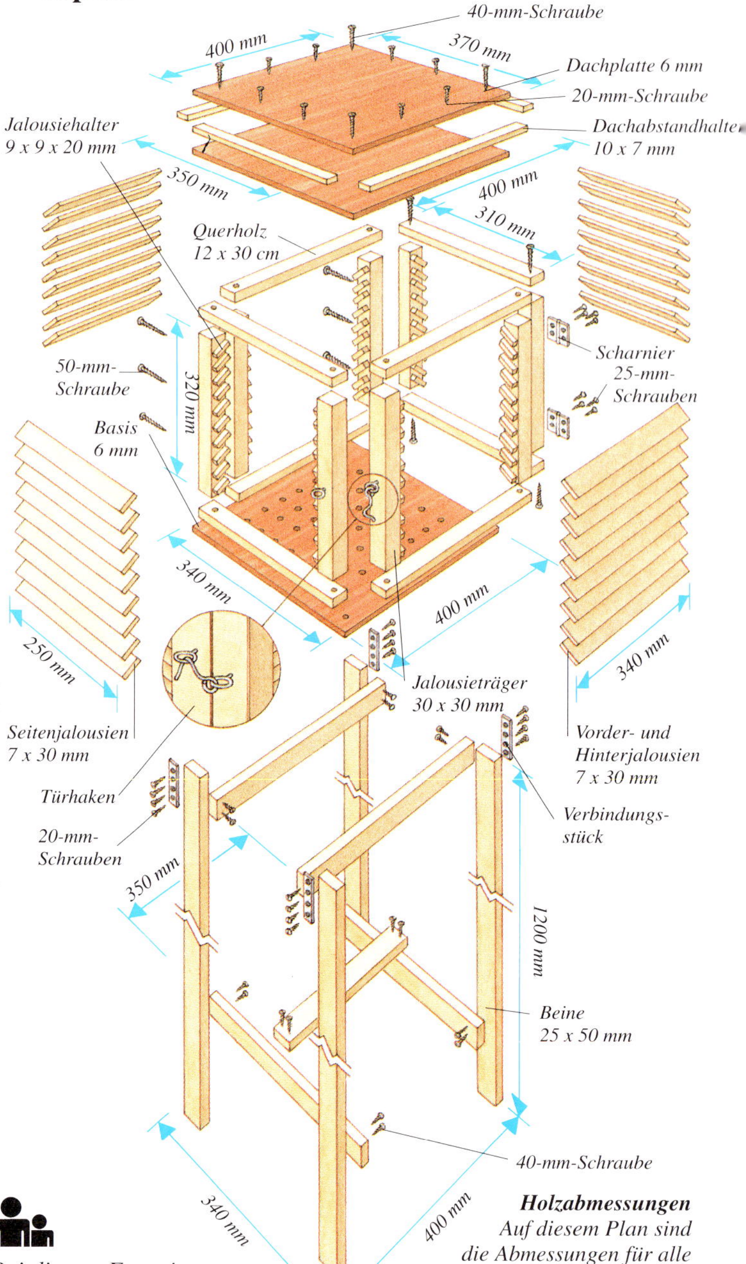

Holzabmessungen
Auf diesem Plan sind die Abmessungen für alle Holzteile angegeben. Blaue Pfeile bezeichnen die Längenmaße.

Bei diesem Experiment sollte ein Erwachsener mithelfen.

1 Bittet den Erwachsenen, alle Holzteile nach den Maßen der Zeichnung rechts zurechtzusägen. Bewahrt das Holz für jedes Bauteil getrennt auf.

2 Zieht auf jedem Jalousieträger neun diagonale Linien in gleichen Abständen, und klebt die neun Jalousiehalter auf die Markierungen.

3 Schraubt für die Seitenrahmen je zwei Jalousieträger mit den kurzen Querhölzern zusammen sowie vier Träger mit den langen Querhölzern für Tür und Rückseite.

4 Klebt neun kurze Leisten auf die Halter von jedem Seitenrahmen. Dann klebt ihr die übrigen Leisten auf die Tür und den hinteren Rahmen. Achtet beim Zusammenbau der Kiste darauf, daß alle Jalousien nach unten zeigen.

5 Baut einen dreiseitigen Kasten aus den beiden Seitenrahmen und der Rückseite. Verschraubt die Rahmen mit 6 50-mm-Holzschrauben.

6 Bittet den Erwachsenen, etwa 40 Löcher in gleichen Abständen in das kleine Sperrholzbrett für die Basis zu bohren. Dann verschraubt ihr die Basis mit der Rahmenunterseite.

7 Baut das Doppeldach zusammen. Klebt die Dachabstandhalter an die Kanten eines der beiden Bretter und darauf das andere Brett. Spannt das Dach zum Trocknen des Leims zusammen.

8 Schraubt das Dach so auf den Rahmen, daß es auf der Türseite ein wenig überhängt.

9 Befestigt den Türjalousierahmen mit Schrauben und Scharnieren, und schraubt den Haken mit der Öse an.

10 Für das Gestell verbindet ihr die oberen und mittleren Querträger mit den Beinen. Haltet euch an die Maße der Zeichnung links.

11 Bittet den Erwachsenen, die Kiste auf das Gestell zu setzen. Befestigt sie daran mit den vier Verbindungsstücken.

12 Schließlich streicht ihr die Hütte mit weißem Außenlack in mehreren Schichten an. Nach dem Trocknen ist eure Wetterhütte fertig.

Eine Beobachtungsstation einrichten

Wenn ihr eure Wetterhütte gebaut habt, könnt ihr eure eigene Beobachtungsstation errichten und genaue meteorologische Messungen vornehmen. Sobald die Station fertig ist, könnt ihr damit anfangen, die Beobachtungen, die ihr jeden Tag macht, aufzuzeichnen. Neben dem regelmäßigen Ablesen machen die Beobachtungen keine Arbeit. Der Aufwand für Wartung ist gering. Wenn ihr um die Station einen kleinen Zaun errichtet, sind eure Geräte geschützt und vor Haustieren sicher. Haltet die Station sauber, so daß eure Messungen nicht durch Schmutz, Staub und herumfliegende Pflanzenteilchen beeinträchtigt werden.

Die Beobachtungsstation

Der Standort für eure Station sollte ein freier Platz abseits von Bäumen und Gebäuden sein, wo sie ständig ungestört stehen kann.

Die Einrichtung der Wetterhütte

Stellt die Hütte an der dafür vorgesehenen Stelle auf. Achtet darauf, daß sie fest und senkrecht steht. Installiert im Innern das Maximum-Minimum-Thermometer und das Hygrometer. Hängt sie an der Rückwand auf, wo ihr sie leicht ablesen könnt, ohne sie zu bewegen; der Hygrometerbehälter sollte auf dem Boden stehen. Schließlich stellt ihr noch ein Barometer hinein. Haltet den Außenanstrich sauber, damit die Wärmestrahlung reflektiert wird.

Temperaturbereich
Ein Maximum-Minimum-Thermometer ist ein U-förmiges Thermometer mit zwei Skalen und kleinen Stiften, die von den Flüssigkeitssäulen bewegt werden. Es zeigt die höchste und die niedrigste Temperatur in irgendeinem Zeitraum an. Um das tägliche Maximum und Minimum zu erhalten, müßt ihr es jeden Tag zur selben Zeit laut Anweisung zurückstellen.

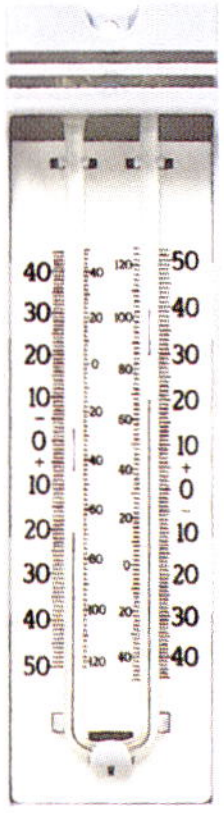

Temperatur und Luftfeuchtigkeit
Die Feuchtigkeit könnt ihr mit dem selbstgebastelten Hygrometer (S. 42) messen. Es funktioniert am besten mit destilliertem Wasser, das ihr in einer Drogerie bekommt. Achtet darauf, daß der feuchte Kolben ständig mit Wasser versorgt ist.

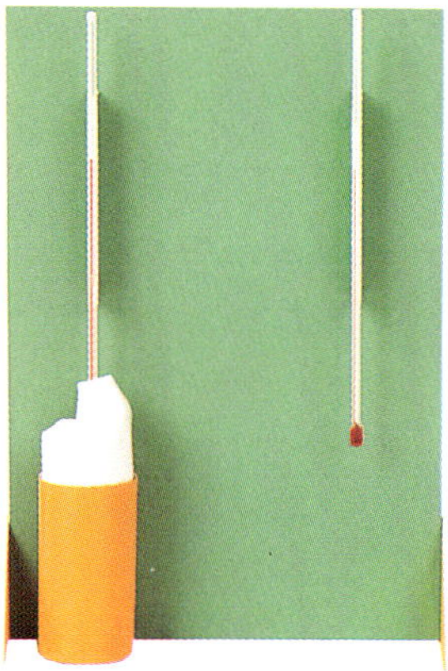

Luftdruck
Ein richtiges Barometer ist wichtig für genaue Beobachtungen. Am besten ist ein Quecksilberbarometer, aber auch Aneroidbarometer können verwendet werden. Das Barometer muß entsprechend der Meereshöhe eures Standorts eingestellt werden. Richtet euch nach der Gebrauchsanweisung. Ein Wetteramt nennt euch den aktuellen Druck auf Meereshöhe.

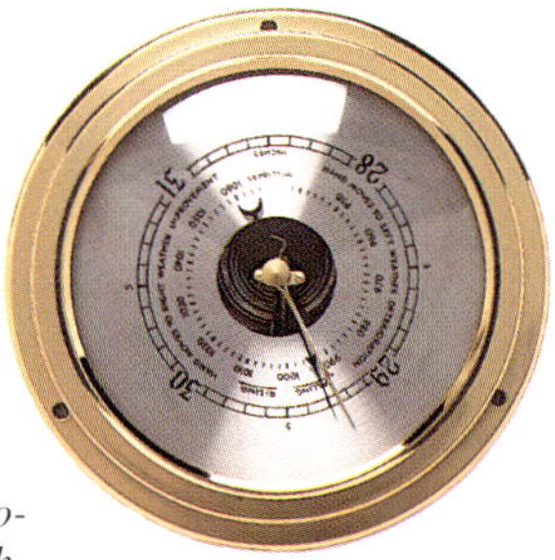

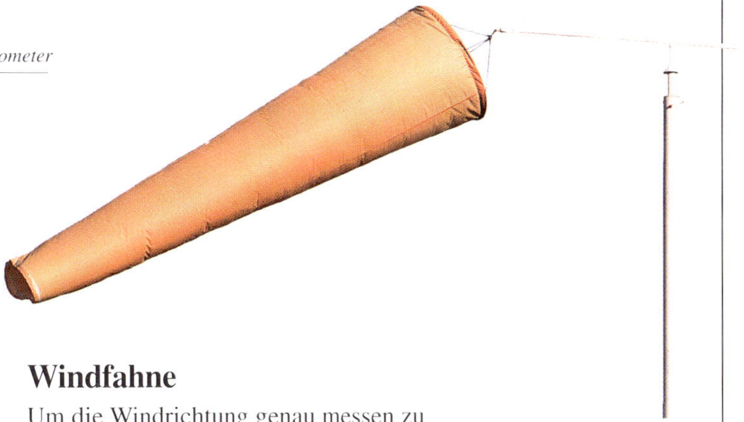

Windfahne

Um die Windrichtung genau messen zu können, muß die Windfahne oder der Windsack gut über dem Boden und möglichst weit von Bäumen oder Gebäuden entfernt stehen. Gut funktioniert ein Windsack wie bei Flugplätzen. Ihr könnt euch einen Sack mit einem leichten Ständer und einer Aufhängung kaufen oder euch selbst einen aus wetterfestem Tuch und Drahtringen basteln. Ermittelt die Windrichtung mit einem Kompaß.

Anemometer

Mit einem Anemometer mißt man die Windgeschwindigkeit. Es besteht meist aus sich drehenden Schalen. Die Geschwindigkeit – in km/h oder Knoten – lest ihr von einer Skala ab. Wenn ihr kein Anemometer habt, könnt ihr die Windstärke auch leicht nach der Beaufort-Skala (S. 58) schätzen.

Bewölkung

Nehmt den Spiegel zur Messung der Bewölkung (S. 180) jedesmal mit nach draußen, wenn ihr eure Messungen vornehmt. Wenn ihr ihn ständig im Freien laßt, könnte er zerbrechen, und staubhaltiger Regen würde ihn auch verschmutzen.

Regenmesser

Der Regenmesser von Seite 46 reicht völlig aus. Stellt ihn im Freien auf, nicht weit von der Beobachtungshütte, aber abseits von überhängenden Pflanzen oder Mauern. Stellt ihn in ein kleines Loch, so daß der Boden sich unter Bodenniveau befindet, dann steht er fester. Er darf nicht vom Wind umgeweht werden. Säubert ihn ab und zu, weil sich Staub aus dem Regen absetzt.

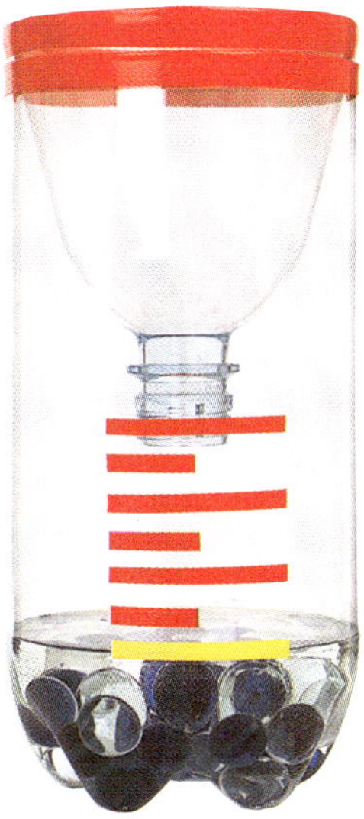

Wetteraufzeichnungen

Schon immer haben die Menschen das Wetter aufmerksam verfolgt. Die Genauigkeit einer Vorhersage hängt jedoch vollkommen von der Genauigkeit der dazu herangezogenen Aufzeichnungen ab. Professionelle Meteorologen führen daher exakt Buch über Wetterverhältnisse. Mit eurer Wetterhütte (S. 172) und einer Beobachtungsstation (S. 174) könnt ihr bereits eine ganze Reihe von Wetterverhältnissen selbst messen. Sie sind für eine Vorhersage allerdings nur dann zu gebrauchen, wenn ihr sie sorgfältig aufzeichnet – gewöhnt euch also daran, ein Wettertagebuch zu führen. Sind eure Aufzeichnungen äußerst genau, könnt ihr sogar den berufsmäßigen Wetterdiensten helfen, wenn ihr ihnen eure Informationen zuschickt.

Kirschblütenzeit in Japan

Seit jeher pflanzt man in Japan Kirschbäume wegen der Schönheit ihrer Blüten. Wie bei vielen Pflanzen hängt es auch bei diesen ganz von der Lufttemperatur ab, wann sich die Blüten öffnen. Seit Jahrhunderten gibt es in Japan Aufzeichnungen über das Datum der Blüte. Man kann ihnen – sozusagen als »umgekehrten Vorhersagen« – entnehmen, wie das Wetter einst Jahr für Jahr war, aber sie vermitteln auch Aufschlüsse über das künftige Wetter.

Die Luftmasse bestimmen

Eine schnelle Vorhersage läßt sich dadurch treffen, daß man ermittelt, in welcher Art von Luftmasse (S. 70) man sich gerade befindet. Wenn ihr die Luftmasse kennt, könnt ihr das Wetter leichter vorhersagen – und umgekehrt. Ist das Wetter etwa heiß und ziemlich trocken, wißt ihr, daß ihr es gerade mit einer Luftmasse zu tun habt, die diese Merkmale aufweist – vermutlich eine kontinentale tropische Luftmasse. Meßt mindestens einen Monat lang einfach die Temperatur und die relative Luftfeuchtigkeit (mit dem Hygrometer von S. 43) und bestimmt dann anhand der Tabelle rechts die Luftmasse.

TEMPERATUR	RELATIVE LUFTFEUCHTIGKEIT	LUFTMASSE
kalt	gering (trocken)	kontinental polar (cP)
warm	gering (trocken)	kontinental tropisch (cT)
kalt	hoch (feucht)	maritim polar (mP)
warm	hoch (feucht)	maritim tropisch (mT)

Luftmassenmerkmale
Kennt ihr die Temperatur und die relative Luftfeuchtigkeit, könnt ihr herausfinden, in welcher Luftmasse ihr gerade seid. Die Tabelle stellt diese Zusammenhänge dar. Vielleicht kommen dort, wo ihr wohnt, nicht alle diese Luftmassentypen vor.

Buch führen
Notiert euch die Temperatur und die relative Luftfeuchtigkeit auf einem Stück Papier, oder tragt diese Daten in euer Wettertagebuch ein (siehe gegenüber).

Das große Bild

Um zu wissen, ob eure Aufzeichnungen für professionelle Meteorologen von Nutzen sind, nehmt ihr Kontakt mit dem nächsten Wetterdienst auf. Dort erfahrt ihr, wie ihr eure Messungen anstellen und wohin ihr sie schicken sollt. Mit einem Computer könnt ihr dies vielleicht sogar über Internet tun.

Ein Wettertagebuch führen

Am besten legt ihr euer Wettertagebuch in einem speziellen Notizheft an. Übertragt die Wochentabelle unten auf Papier, oder fotokopiert diese Seite. Ihr braucht für jeden Wochentag eine Spalte, in die ihr jeweils die folgenden Angaben eintragt: das Datum, die Uhrzeit, die aktuelle Temperatur, die Höchst- und die Tiefsttemperatur, die Taupunkttemperatur, den Luftdruck (in mb), die Luftdruckänderung seit der letzten Messung (+/– mb), die Luftdrucktendenz (steigend oder fallend), die Windrichtung in bezug auf die nächsten 10 ° des Kompasses, die Windgeschwindigkeit (km/h – richtet euch nach der Beaufort-Skala), die Bewölkung (in Achteln), die Wolkenart und ihre geschätzte Höhe (tief, mittel oder hoch), das aktuelle Wetter (schön, regnerisch), das Wetter während der vergangenen sechs Stunden und die Sicht (in km). Wenn ihr eine gewisse Routine entwickelt habt, macht ihr eure Messungen zweimal täglich zur gleichen Zeit. Tragt in die grünen Spalten die Morgenergebnisse und in die weißen Spalten die Nachmittagsergebnisse ein.

Wie ihr eure Wetterdaten aufzeichnet
Ihr könnt einen Freund bitten, euch dabei zu helfen, die Messungen eurer Instrumente in eurer Wetterstation zu notieren. Übertragt sie dann im Haus in euer Wettertagebuch.

Wochentag	MONTAG	DIENSTAG	MITTWOCH	DONNERSTAG	FREITAG	SAMSTAG	SONNTAG
Datum							
Tageszeit							
Aktuelle Temperatur							
Max./Min. Temperatur							
Taupunkt-temperatur							
Luftdruck							
Luftdruck-änderung							
Luftdruck-tendenz							
Windrichtung							
Windgeschin-digkeit							
Bewölkung							
Wolkenart und Höhe							
Aktuelles Wetter							
Vergangenes Wetter							
Sicht							

Wetterstationen

Wetterberichte werden bei allen möglichen Gelegenheiten benötigt. Millionen von Menschen fliegen tagtäglich mit dem Flugzeug, und ihre Sicherheit hängt davon ab, daß der Pilot über das Flugwetter Bescheid weiß. In Gebieten, in denen Hurrikane vorkommen, können Vorhersagen viele Menschenleben retten. Wetterberichte beruhen auf dem Wissen und der Erfahrung der Meteorologen wie auf Umfang und Güte der empfangenen Daten. Der beste Meteorologe ist ohne gute Daten fast hilflos, und daher hat man ein weltweites Netz zum Sammeln von Daten errichtet. Satelliten, Flugzeuge, Wetterschiffe, Ballons und Bodenstationen vermitteln die Daten, die die Meteorologen dann interpretieren.

Ballons

Mit Helium gefüllte Ballons, sogenannte Radiosonden, steigen zu festgesetzten Zeiten von etwa 1000 Wetterstationen auf der ganzen Welt auf. Sie messen die Temperatur, die Feuchtigkeit und den Luftdruck in der oberen Atmosphäre. Unter dem Ballon hängen Instrumente, und die Messungen werden über Funk zur Wetterstation gesendet; die Ausrüstung geht per Fallschirm nieder. Andere Ballons – sogenannte Radarsonden – werden zur Messung von Windgeschwindigkeit und -richtung mit Radar verfolgt.

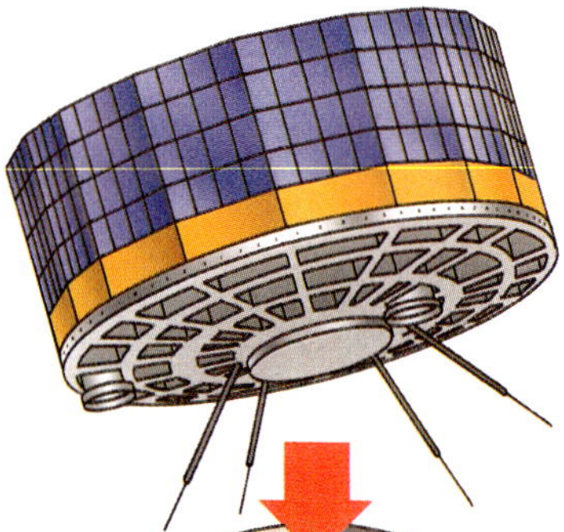

Satelliten
Einige meteorologische Satelliten befinden sich auf festen Umlaufbahnen 35 400 km über dem Äquator. Sie senden Fotos von Wolkenformationen zur Erde zurück.

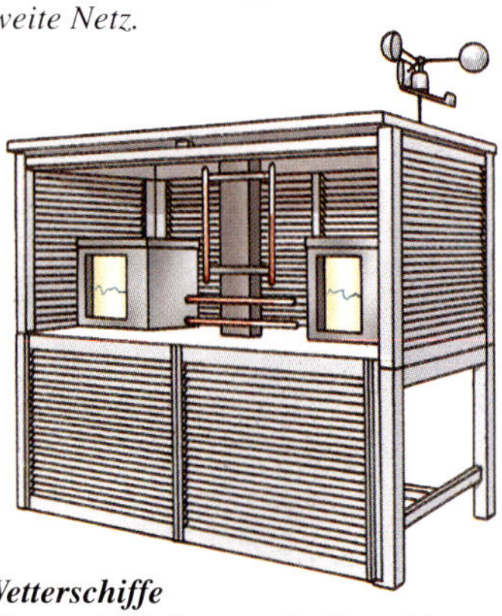

Wetterstationen am Boden
Tausende von Bodenstationen auf der ganzen Welt sammeln Daten vor Ort. Diese sind ganz wichtig für das weltweite Netz.

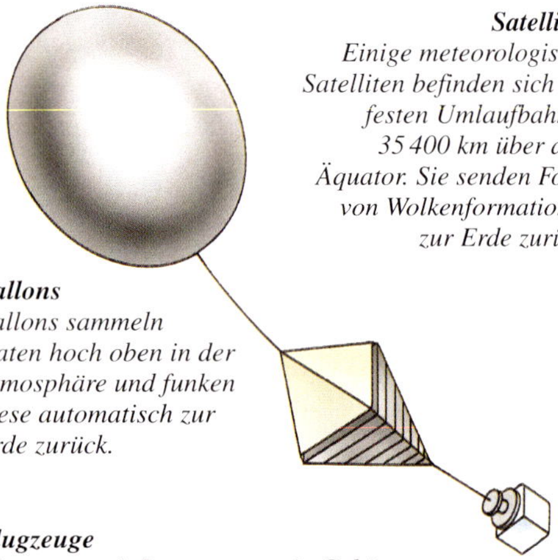

Ballons
Ballons sammeln Daten hoch oben in der Atmosphäre und funken diese automatisch zur Erde zurück.

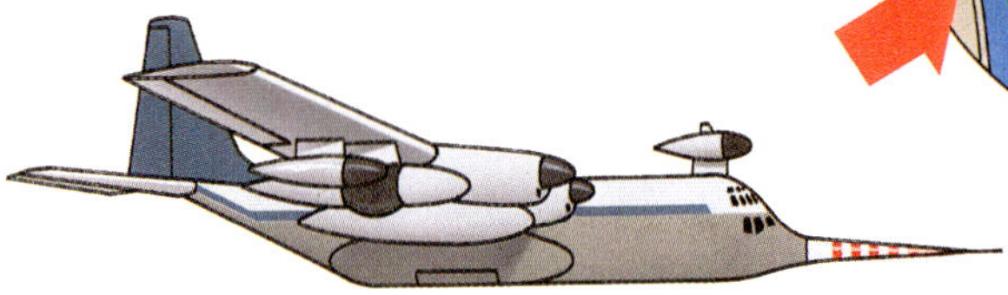

Flugzeuge
Flugzeuge mit Instrumenten in Gehäusen unter den Tragflächen oder an der Spitze fliegen durch Gewitterwolken, um Temperatur, Druck, Winde und Turbulenzen zu messen – sogar in Hurrikanen.

Wetterschiffe
Wetterschiffe liegen ständig auf festen Positionen auf See und senden Daten an Küstenstationen.

Das globale Wetternetz

Satelliten übertragen Messungen im Abstand einer halben Stunde aus dem Weltraum, Ballons senden sie aus der oberen Atmosphäre, und Schiffe, Flugzeuge und Bodenstationen übermitteln Informationen aus tieferen Bereichen. All diese Daten werden den Computern eingegeben, die die Vorhersagen daraus erstellen.

Vorhersage
Der Wettermoderator im Fernsehen ist gewöhnlich ein professioneller Meteorologe, der an einer Wetterstation tätig ist und die Vorhersage aus Informationen erstellt, die der Computer aus all den verschiedenen Quellen gesammelt hat.

Wetterradar

Schiffe und Flugzeuge ermitteln mit ihrem Radar die Wetterverhältnisse ihrer Umgebung. Radiowellen werden ständig von einem rotierenden Sender ausgestrahlt, von Wolken und Regen reflektiert und gelangen zum Empfänger zurück. Die Zeit, die die Wellen für diese Strecke benötigen, gibt Aufschluß über die Entfernung zum nächsten Schlechtwettergebiet.

Radar zu Hause
Um zu sehen, wie Radar funktioniert, stellt ihr euch in einem verdunkelten Zimmer auf, umgeben von Freunden, die euch gegenüber Spiegel in Hüfthöhe halten. Dreht euch langsam im Kreis, wobei ihr eine angeschaltete Taschenlampe in gleicher Höhe haltet. Ein Lichtblitz bedeutet, daß die Strahlen reflektiert wurden – wie die Radarwellen von Wolken oder Regen.

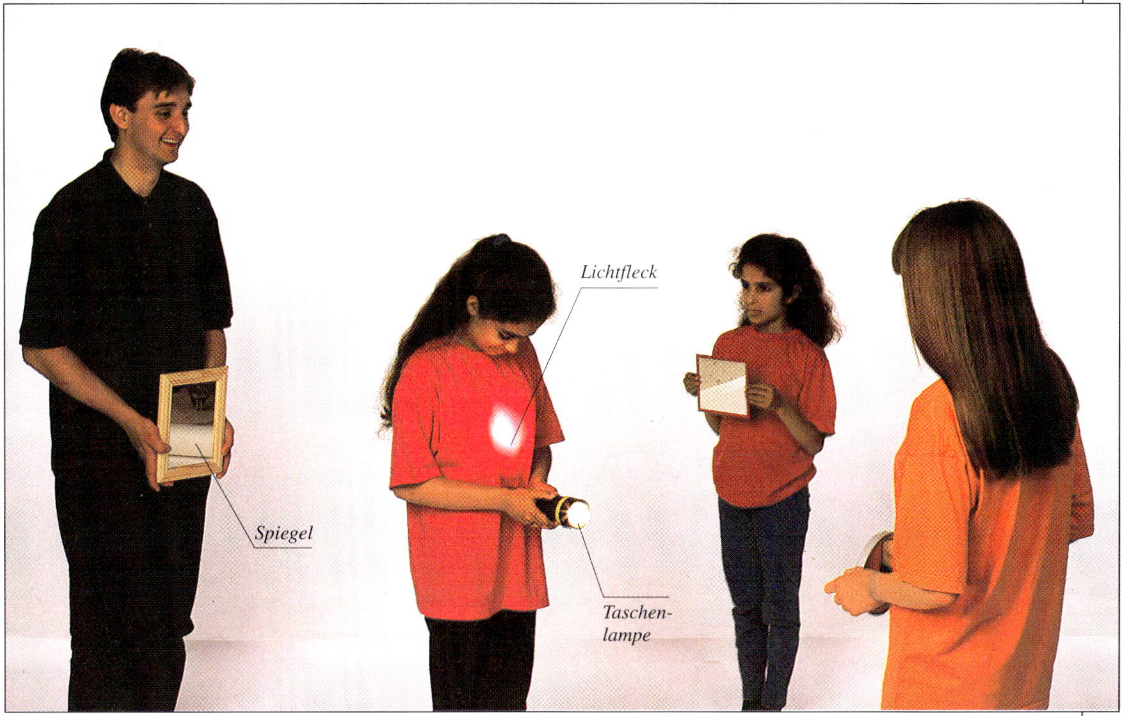

Gefährliche Wetterverhältnisse aufzeichnen

Ein Gewitter ist eines der heftigsten atmosphärischen Vorgänge. Seine Entstehung beruht auf verschiedenen Faktoren; die Forscher wissen bis heute noch nicht genau, was in einer Gewitterwolke vorgeht. Radiosonden (mit Helium gefüllte Ballons) sind für die Erforschung von Gewitterwolken ungeeignet, weil die intensive elektrische Aktivität in der Wolke den Sender stört. Die Wolke ist nur dadurch effektiv zu erkunden, daß man Spezialflugzeuge durch sie hindurchschickt. Das Innere einer derartigen Wolke ist sehr gefährlich. Passagierflugzeuge vermeiden sie daher.

Im Kontrollzentrum
Dies ist das Kontrollzentrum einer meteorologischen Station, die speziell Blitze und die Prozesse in Gewitterwolken erforscht. Die Funker sind in Kontakt mit dem Piloten, der schildert, was er sieht und was die Bordinstrumente anzeigen, während das Flugzeug mitten durch die Wolke fliegt. Die Station hat das Flugzeug mit Instrumenten zur Messung von Temperatur, Druck, Windgeschwindigkeit und -richtung sowie vertikalen Luftbewegungen in den Wolken ausgestattet.

Das Flugzeug
Dieses Spezialflugzeug erforscht Gewitterwolken. Seine Tragflächen und sein Rumpf sind besonders verstärkt, damit es den Beschuß durch Hagel und das heftige Schütteln übersteht, wenn es durch Luftströmungen in der Wolke auf und ab geschleudert wird. Die Tragflächen müssen auch das Gewicht von Eis aushalten, das sich auf ihnen bildet. Das Flugzeug versucht geradewegs in die Wolke hinein und auf der anderen Seite wieder herauszufliegen.

Wetterkarten

Die Wetterkarte im Fernsehen entspricht in vereinfachter Form der Karte, mit der Meteorologen Wettersysteme aufzeichnen und den Weg berechnen, den sie nehmen. Man nimmt eine ganz normale Landkarte, die nur die wichtigsten Merkmale aufweist wie Küstenlinien, große Flüsse und Städte, Landes- oder Staatsgrenzen sowie die Standorte aller Wetterstationen. Isobaren – mit Zahlen versehene Linien, die Stationen miteinander verbinden, die den gleichen Luftdruck ausweisen – machen Hochs und Tiefs sichtbar, so daß Fronten eingetragen werden können. Auch Stationsberichte werden festgehalten. Sie geben über lokales Wetter Auskunft und wie es sich verändert. Meteorologen setzen diese Informationen mit Luftdruckmustern in Beziehung und errechnen die Richtung des Wettersystems.

Testet eure Wetterkenntnisse

Anhand der Wetterkarte in eurer örtlichen Tageszeitung läßt sich eine Vorhersage machen. Bittet einen Freund, Wetterkarte, Wetterbericht und -vorhersage aus einer Zeitung auszuschneiden, die einen ziemlich ausführlichen Bericht veröffentlicht. Dann soll euer Freund die Vorhersage beiseite legen. Nun erstellt ihr mit Hilfe der Karte und des Berichts – die die Position von Hochs, Tiefs und Fronten sowie den damit verbundenen Luftdruck enthalten – eure eigene Vorhersage. Je enger die Isobaren zusammenliegen, desto stärker sind die Winde, die gegen den Uhrzeigersinn um ein Tiefdruckzentrum wehen. Der Bericht beschreibt die Wetterlage und ihre Entwicklung. Wenn ihr eure Vorhersage gemacht habt, vergleicht ihr sie mit der Karte in der nächsten Ausgabe der Zeitung.

Die Sicht schätzen

Wenn ihr einen Wetterbericht abfaßt, müßt ihr die Sicht in Kilometern mit einbeziehen. Sucht eine Hügelkuppe oder ein Fenster in einer höheren Etage auf, von wo aus ihr einen unverstellten Blick in die Ferne habt. Haltet nach mehreren markanten Punkten wie Gebäuden, Bergen oder Bäumen in unterschiedlicher Entfernung Ausschau. Versucht mit Hilfe eines Fernglases und einer Landkarte in großem Maßstab (1 : 25 000 – 4 cm entsprechen 1 km), diese Punkte zu lokalisieren und ihre Entfernung zu messen. Wenn ihr eure täglichen Instrumentenmessungen vornehmt, ermittelt ihr auch von eurem Aussichtspunkt aus den fernsten Punkt, den ihr an diesem Tag sehen könnt.

EXPERIMENT

Bewölkung

Wetterberichte enthalten auch Informationen über die Art und Menge der Bewölkung. Identifiziert mit Hilfe des Wolkenatlasses (S. 88 – 119) die Bewölkungsart. Wenn die Wolkenbasis nicht so tief ist, daß sie hohe Landschaftsformen bedeckt, läßt sich ihre Höhe nur sehr schwer messen (Meteorologen verwenden Laser dafür) – ohne weiteres aber läßt sich ermitteln, wie groß die mit Wolken bedeckte Himmelsfläche ist. Man gibt sie in Achteln an.

IHR BRAUCHT

• Notizblock • Schreiber • großen Spiegel • farbigen Wachsmalstift • Lineal

1 Teilt den Spiegel mit dem Lineal und dem Wachsstift in ein Raster von 16 gleich großen Quadraten ein. Die Farbe des Stifts sollte dunkler als die des Himmels sein.

2 An Tagen, an denen die Wolken den Himmel teilweise bedecken, geht ihr mit dem Spiegel an einen Ort, von dem aus ihr den ganzen Himmel sehen könnt. Legt den Spiegel auf den Boden, und betrachtet den Himmel darin. Zählt die Quadrate oder Quadratausschnitte, die Wolken enthalten. Teilt diese Zahl durch zwei, um die Achtel zu erhalten.

Stationskreis

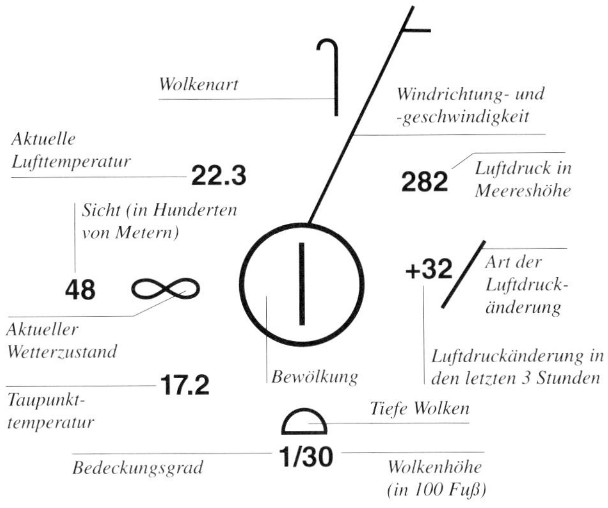

Stationskreise sind kreisförmig angeordnete Symbole, die die lokalen Wetterverhältnisse angeben. Ein Meteorologe kann dann mit einem raschen Blick einen Stationskreis interpretieren.

Bewölkung

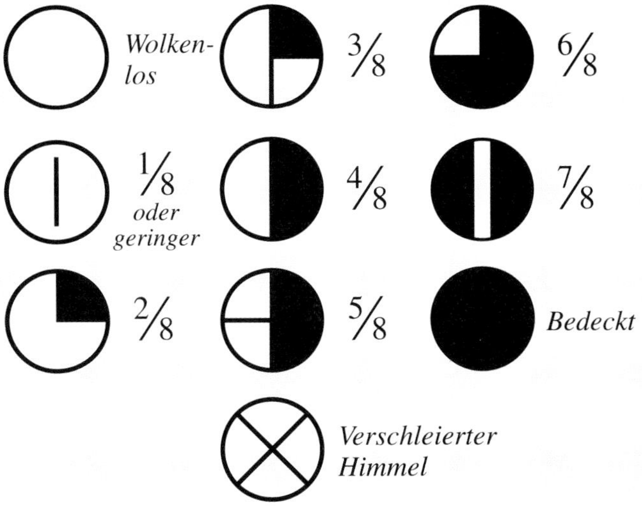

Wettersymbole

Diese Symbole sind international üblich, so daß Meteorologen das Wetter daran ablesen können, ohne Fremdsprachen übersetzen zu müssen.

Allgemein

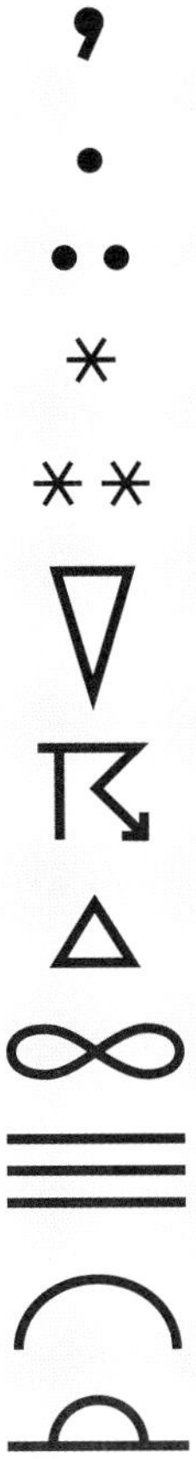

Nieseln
Regen
Mehr Regen
Schnee
Mehr Schnee
Schauer
Gewitter
Hagel
Dunst
Nebel
Regenbogen
Tau

Windgeschwindigkeiten

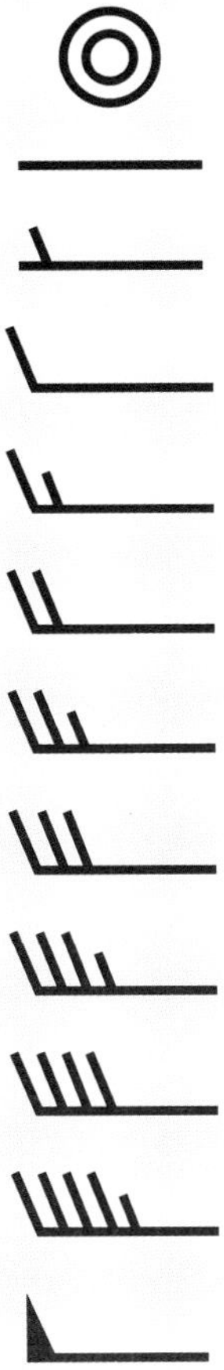

Windstill
1 – 2 Knoten
3 – 7 Knoten
8 – 12 Knoten
13 – 17 Knoten
18 – 22 Knoten
23 – 27 Knoten
28 – 32 Knoten
33 – 37 Knoten
38 – 42 Knoten
43 – 47 Knoten
48 – 52 Knoten

Wolkenarten

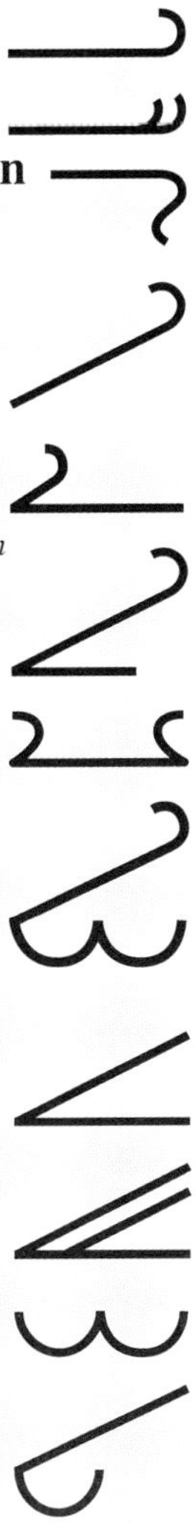

HOHE WOLKEN
Cirrus
Dichter Cirrus
Dichter, amboßförmiger Cirrus
Hakenförmiger, über den ganzen Himmel verbreiteter Cirrus
Cirrus in konvergierenden Bändern
Dichter werdender konvergierender Cirrus
Den ganzen Himmel bedeckende Cirrusschleier
Cirrus über dem ganzen Himmel und dichter werdend

MITTELHOHE WOLKEN
Dünner Altocumulus
Dichter Altocumulus
Altocumulus
Dünner, vereinzelter Altocumulus

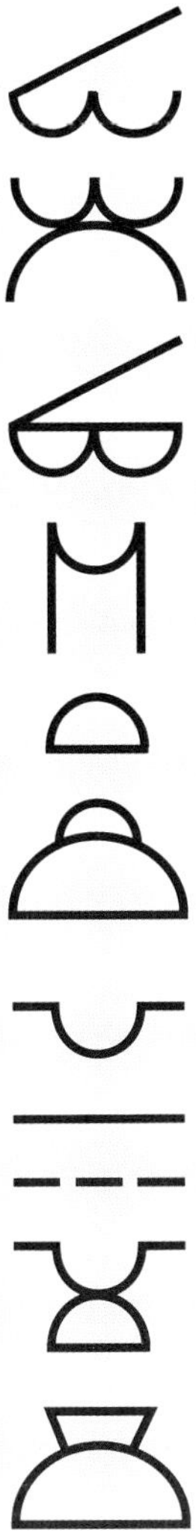

Dünner Altocumulus in Bändern
Durch Ausbreitung von Cumulus verursachter Altocumulus
Doppelschichtiger Altocumulus
Altocumulus mit Türmchen
Schönwettercumulus

TIEFE WOLKEN
Hochaufragender Cumulus
Nicht durch Ausbreitung von Cumulus verursachter Stratocumulus
Stratus
Zerrissener Stratus
Cumulus und Stratocumulus
Cumulonimbus mit Amboßoberseite

Wie Vorhersagen entstehen

Professionelle Wettervorhersagen erfordern große Computer, weil dafür buchstäblich Millionen von Berechnungen nötig sind. Auf der Basis der Informationen von Wetterstationen tragen die Computer die Temperatur, den Luftdruck, den Wind, die Luftfeuchtigkeit und andere Daten von Tausenden von Punkten in ein erdumfassendes Raster ein – in Seehöhe und bis zu 25 Höhenlagen über Grund. Mit Satelliten- und Radarinformationen werden die Lücken geschlossen. All dies ergibt die »tatsächlichen Bodengegebenheiten«. Die Computer errechnen, wie sich Temperatur, Luftdruck und -feuchtigkeit in einer halben Stunde an jedem dieser Punkte ändern werden. Die Berechnungen werden dann ständig wiederholt, um Vorhersagen in regelmäßigen Abständen für bis zu 10 Tage im voraus zu erhalten.

Regen vorhersagen

Um vorherzusagen, ob es regnen wird oder nicht, benötigt ihr ein Barometer und ein Thermometer. Beginnt am Abend zuvor. Notiert den Luftdruck am Abend und am darauffolgenden Morgen – steigt er, ist er beständig oder fällt er? Steigender Luftdruck bedeutet gewöhnlich schönes Wetter. Betrachtet nun den Himmel. Verdichtet sich höhere Bewölkung im Westen, und fällt der Luftdruck, ist mit Regen zu rechnen. Nimmt die Cumulusbewölkung (S. 92) zu, kann es heftige Schauer geben, vielleicht mit Gewitter. Gibt es stratiforme Bewölkung (S. 92), während der Druck beständig ist, wird es kaum regnen. Meßt nun die Lufttemperatur. Liegt sie unter 3 °C, kann Niederschlag in Form von Schnee oder Graupel fallen.

EXPERIMENT

Temperaturen vorhersagen

Die nächtliche Tiefsttemperatur kann vorhergesagt werden, wenn der Himmel klar ist und ein leichter Wind weht. Die Zeit schwankt, an dem ihr die erste Messung machen müßt. Macht sie auf der Nordhalbkugel 1 Stunde nach Sonnenuntergang im Dezember und Januar, nach 1½ Stunden im Oktober, November und Februar und nach 2 Stunden in den anderen Monaten. (Auf der Südhalbkugel muß man entsprechend verfahren in den jeweils sechs Monaten »gegenüberliegenden« Monaten!)

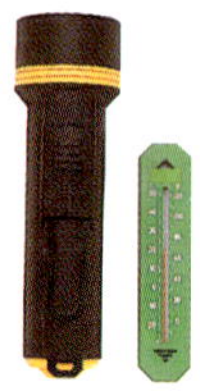

IHR BRAUCHT

• Taschenlampe • Thermometer

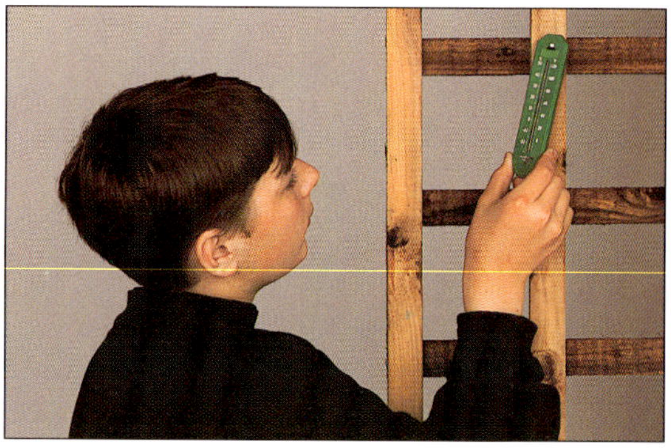

1 Den genauen Zeitpunkt des Sonnenuntergangs erfahrt ihr aus der Zeitung. Wartet danach je nach Jahreszeit 1, 1½ oder 2 Stunden, geht dann hinaus und meßt die Lufttemperatur abseits von jeder warmen Luft, die dicht am Haus sein kann. Notiert diese Temperatur.

2 Meßt die Temperatur erneut nach einer Stunde. Zieht diese Messung von der ersten ab, um den stündlichen Rückgang zu erhalten. Zählt nun die Stunden bis zu einer Stunde vor der Morgendämmerung. Multipliziert diese Zahl mit der Rückgangsrate. Zieht das Ergebnis von der zweiten Messung ab, um die Tiefsttemperatur vorherzusagen.

Wird es warm oder kalt?

Mit Hilfe dieser Tabelle könnt ihr herausfinden, ob der Tag für die jeweilige Jahreszeit zu warm oder zu kalt sein wird. Dazu müßt ihr wissen, ob die das Wetter steuernde Luftmasse tropisch oder polar (S. 176) ist, ob das Wetter schön, bedeckt, windig oder nicht windig ist. Ferner müßt ihr die Durchschnittstemperatur für diese Jahreszeit in eurer Region kennen. Diese Information erhaltet ihr in einer öffentlichen Bibliothek oder vom örtlichen Wetteramt. Meßt die Lufttemperatur, und zieht davon die Durchschnittstemperatur ab. Auf diese Weise erfahrt ihr, ob die Luft wärmer oder kühler als sonst ist.

Luftmasse	Tropische Luft				Polarluft			
Schön oder bedeckt								
Windgeschwindigkeit								
Ist die Temperatur 10° C höher als normal	*Sehr heiß*	*Heiß*	*Warm*	*Warm*	*Warm*	*Normal*	*Normal*	*Kühl*
Ist dieTemperatur 5° C höher als normal	*Heiß*	*Warm*	*Warm*	*Normal*	*Warm*	*Normal*	*Kühl*	*Kalt*
Ist die Temperatur normal	*Heiß*	*Warm*	*Normal*	*Normal*	*Normal*	*Kühl*	*Kalt*	*Kalt*
Ist die Temperatur 5° C niedriger als normal	*Warm*	*Warm*	*Normal*	*Kühl*	*Kühl*	*Kühl*	*Kalt*	*Kalt*
Ist die Temperatur 10° C niedriger als normal	*Warm*	*Normal*	*Normal*	*Kühl*	*Kühl*	*Kalt*	*Kalt*	*Sehr kalt*

Was die Meteorologen sehen

Kurzfristige Vorhersagen für ein paar Tage im voraus sind meist zuverlässig, aber Vorhersagen von begrenzten Ereignissen – wie die präzise Lokalisierung und Zeitangabe von Schauern in instabiler Luft – sind nicht möglich. Unten seht ihr einige Arbeitsdokumente, die Meteorologen verwenden und erstellen, so daß sie Vorhersagen machen können.

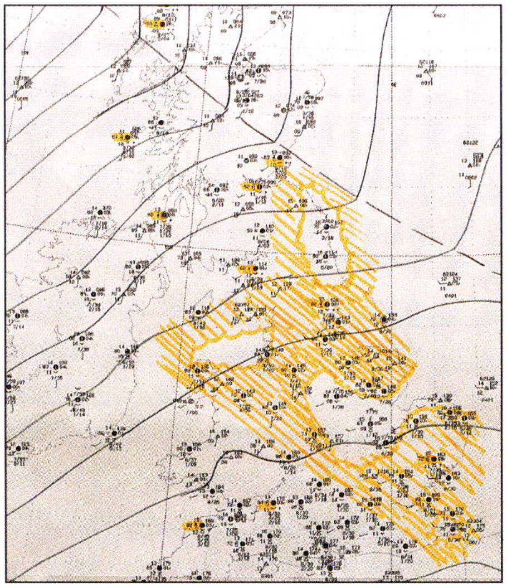

Bewölkung um 7.00 Uhr
Diese Karte ist mit winzigen Stationskreisen (S. 181) der lokalen Wetterstationen bedeckt. Ein Meteorologe hat darauf bewölkte Gebiete orangefarben markiert. Die durchgezogenen Linien sind Isobaren.

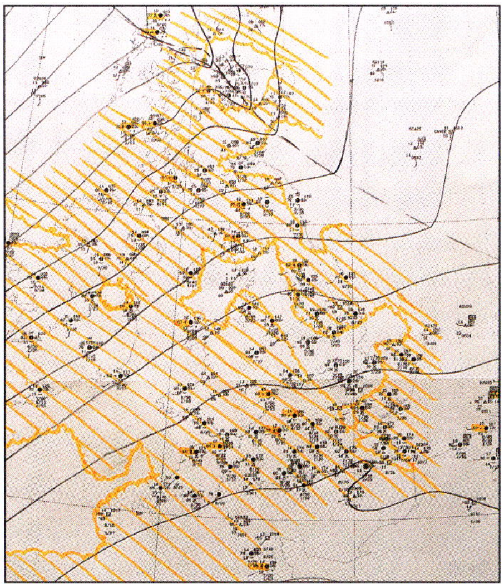

Bewölkung um 8.00 Uhr
Eine Stunde später hat der Meteorologe eine neue Karte aktualisiert, um die Entwicklung der Bewölkung und die Veränderungen der Isobaren zu zeigen. Diese Informationen werden nun mit anderen Daten zu einer Vorhersage verarbeitet.

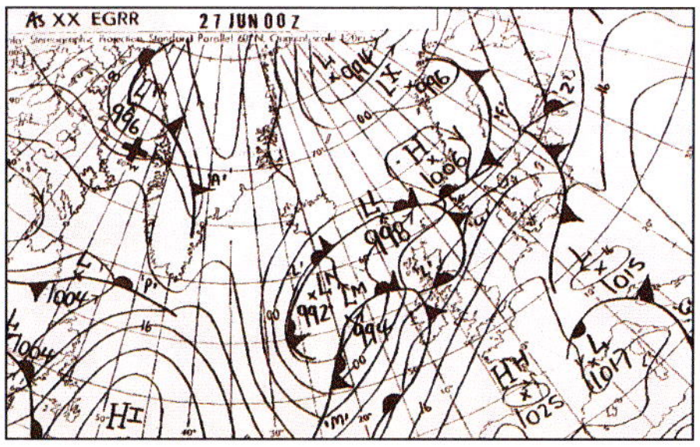

Wetterbericht
So sieht ein offizieller Wetterbericht aus. Solche Blätter werden an Fernseh- und Rundfunkanstalten geschickt, die darüber berichten.

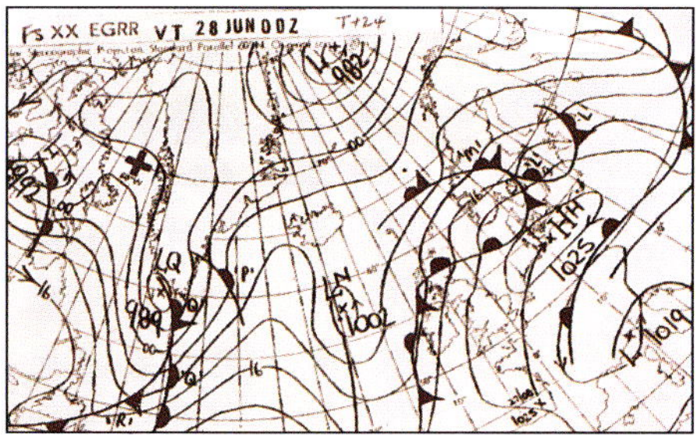

24-Stunden-Vorhersage
Der aktuelle Bericht wird von einer Reihe von Vorhersagen begleitet. Dies ist die Vorhersage für einen Tag nach dem oben gezeigten Bericht. Manche Vorhersagen gelten für zwei oder drei Tage.

Glossar der Fachbegriffe

Adiabatisch
Temperaturveränderungen, die durch Expansion (Abkühlen) oder Kompression (Erwärmen) eines in der Atmosphäre aufsteigenden oder sinkenden Luftkörpers verursacht werden, ohne daß Wärmeaustausch mit der Umgebungsluft stattfindet.

Advektion Die Übertragung von Wärme durch die horizontale Bewegung von Luft oder Wasser, wie einem warmem Wind oder einer Meeresströmung.

Advektionsnebel Stärkster, oft mehrere hundert Meter mächtiger Nebel, der entsteht, wenn warme, feuchte Luft sich auf eine kalte Luftschicht über dem Boden oder dem Meer legt.

Albedo Maß für das Reflexionsvermögen einer Oberfläche, welches in Prozent (90 Prozent) oder Dezimalzahlen (0,9) angegeben wird.

Anabatisch Aufsteigend, etwa wenn Luft sich einen Berghang hinaufbewegt (siehe auch Katabatisch.

Anemometer Gerät zur Messung der Windgeschwindigkeit.

Antizyklone Siehe Hochdruckgebiet.

Äquinoktien Die beiden Tage im Jahr, an denen Tag und Nacht überall auf der Welt gleich lang sind. Dann steht die Sonne mittags senkrecht über dem Äquator.

Barometer Gerät zur Messung des atmosphärischen Drucks. Am genauesten ist das Quecksilberbarometer, bei dem die Strecke gemessen wird, die der Luftdruck eine Quecksilbersäule in einem luftleeren Glasröhrchen steigen läßt. Das bekannteste Barometer ist das Aneroidbarometer, bei dem die Volumenänderungen einer leergepumpten Blechdose gemessen werden.

Beaufort-Skala Skala, die die Windgeschwindigkeit anhand der Auswirkungen von Wind an vertrauten Gegenständen anzeigt.

Blizzard Sturm, bei dem große Schneemengen vom Boden in die Luft geweht und mit hoher Geschwindigkeit verfrachtet werden.

Chinook Warmer, trockener Wind auf der Ostseite der Rocky Mountains in Nordamerika. Siehe auch Föhn.

Cirriform Wolke vom Cirrustyp, die fasrig oder strähnig ist wie im Wind wehendes Haar.

Coriolis-Effekt Die Ablenkung eines Körpers, der sich in gerader Linie zum oder vom Äquator bewegt. Sie wird durch die Erdrotation verursacht. Dabei werden Luftmassen und Meeresströmungen, die sich vom Äquator wegbewegen, auf der Nordhalbkugel nach rechts, auf der Südhalbkugel nach links abgelenkt.

Cumuliform Haufenwolken, speziell Cumulus und Cumulonimbus, die bis 13 km noch aufragen können.

Depression Siehe Tiefdruckgebiet.

Doldrums Siehe Kalmen.

Drehimpuls Die Bewegungsenergie eines sich drehenden Körpers oder einer Luftmasse oder von Wasser. Sein Wert hängt von der Masse des Körpers, seinem Drehradius und seiner Drehgeschwindigkeit ab.

Drei-Zellen-Modell Allgemeine Beschreibung der Luftzirkulation zwischen dem Äquator und den Polen. Die Hadley-Zelle zirkuliert zwischen dem Äquator und den Subtropen, eine zweite Zelle wird durch Luft gebildet, die an den Polen absinkt und von ihnen abfließt, und diese beiden Zellen treiben eine dritte Zelle in mittleren Breiten an.

Dunst Einschränkung der Sicht oder Helligkeit des Himmels infolge der Lichtstreuung an kleinen Staubteilchen.

Eisregen Regen von Temperaturen um den Gefrierpunkt, der durch eine dünne Luftschicht, deren Temperatur unter dem Gefrierpunkt liegt, fällt, ehe er den Boden erreicht. Die Tropfen können sich noch zu einem Wasserfilm ausbreiten, ehe sie gefrieren und Glatteis bilden.

Eiszeit Zeitraum, in dem ein erheblicher Teil der Erdoberfläche von Inlandeis und Gletschern bedeckt war, die sich von den Polargebieten und den Gebirgen her ausgebreitet hatten.

El Niño Warme Strömung, die alle paar Jahre vorkommt und ostwärts über den Pazifik knapp südlich des Äquators auf Südamerika zufließt. Dabei tritt auch eine Abschwächung der Passatwinde auf.

ENSO Abkürzung für El Niño/Südliche Oszillation.

Fallstreifen Siehe Regenschleier.

Feuchtkugeldepression Differenz zwischen der Temperatur des trockenen und der des feuchten Kolbens bei einem Hygrometer. Damit läßt sich die relative Luftfeuchtigkeit und die Taupunkttemperatur berechnen (S. 187).

Föhn Warmer, trockener Wind, der auftritt, wenn Luft an einem Gebirge absinkt und durch Kompression erwärmt wird.

Front Die Grenze zwischen zwei Luftmassen von unterschiedlicher Temperatur und Feuchtigkeit. Während sie sich bewegen, werden Fronten nach der Temperatur der Luft auf ihrer Rückseite benannt. Eine Front, der Warmluft folgt, ist eine Warmfront, eine Front, der Kaltluft folgt, heißt Kaltfront.

Gefrierender Nebel Nebel, in dem die Wassertröpfchen unter den Gefrierpunkt abkühlen und sofort bei Kontakt mit einer Oberfläche eine Eisschicht bilden.

Glorie Optisches Phänomen wie ein Kranz, aber am Gegenpunkt der Sonne.

Graupel Mischung aus Regen und Schnee, die bei Temperaturen um den Gefrierpunkt fällt.

Hadley-Zelle Großräumige Konvektionszelle, in der warme Luft am Äquator aufsteigt, sich in großer Höhe davon wegbewegt und dann in den Subtropen als trockene Luft absinkt, sich dabei durch Kompression erwärmt und in niedriger Höhe zum Äquator zurückkehrt. Die zurückkehrende Luft wird durch den Coriolis-Effekt abgelenkt – so entstehen die Passatwinde zu beiden Seiten des Äquators.

Halo Heller Kreis, der zuweilen um Sonne oder Mond zu sehen ist. Wenn er um die Sonne herum erscheint, ist er weiß mit einem Stich ins Rötliche im Innern und ins Violette am Außenrand. Er wird durch die Brechung oder Spiegelung von Licht durch Eiskristalle in großer Höhe erzeugt. Ein Halo kündigt meistens Regen oder Schnee an.

Harmattan Heißer, trockener, staubiger Nordost- oder Ostwind in Afrika nördlich des Äquators. Er wird durch das Abfließen von Luft aus subtropischen Hochdruckgebieten verursacht.

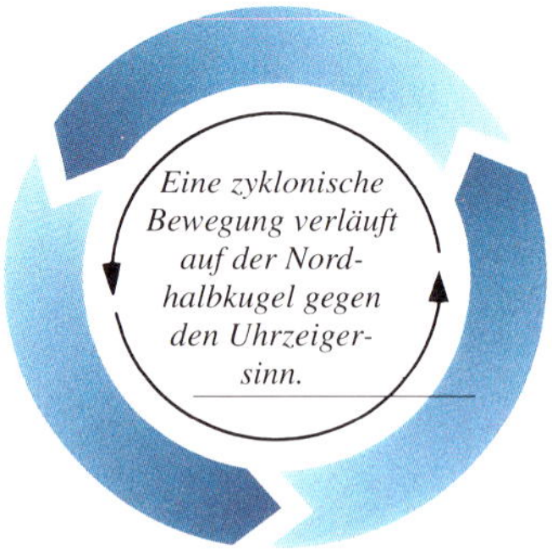

Luftzirkulation
Luft zirkuliert auf beiden Erdhalbkugeln in unterschiedlicher Richtung um ein Tiefdruckgebiet (zyklonische Bewegung).

Hochdruckgebiet Luftmenge, in der der atmosphärische Druck höher ist als der Druck der Umgebungsluft. Luft sinkt und dringt von seinem Zentrum nach außen. Wegen des Coriolis-Effekts wehen Winde um Hochdruckgebiete auf der Nordhalbkugel im Uhrzeigersinn, auf der Südhalbkugel gegen den Uhrzeigersinn.

Katabatisch Einen Hang hinabfließend – normalerweise mit Bezug zu Wind gebraucht.

Keil Zunge von hohem Luftdruck in der Atmosphäre zwischen zwei Tiefdruckgebieten.

Klimakunde Die Wissenschaft vom Klima, also des für eine Region über einen langen Zeitraum typischen Wetters.

Die Hauptwolkenarten
Diese drei Wolkentypen sind die Hauptwolkenarten in den Höhen, in denen sie in der Atmosphäre auftreten. Das unterste Bild zeigt stratiforme tiefe, das mittlere zeigt cumuliforme mittelhohe und das oberste cirriforme hohe Wolken.

Hurrikan Starker tropischer Wirbelsturm, in dem Winde mit über 80 m/s um ein Gebiet mit äußerst niedrigem Luftdruck wehen. Hochaufgetürmte Wolken bringen Sturzregen.

Hygrometer Gerät zur Messung der Luftfeuchtigkeit. Es gibt zwei Arten: Beim Psychrometer wird die Feuchtigkeit aus der Differenz zwischen der Temperatur des Feuchtkolbenthermometers und der des trockenen Thermometers errechnet. Das Haarhygrometer mißt die Ausdehnung und Kontraktion eines Menschenhaars, das auf Änderungen der Feuchtigkeit reagiert.

Inversion Wetterlage, bei der in der Atmosphäre die Temperatur mit zunehmender Höhe steigt statt der normalen Abnahme (Temperaturumkehr).

Isobare Linie, die auf einer Karte Orte mit gleichem Luftdruck verbindet.

Jet Stream Siehe Strahlstrom.

Kalmen Die Regionen zu beiden Seiten des Äquators, in denen der Luftdruck niedrig ist und schwacher (Doldrums) oder kein Wind weht.

Kondensation Die Umwandlung einer Substanz vom gasförmigen Zustand zum flüssigen.

Konvektion Der Austausch von Wärme in einem Gas oder einer Flüssigkeit durch die Bewegung des Gases oder der Flüssigkeit. Diese dehnen sich aus – werden also weniger dicht – und steigen auf, während kühlere, dichtere Gas- oder Flüssigkeitsvolumina absinken, um sie zu ersetzen.

Konvektionszelle Bereich in einer Flüssigkeits- oder Gasmenge, in dem Konvektion stattfindet, wobei angewärmte Mengen aufsteigen, sich abkühlen und wieder absinken. Große Konvektionszellen erzeugen tropische Klimate.

Kranz Lichtscheibe um Sonne oder Mond, die – ähnlich wie ein Regenbogen – durch die Streuung von Licht durch kleine Wassertröpfchen entsteht. Ein Kranz ist oft farbig – rot am Rand der Scheibe und violett im Innern. Man bezeichnet ihn auch als Hof oder Glorie.

Landwind Küstenwind, der nachts vom Land auf die See hinausweht. (Siehe Seewind).

Latente Wärme Die Wärmeenergie, die aufgenommen werden muß, wenn eine Substanz vom festen in den flüssigen und vom flüssigen in den gasförmigen Zustand umgewandelt wird, und die freigesetzt wird, wenn ein Gas kondensiert und eine Flüssigkeit fest wird.

Luftfeuchtigkeit Der Wasserdampfgehalt in einem Luftvolumen. Relative Luftfeuchtigkeit ist der Wasserdampfgehalt in Prozent des maximalen Gehalts einer bestimmten Luftmenge.

Luftmasse Große, relativ einheitliche Luftvolumina, die große Gebiete bedecken und in denen Temperatur, Oberflächendruck und Feuchtigkeit etwa konstant sind.

Meteorologie Die Wissenschaft von den physikalischen Vorgängen in der unteren Atmosphäre; die Wissenschaft vom Wetter.

Mikroklima Lokales Klima, das sich vom umgebenden Durchschnittsklima unterscheidet. Enge Täler und der Boden eines Feldes mit Feldfrüchten haben ein Mikroklima.

Millibar Einheit zur Messung und Angabe des Luftdrucks (jetzt offiziell Hektopascal – hp).

Nebel Wasser, das dicht über dem Boden kondensiert und eine Wolke aus sehr kleinen Tröpfchen bildet. Bei starkem Nebel beträgt die Sicht oft nur wenige Meter.

Nebelbogen Regenbogen, der sich in Nebel gebildet hat. Aufgrund der geringen Größe der Wassertröpfchen in Nebel überlappen sich die reflektierten und gebrochenen Lichtstrahlen, und die Regenbogenfarben verschmelzen wieder zu einem sehr hellen Weiß.

Nebensonne Heller Lichtfleck, der zuweilen auf einer oder auf beiden Seiten der Sonne zu sehen ist und auf die gleiche Weise entsteht wie ein Halo.

Nieselregen Regen, dessen Tröpfchen kleiner als 0,5 mm sind und daher so klein sind, daß sie keine sichtbaren Spritzer in Pfützen hervorrufen.

Okklusion Frontensystem, bei dem sich die nachfolgende Kaltfront unter die Warmfront schiebt und diese anhebt.

Ozon Form von Sauerstoff, in der das Molekül aus 3 Atomen (O_3) statt der üblichen zwei (O_2) besteht. In der unteren Atmosphäre ist Ozon ein Schadstoff, in der oberen Atmosphäre hat es eine wichtige Funktion: Es absorbiert die ultraviolette Strahlung.

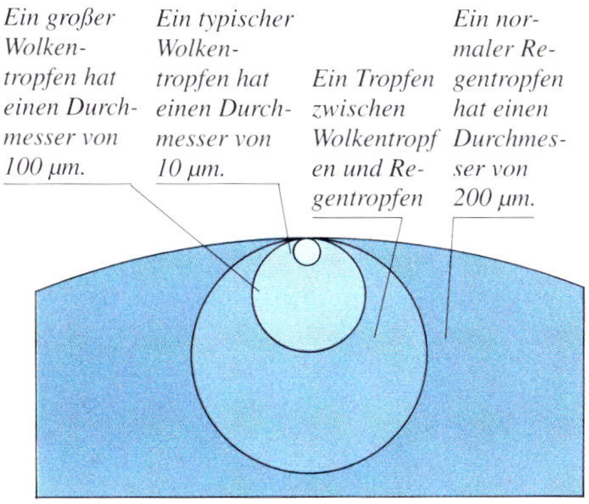

Wasserteilchen
Hier sind die Größen der verschiedenen Wasserteilchen im Wasserkreislauf dargestellt. Alle diese Tröpfchen bilden sich um mikroskopisch kleine Kondensationskerne. Sie werden in Mikrometern (µm) gemessen.

Mistral Starker, kalter Nord- oder Nordwestwind, der durchs Rhonetal weht und die französische Mittelmeerküste beeinflußt.

Monsun Ein jahreszeitlicher Wechsel der Windrichtung, der trockene Luft oder heftigen Regen bringt. Monsune treten vor allem im südlichen Asien, in Nordaustralien und Westafrika auf.

Ozonschicht Schicht in der Stratosphäre, im allgemeinen zwischen 15 und 30 km, wo die Ozonkonzentration bis zu 10 µg pro g Luft beträgt.

Passatwinde Die vorherrschenden Winde zu beiden Seiten des Äquators. Sie wehen auf der Nordhalbkugel aus Nordosten, auf der Südhalbkugel aus Südosten.

Permafrost Bodenschicht unter der Oberfläche, die Wasser enthält, das ständig gefroren ist.

Radar Methode zur Ermittlung von Entfernung, Größe und Bewegung von Objekten – auch Regen – aufgrund der von ihnen reflektierten Radiowellen.

Radiosonde Ballon mit Instrumenten zur Messung der Verhältnisse in der oberen Atmosphäre.

Regenschleier Erscheinung, die zuweilen unter einer Wolke zu sehen ist. Sie wird durch Niederschlag verursacht, der aus der Wolke fällt und verdunstet, ehe er die Oberfläche erreicht. Auch Virga oder Fallstreifen genannt.

Rinne Zunge tiefen Luftdrucks zwischen zwei Hochdruckgebieten.

Roßbreiten Subtropische Region, in der Hochdruckgebiete für beständiges Wetter sorgen.

Sandhose Kleiner, lokaler Wirbelsturm. Sandhosen kommen sehr häufig in Wüsten vor. Trockene, instabile Luft steigt auf, verwirbelt dabei und trägt Staub und zuweilen auch anderes lockeres Material bis zu 2 km hoch hinauf.

Saurer Regen Regen, der saurer als normaler Niederschlag ist, weil Wasserdampf an Schwefel- oder Stickoxidteilchen kondensiert hat und zusammen mit diesen eine Säure bildet.

Seewind Küstenwind, der im Sommer tagsüber vom Meer aufs Land weht. Ursache ist die über Land aufsteigende Warmluft, die durch vom Meer heranfließende kühlere Luft ersetzt wird.

Smog Gemisch aus Rauch und Nebel. Photochemischer Smog ist ein Dunst, der durch Reaktionen zwischen Chemikalien bei starkem Sonnenlicht entsteht.

Sonnenwende Die beiden Tage im Jahr, an denen die Sonne am weitesten nördlich oder südlich vom Äquator steht und der Unterschied zwischen der Tag- und der Nachtlänge am größten ist.

Spektrum Bereich der Wellenlängen der elektromagnetischen Strahlung. Die Sonne strahlt das gesamte Spektrum ab, von Gammastrahlen (kurzwellig) bis zu Radiowellen (langwellig). Die sichtbaren Teile des Sonnenspektrums sind zu erkennen, wenn weißes Licht durch ein Prisma in seine Farbkomponenten (Violett, Indigo, Blau, Grün, Gelb, Orange, Rot) zerlegt wird. Diese Farben sind in Regenbogen, Glorien und Kränzen zu sehen.

Strahlstrom Band extrem starker, generell westlicher Winde in der oberen Atmosphäre, bisweilen über 320 km/h schnell.

Stratiform Schichtartig; stratiforme Wolken sind Stratus, Nimbostratus, Stratocumulus, Altostratus und Cirrostratus.

Sturmflut Hoch auflaufende Flut, die durch langanhaltende starke Winde zustande kommt. Fällt sie mit einer natürlichen hohen Flut (etwa bei Neumond) zusammen, kann es zu verheerenden Überschwemmungen kommen.

Südliche Oszillation Wechsel in der Luftzirkulation zwischen den Wendekreisen aufgrund der Temperaturunterschiede zwischen Pazifik und Indischem Ozean. Ruft den El Niño hervor.

Taifun Wirbelsturm in Ostasien.

Taupunkttemperatur Die Temperatur, bei der Wasserdampf kondensiert, wenn Luft abgekühlt wird (siehe auch die Tabelle gegenüber).

Tiefdruckgebiet Luftmenge, in der der Druck geringer als der der Umgebungsluft ist. Winde wehen auf der Nordhalbkugel gegen den Uhrzeigersinn, auf der Südhalbkugel im Uhrzeigersinn um das Tiefdruckgebiet. Tiefdruckgebiete bringen oft tiefe Wolken und Niederschlag. Auch Zyklone, Depression oder Tief genannt.

Tornado Heftig rotierende Luftsäule, gewöhnlich mit einem Durchmesser von weniger als 100 m, die einen Kern von extrem niedrigem Druck umgibt. Die Windgeschwindigkeiten können 150 m/s erreichen. Ein Tornado wird auch Trombe genannt.

Rinnen und Keile
Rinnen sind Tiefdruckzungen zwischen zwei Gebieten höheren Druckes, ähnlich einem Tal zwischen zwei Bergen. Keile sind Hochdruckrücken zwischen Tiefdruckgebieten.

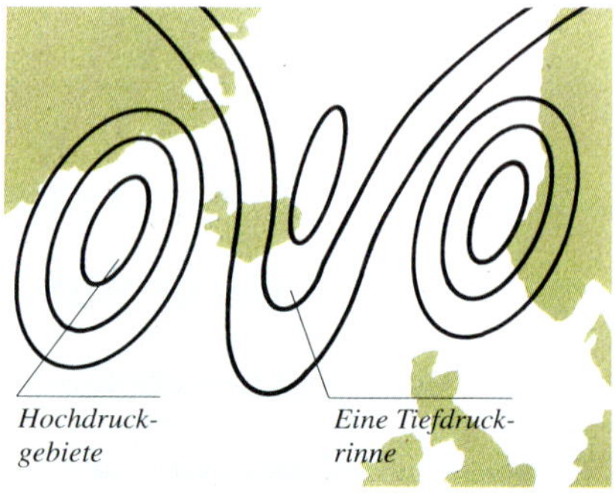

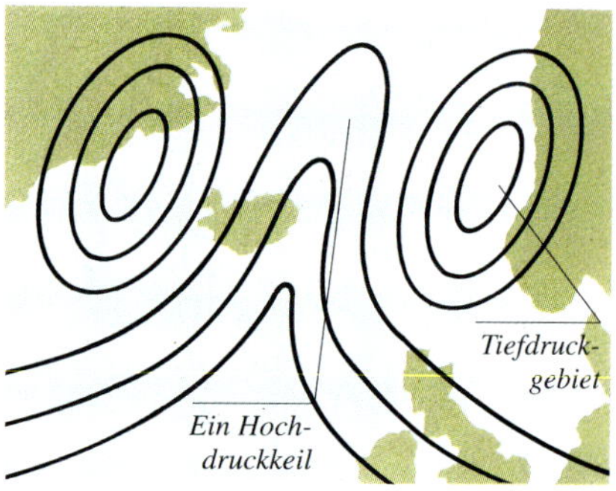

Transpiration Verlust von Wasser durch Verdunstung von Pflanzenblättern über die Spaltöffnungen (Stomata).

Treibhauseffekt Zurückgehaltene und gestaute Wärme in der unteren Atmosphäre aufgrund der Absorption langwelliger (Wärme-) Strahlung der Erdoberfläche durch Gase wie Wasserdampf, Kohlendioxid, Stickoxid und Ozon. Dabei steigt die Durchschnittstemperatur auf der gesamten Erde.

Überfrierende Nässe Durchsichtige Eisschicht, die sich bildet, wenn Wasser am Boden gefriert – etwa wenn die Temperatur nach Regen rasch abfällt.

Unterkühltes Wasser Wasser, das unter seinen normalen Gefrierpunkt abgekühlt worden ist, aber seine flüssige Form behält, solange es nicht bewegt wird. Unterkühltes Wasser kommt häufig in Wolken vor.

Verdunstung Die Umwandlung einer Substanz vom flüssigen Aggregatzustand in den gasförmigen.

Wärmekapazität Das Verhältnis zwischen der einem Körper zugeführten Wärmemenge und der Veränderung seiner Temperatur. Je höher die Wärmekapazität, desto mehr Wärme muß zugeführt werden, damit die Temperatur steigt.

Wärmeleitung (Konduktion) Der Wärmeaustausch zwischen Körpern, die einander berühren. Luft wird vorwiegend durch Konduktion von der Landoberfläche oder von Wasser erwärmt.

Wasserhose Säule aus rasch sich drehender Luft, die sich über warmem, gewöhnlich flachem Wasser in Meeren oder großen Seen bildet.

Winkelgeschwindigkeit Die Geschwindigkeit, mit der ein sich drehender Körper, etwa ein Planet, rotiert.

Wirbelbildung Neigung eines sich bewegenden Gases oder einer Flüssigkeit, um eine Achse zu rotieren und dabei einen Wirbel (Strudel) zu bilden.

Wolkenkondensationskerne Kleine Teilchen in der Luft, an denen Wasserdampf kondensiert und Wolkentröpfchen bildet.

Zyklon Bezeichnung für Wirbelstürme im Indischen Ozean.

Zyklone Siehe Tiefdruckgebiet.

Taupunkttemperatur

Aktuelle Temperatur	FEUCHTKOLBENDEPRESSION				
	1 °C	2 °C	3 °C	4 °C	5 °C
–10,0 °C	–14,5 °C	–21,3 °C	–36,3 °C		
– 7,5 °C	–11,4 °C	–16,7 °C	–25,5 °C		
– 5,0 °C	–8,4 °C	–12,8 °C	–19,0 °C	–31,3 °C	
– 2,5 °C	–5,5 °C	–9,2 °C	–14,1 °C	–21,5 °C	–41,3 °C
0,0 °C	–2,7 °C	–5,9 °C	–9,8 °C	–15,2 °C	–23,9 °C
2,5 °C	0,1 °C	–2,7 °C	–6,1 °C	–10,3 °C	–16,1 °C
5,0 °C	2,8 °C	0,3 °C	–2,6 °C	–6,1 °C	–10,4 °C
7,5 °C	5,5 °C	3,2 °C	0,7 °C	–2,3 °C	–5,8 °C
10,0 °C	8,1 °C	6,0 °C	3,8 °C	1,2 °C	–1,8 °C
12,5 °C	10,7 °C	8,8 °C	6,7 °C	4,5 °C	1,9 °C
15,0 °C	13,3 °C	11,6 °C	9,6 °C	7,6 °C	5,3 °C
17,5 °C	15,9 °C	14,3 °C	12,5 °C	10,6 °C	8,5 °C
20,0 °C	18,5 °C	16,9 °C	15,3 °C	13,5 °C	11,6 °C
22,5 °C	21,1 °C	19,6 °C	18,0 °C	16,3 °C	14,6 °C
25,0 °C	24,3 °C	22,2 °C	20,7 °C	19,1 °C	17,5 °C
27,5 °C	26,2 °C	24,8 °C	23,3 °C	21,9 C	20,3 °C
30,0 °C	28,7 °C	27,4 °C	26,0 °C	24,6 °C	23,1 °C
32,5 °C	31,2 °C	29,9 °C	28,6 °C	27,2 °C	25,8 °C
35,0 °C	33,8 °C	32,5 °C	31,2 °C	29,9 °C	28,5 °C
37,5 °C	36,3 °C	35,1 °C	33,8 °C	32,5 °C	31,2 °C
40,0 °C	38,8 °C	37,6 °C	36,4 °C	35,1 °C	33,9 °C

Relative Luftfeuchtigkeit (%)

Aktuelle Temperatur	FEUCHTKOLBENDEPRESSION				
	1 °C	2 °C	3 °C	4 °C	5 °C
–10,0 °C	69 %	39 %	10 %		
– 7,5 °C	73 %	48 %	22 %		
– 5,0 °C	77 %	54 %	32 %	11 %	
– 2,5 °C	80 %	60 %	41 %	22 %	3 %
0,0 °C	82 %	65 %	47 %	31 %	15 %
2,5 °C	84 %	68 %	53 %	38 %	24 %
5,0 °C	86 %	71 %	58 %	45 %	32 %
7,5 °C	87 %	74 %	62 %	50 %	38 %
10,0 °C	88 %	76 %	65 %	54 %	44 %
12,5 °C	89 %	78 %	68 %	58 %	48 %
15,0 °C	90 %	80 %	70 %	61 %	52 %
17,5 °C	90 %	81 %	72 %	64 %	55 %
20,0 °C	91 %	82 %	74 %	66 %	58 %
22,5 °C	92 %	83 %	76 %	68 %	61 %
25,0 °C	92 %	84 %	77 %	70 %	63 %
27,5 °C	92 %	85 %	78 %	71 %	65 %
30,0 °C	93 %	86 %	79 %	73 %	67 %
32,5 °C	93 %	86 %	80 %	74 %	68 %
35,0 °C	93 %	87 %	81 %	75 %	69 %
37,5 °C	94 %	87 %	82 %	76 %	70 %
40,0 °C	94 %	88 %	82 %	77 %	72 %

Wie man die Taupunkttemperatur ermittelt
Man mißt die aktuelle Temperatur sowie die Feuchtkolbentemperatur an einem Hygrometer. Die Differenz zwischen beiden ist die Feuchtkolbendepression. Diese Zahlen sind in der Spalte links mit der aktuellen Temperatur und in der Reihe mit der Feuchtkolbendepression zu suchen. Der Schnittpunkt beider Reihen ergibt dann die Taupunkttemperatur. Ein Beispiel: Beträgt die Temperatur 15 °C und die Feuchtkolbentemperatur 2 °C, dann beträgt die Taupunkttemperatur 11,6 °C.

Wie man die relative Luftfeuchtigkeit ermittelt
Man mißt die aktuelle Temperatur sowie die Feuchtkolbendepression. Die relative Luftfeuchtigkeit ist die Zahl im Schnittpunkt der Reihe mit der aktuellen Temperatur und der Spalte mit der Feuchtkolbendepression. Ein Beispiel: Beträgt die aktuelle Temperatur 15 °C und die Feuchtkolbendepression 2°C, dann beträgt die relative Luftfeuchtigkeit 80 Prozent.

Register

X

Z

Danksagung

Michael Allaby dankt Peter Meredith, Richard Jenkin und Peter Roddis, Lehrkräfte an der Wadebridge School in Cornwall, GB und den Schülern von Peter Roddis (im Fach Naturwissenschaften), die viele Experimente aus diesem Buch getestet haben.

Dorling Kindersley spricht all denen seinen Dank aus, deren Mitarbeit und Unterstützung zur Erstellung dieses Buches beigetragen haben.

Fotos von Tim Ridley, Andy Crawford und Steve Gorton, assistiert von Nick Goodall, Sarah Ashun und Gary Ombler. Einzelne Fotos von Paul Bricknell, Jane Burton, Peter Chadwick, Gordon Clayton, Philip Dowell, Neil Fletcher, Frank Greenaway, Dave King, Roger Philips, Steve Shott und Bill Ung.

Bildnachweis

Der Verlag dankt den folgenden Personen, Instituten und Bildagenturen für die Abdruckerlaubnis ihrer Fotos.
o = oben, M = Mitte, u = unten; r = rechts, l = links

Brian & Cherry Alexander: 29 ol.
Associated Press: 83 ol.
Bilderdienst Süddeutscher Verlag: 28 Mr.
Bridgeman Art Library: Museum of Mankind, London 34 or.
Richard Brooks: 111 ol.
Bruce Coleman: Thomas Buchholz 166 or; Inigo Everson 163 ur; Frithfoto 142 or; Carol Hughes 120 – 121; Charlie Ott 147 or; Dr. Eckart Pott 32 or; John Shaw 144 or; Norbert Schwirtz 121 r; Uwe Walz GDT 38 ul.
Brian Cosgrove: 45 or, 45 Mor, 45 Mur, 45 ur, 90 o, 90 ur, 93 oMl, 93 MMl, 93 uMl, 93 oMM, 93 MMM, 93 uMM, 93 oMr, 93 MMr, 93 uMr, 94 Ml, 94 ur, 95 uM, 96 or, 97 or, 98 or, 100 oM, 101 ul, 101 uM, 104 or, 106 ol, 106 ul,106 ur, 107 or, 107 ul, 109 ur, 111 ur, 112 Ml, 113 Mr, 113 ul, 114 ur, 115 or, 115 M, 116 ur, 117 ol.
English Heritage: Peter Dunn 152 or.
Environmental Picture Library: John Arnould 154 or.
Mary Evans Picture Library: 14 ul, 33 ur, 40 or, 51 or, 82 or.
Martyn Foote: 109 ol.
Robert Harding Picture Library: 69 u, 91 ul, 175 or; Nedra Westwater 147 oM; Adam Woolfitt 123 or.
Hulton Deutsch Collection: 58 or.
Hutchison Library: 176 or; Bernard Régert: 171 o.
Image Bank: Ian Carmichael 40 ul; David W. Hamilton 146 oM; Nino Mascardi 163 uM; Peter M. Miller 146 or; Steve Satushek 171 ur.
Image Select: Ann Ronan Collection 25 or, 156 or.
Frank Lane Picture Agency: Australian Information Service 85 ur; R. Bird 80 ur; C. Carvalho 117 Ml; D. Hoadley 67 r; R. Jennings 81 Mr; D. Kinzler 81 MM, 83 or, 83 Mor, 83 MMr, 83 Mur, 83 ur; S. McCutcheon 60 or; M. Nimmo 96 – 97 u, 97 MM, 98 MM, 98 – 99 u, 108 ur, 116 Ml; Silvestris 117 Mr.
Sandy Lovelock: 162 or.
Mansell Collection: 91 Ml.
Mountain Camera: John Cleare 24 or.
National Maritime Museum, Greenwich: 69 o, 69 M, 122 Mr, 167 or.
National Meteorological Office: 72 or, 79 or, 111 or, 114 Mr; J. Atherwech 119 ol; S. D. Burt 100 – 101 o; S. Cornford 56 or, 94 ul; D. Cross 111 Mr.
Crown: 166 MM; M. Digby 110 ol; P. T. Eerskine 98 Ml; J. F. P. Galvin 95 o; G. Giles 116 ul; Brian Goddard 65 Mu; Dr. L. A. Hissott 118 ol; C. G. Holmes 113 Ml; Richard Howes 110 uM; R. N. Hughes 99 or; R. Long 110 or; Jeronimo Lorente 100 ol, 111 ul; J. Newberry 104 or; M. Nimmo 103 Mr; P. J. B. Nye 116 Mr; Mrs. E. Oatey 119 or; Ken Pilsbury 5 ul, 113 or, 114 l; Kevin Richardson 95 Ml; T. Rigg 118 ul; R. F. Saunders 103 Ml; J. R. Stapleton 118 or; Julian H. Williams 98 ul, 100 MM; K. E. Woodley 92 ol; J. R. C. Young 118 Mr, 170 or.
Natural History Photographic Agency: A. Bannister 42 or.
Oxford Scientific Films Ltd.: 170 ul.
R. K. Pilsbury: 14 o, 44 or, 50 or, 91 or, 91 Mr, 93 ul, 95 ur, 97 ol, 102 or, 102 uM, 103 ur, 104 uM, 107 ur, 109 Mr, 112 ul, 113 ol, 114 or, 115 ur, 117 or, 117 ul, 171 ul, 171 uM.
Planet Earth: Tony Bennett 53 oM; Richard Coomber 38 Ml; J. MacKinnon 47 or; Mark Mattock 13 r; David A. Ponton 48 or.
Popperfoto: AFP/NAEG 158 or.
Science Museum, London: 28 or, 123 ol.
Science Photo Library: 14 ur, 77 or, 86 or, 90 ul, 168 or; Edward d'Arms 54 or; Dr. Jeremy Burgess 16 or; Tony Craddock 35 or; European Space Agency, koloriert von John Wells 165 o; Simon Fraser 22 or, 54 Mr, 112 ur; Gordon Garradd 105 or; John Mead 88 – 89, 99 ol; Peter Menzel 164 – 165, 179 Mr, 179 ul; NASA 15 u, 68 o, 89 r, 97 ur, 105 ur, 122 or, 153 or; NRSC Ltd 66 – 67, 74 or; David Parker 167 ur; Pekka Parviainen 119 ur; Philippe Plailly 178 or; George Post 119 ul; Science Source 31 or.
Sporting Pictures: 55 ul.
Tony Stone Images: Kim Blaxland 129 uM; Paul Chesley 59 or; Tony Craddock 12 – 13; Jake Evans 63 ol; Ralph Wetmore 81u.
Zefa: 20 or, 30 – 31, 46 or.

Es ist leider trotz intensiver Bemühungen nicht immer gelungen, die Rechteinhaber zu ermitteln. Wir bitten diese, sich im Bedarfsfall an den Verlag zu wenden.

ILLUSTRATIONEN

Mark Franklin: 136 – 137, 140, 141, 143, 178.
Janos Marfy: 15, 17, 18, 23, 33, 41, 46, 58, 64, 68, 72, 74, 76, 78, 79, 80, 84, 123, 124, 126, 127, 130, 131, 133, 134, 135, 147, 150, 153, 159, 183, 184, 186, 187.

Außerdem haben folgende Personen Illustrationen beigetragen: Eugene Fleury, Anne Winterbotham, John Woodcock, Martin Woodward und Nicholas Hall. Alle Modelle wurden von Peter Griffith gezeichnet.

KINDER

Bissy Adejare, Wole Adejare, Sarah Ashun, Sabina Awan, Helen Benfield, Catherine Boys Jee, Rebekah Boys Jee, Jack Challoner, Jonathan Chen, Amy Davies, Georgina Davies, Jack Davies, Thomas Davies, Laura Douglas, Jake Emms, Lia Foa, Mia Foa, Nick Goodall, Georgina Grant, Abigail Haward, Arthur Hewlings, Maud Hewlings, Sophie Holbrook, Spencer Holbrook, George Hull, Stephanie Jackson, Sadie Jenkyn, Grace Jones, Ella Kaye, Maddy Kaye, Aedan Lake, Eleanor Lake, Paul Lamb, Amanda Lunn, Essie Marks, Jaejarel Mitchell, Michaela Mitchell, Ben Morris, Jean Morris, Humerah Mughal, Jay Orsborn, Anita Parsons, Elizabeth Parsons, Alastair Raitt, Duncan Raitt, Octavia Raitt, Samantha Schneider, Samuel Schneider, Henrietta Short, Nicholas Turpin, Ailsa Williams, Andy Williams.